客家研究 4

臺灣客家文化新視野

謝淑熙 著

財團法人客家公共傳播基金會 贊助

臺灣客家文化新論

陳板 著

《臺灣客家文化新視野》——推薦序

國立中正大學前文學院院長莊雅州教授

　　這是謝淑熙博士繼《臺灣客家禮俗文化新探索》、《臺灣客家文化風情畫》以後,另一本論述臺灣客家文化的專書。在六年之內連續出版了三本著作,而且這本著作《臺灣客家文化新視野》中的十二篇論文,都是近二年發表的,足見臺灣客家文化的研究已成為她的研究重點,而且力道逐漸加強。在前兩本論集序言中,我曾提到其書的優點有:熱愛鄉土、發掘禮俗、闡揚文化、深入淺出、主題鮮明、題材多元、方法講求、論述得宜。今觀這本新著,除了保持這些優點外,也有不少後出轉精之處,值得在此一提:

一、關懷族群

　　文學創作重視情感,學術論文強調理智,但兩者並非一有一絕無。像司馬遷為了抒憤懣、繼先業,撰寫《史記》;梁啟超為了提倡新民,筆端常帶感情,都顯示情感往往是學術研究的動力,也是評論是非的重要因素。淑熙身為典型的客家女子,其熱愛鄉土、關心族群之情絕不後人,更何況近些年在海洋大學、臺灣師範大學任教,擔任儒家生命智慧選讀、臺灣客家歷史文化概論、臺灣客家文學選讀等課程,經常受邀擔任實踐大學「人文素養與生命關懷」講座,並以客家歷史文化為演講主

題,又兼任《世界客家雜誌》總編輯,更體認應該肩負更多發揚客家文化的責任。所以在論著中,她再三強調「需飲水思源,不可以數典忘祖」、要「傳承堅忍勤儉的德範」、要「凝聚族群意識」、要「落實人文關懷」,都是大聲疾呼,情見乎辭,令人動容。

二、 統整文化

客家研究,其道多端,可以是歷史、社會、民生、禮俗、文學、技藝……等,淑熙選擇了文化。因為文化是人類生活的累積、智慧的結晶,幾乎涵蓋了人類所有物質、社會、精神活動。可以說任何學術研究到了最後,都希望有哲學的高度,文化的廣度。文化研究門派繁多,方法各異,其共通點是先認識研究對象的特點,再採取宏觀的文化視野,運用科際整合的方法,最後建構文化的體系,闡發文化的意涵。本書各篇幾乎都在闡述各種臺灣客家文化的源流、內容、特質、意涵,乃至對現代的啟示,體例相當一致,內容十分豐富,完全符合文化研究的基本要求。淑熙所以會走上文化統整的研究道路,應該是與她博涉多通,對經學、思想史、古典文學、圖書文獻、國文教學等都有相當豐富的研究經驗有關,希望她能在這個紮實的基礎上,繼續努力,有更好的成就。

三、 追求新穎

因循怠惰、陳陳相因是學術研究的大忌,推陳出新、求新求變是提升學術水準的不二法門。淑熙的著作常以「新」字命名,如《禮學思想新探索》、《儒家禮學人文思想新視野》、《研閱以窮照──閱讀教學的新意義》、《臺灣客家禮俗文化新探索》,足見她是何等重視創新。本書也是一樣,她分全書為三編,歷史文化是過去兩本同性質的書所沒有的,而且篇幅居全書之半。在自序中她說:「歲月的刻痕,憑添臺灣多元文

化的風貌；歷史的記憶，凝聚臺灣族群融合的力量。」顯示她體驗到歷史在文化研究中的重要。在這編中，她以〈臺灣客家人尋根探源〉細數一千七百多年來，客家族群五次大遷徙的辛酸血淚，探究客家移民臺灣拓墾的歷史因素，發掘臺灣客家移民的文化蘊涵，可說為她的客家文化的研究做了很好的鋪墊。後面幾篇，她以〈渡臺悲歌〉來進行移民歷史文化的補充，以謝、張、賴三個大姓的姓氏堂號、北臺灣客家書院、南臺灣昌黎祠以及三山國王廟的介紹來補足臺灣客家歷史文化的發展。至於第二編禮俗文化，她在題材上推陳出新，以《周易·節卦》探討客家人的勤儉持家、以《禮記·冠義》探索臺灣客家成年禮，甚至從儒家的禮教思想探溯客家禮俗，都很能溫故知新，賦古典以新貌。而第三編藝術文化，她訪問了竹學專家呂錦明博士、析論涂敏恆的創作童謠、羅慶士的三行詩，也都擴大了藝術文化的探討。

　　以上是從臺灣客家、文化、新視野三個關鍵詞來肯定淑熙近些年在客家文化研究方面的努力。但《大學》說：「苟日新，日日新，又日新。」除了拓展研究範圍、更新研究材料外，在觀念上、方法上也應該力求突破，像杜松柏《國學治學方法》所說：「發現新理論，建立新體系」、「發現新方法，樹立新型範」、「發現新問題，提出新解決」、「整理舊材料，構成新系統」、「發現新資料，提出新研究」、「解決新問題，研究舊資料」、「根據純推理，得出新成果」，都是可以努力的目標。又如文化學有許多不同領域的研究方法，如文化人類學、漢語文化學、漢字文化學，應該也可以適當涉獵，斟酌使用。學術的創新，對於任何一位研究者都是一大考驗，願與淑熙共勉之。

莊雅州序於臺北
二〇二四年十月六日

人文化毓客家心

——謝淑熙教授《臺灣客家文化新視野》序

屯仁　賴貴三

國立臺灣師範大學國文學系教授

　　謝淑熙教授《臺灣客家文化新視野》新書即將出版問世，真是令人雀躍歡欣的杏壇文林佳話，此書是謝教授繼《臺灣客家禮俗文化新探索》（臺北：萬卷樓圖書股份有限公司，2018 年）與《臺灣客家風情畫》（臺北：萬卷樓圖書股份有限公司，2023 年）之後的第三本客家文化力作，在退休之後，仍然孜孜矻矻，不辭辛勞兼任大學通識語文課程，並持續撰寫傳統禮學與客家文化研究論文，豐沛的創作能量與深厚的文化關懷，令人非常欽佩而無限感動。

　　檢視謝教授歷年來出版的藝文與學術專書，舉舉大者，如：《道貫古今——孔子禮樂觀所蘊含之教育思想》、《不畏浮雲遮望眼——回首教改來時路》與《過盡千帆——向文學園地漫溯》（臺北：秀威資訊科技，2005 年）、《禮學思想的新探索》、《研閱以窮照——閱讀教學的新意義》（臺北：萬卷樓圖書股份有限公司，2017 年）、《儒家禮學人文思想新視野》與《閱讀教學啟動心靈視窗》（臺北：萬卷樓圖書股份有限公司，2022 年）等七本嘔心瀝血大著，發表出版前後都虛心請教，認真匡補缺遺，尊師重道、好學敏求的精神，真是難能可貴。此外，每一書成，也都熱誠懇切請求贈序嘉勉，深得教學相長之樂，可謂殊勝學緣。

　　再者，國立臺灣師範大學文學院接受行政院客家委員會委託，結合國文學系專業師資與課程，為配合國家語言政策發展，建構多元語言友

善環境，在大學階段提升學生的客語使用能力，以及客家文化素養，自2024年起，特別開設「客語與客家文化學分學程」，而本學程課程設計係以培養基礎客語能力為必修課程，並從「語言研究」、「客家文學」與「客家族群與文化」等三個面向設計選修課程，俾使客語與客家文化融入學生生活，並依據客語能力認證通過的級數設定學程可抵免科目的規定，藉此鼓勵本學程學生積極取得客語能力認證。因此，筆者特別推薦謝教授兼任此一學分學程有關客家文化選修課程，適才適所，培育未來客家文化人才與師資，真是值得嘉許的文化教育志業，相信謝教授一定樂此不疲，並能持續有豐碩的教學與研究成果產出與分享。

臺灣客家族群分布甚廣，但以桃園、新竹、苗栗，臺中東勢、石岡、新社，雲林西螺、崙背等鄉，高雄屏東「六堆客家」，以及花蓮、臺東縱谷為主，客家族群語言則分別為「四海大平安」——四縣、海陸豐、大埔、饒平、詔安，其中「四縣」又分為「北四縣」與「南四縣」，謝教授世居桃園埔心屬於「北四縣」，而筆者世居臺灣最南的客家鄉——屏東佳冬（高屏「六堆‧左堆」），因此交流暢通無礙，而客家禮儀風俗民情信仰等，大都保持傳統形式與內涵，彼此在討論南北「大同小異」之處時，常有會心一笑的默契。

綜觀謝教授《臺灣客家文化新視野》新書，以其慧識卓見，分別為三編——第壹編「歷史文化」，收文六篇：一、臺灣客家人尋根探源；二、從〈渡臺悲歌〉探析臺灣客家移民的文化內涵；三、臺灣客家姓氏堂號的文化意涵；四、推動客家文化發展研究之一——以北臺灣客家書院為例；五、推動客家文化發展研究之二——以屏東內埔昌黎祠為例；六、臺灣三山國王廟客家信仰禮俗的文化意涵——以屏東九如三山國王廟為例。第一編六篇論文，主要聚焦在「歷史文化」，本源探溯，文化考索，並以客家姓氏堂號、北臺灣客家書院、屏東內埔昌黎祠與九如三山

國王廟為顯例，觀察並比較臺灣南北客家的文化認同與信仰，考察文獻，實地踏查，目驗親證，信而可徵。第二編「禮俗文化」，收文三篇：一、從《周易‧節卦》探析客家人勤儉持家的文化意涵；二、從《禮記‧冠義》論臺灣客家成年禮儀的文化意涵；三、從儒家的禮教思想探溯臺灣客家禮俗的文化義涵。第二編三篇論文，主要聚焦在「禮俗文化」，透過《周易‧節卦》與《禮記‧冠義》，擴大至儒家經典與客家文化禮儀與禮俗的融會貫通，反本開新，饒富古今文化主體性的詮釋意義與價值。第三編「藝術文化」，收文三篇：一、走過竹林一甲子——臺灣竹學專家呂錦明博士；二、臺灣客家童謠的文化蘊涵——以涂敏恆創作童謠為例；三、臺灣客家三行詩初探。第三編三篇論文，主要聚焦在「藝術文化」，以竹學專家呂錦明博士、涂敏恆（1943－2000，苗栗大湖）先生創作的臺灣客家童謠與客家三行詩為例證，闡述並發揚臺灣客家族群在生態、音樂與文學的成就與貢獻，見微而知著。

　　《周易‧雜卦傳》曰：「〈革〉，去故也。〈鼎〉，取新也。」〈革〉故〈鼎〉新，意謂除舊更新——革除舊弊，建立新制，而「新視野」的建立在於有「心」，而此「心」的蘄嚮在於「文化」，因此反本開新，可以透過《周易‧復卦‧彖傳》「〈復〉，其見天地之心乎」，一元復始，萬象更新；以及《周易‧賁卦‧彖傳》「觀乎天文，以察時變，觀乎人文，以化成天下」，以仁山涵蓄厚積，以文明輝耀崇禮，必然能達到「人文化成」與「三才位育」的生生理想。謹以此序，與同為客家子弟的謝教授，以及後生可畏的薪傳者，互勉共勵。

賴貴三
2024.11.28 謹識於屯仁學易咫進齋

自序

　　客家先民從唐山飄洋過海,來臺墾殖,揭開「蓬萊仙島」神秘的面紗,他們不畏艱難險阻,篳路藍縷,以啟山林。在百廢待舉中,臺灣這塊福地,在先民們胼手胝足、磨頂放踵,一步一腳印的辛勤耕耘下,至今已成為經濟繁榮、政治民主、教育普及的自由民主國家。歲月的刻痕,憑添臺灣多元文化的風華;歷史的記憶,凝聚臺灣族群融合的力量。展閱歷史的長卷,可以深切的了解,臺灣客家先民,走過三百多年的悲歡歲月,每一位臺灣子民,承受祖先的餘蔭,過著豐衣足食的生活,撫今思昔,大家應該飲水思源,不可以數典忘祖。期盼拙著《臺灣客家文化新視野》一書,可以引領我們隨著先民的足跡,來尋訪臺灣客家文化的源頭活水。

　　《臺灣客家文化新視野》一書,集結筆者近二年來投稿《世界客家雜誌》所發表的研究客家文化論文,全書內容涵蘊三部分,第一單元「歷史文化」:〈臺灣客家人尋根探源〉、〈從〈渡臺悲歌〉探析臺灣客家移民的文化內涵〉、〈臺灣客家姓氏堂號的文化意涵〉、〈推動客家文化發展研究之一──以北臺灣客家書院為例〉、〈推動客家文化發展研究之二──以屏東內埔昌黎祠為例〉、〈臺灣三山國王廟客家信仰禮俗的文化意涵──以屏東九如三山國王廟為例〉共六篇論文;第二單元「禮俗文化」:〈從《周易‧節卦》探析客家人勤儉持家的文化意涵〉、〈從《禮記‧冠義》論臺灣客家成年禮儀的文化意涵〉、〈從儒家的禮教思想探溯臺灣客家

禮俗的文化義涵〉共三篇論文；第三單元「藝術文化」：〈走過竹林一甲子——臺灣竹學專家呂錦明博士〉、〈淺談臺灣客家童謠的文化蘊涵-以涂敏恆創作童謠為例〉、〈臺灣客家三行詩初探〉共三篇論文。全書內容涵蘊臺灣歷史文化、禮俗文化、藝術文化等三部分，均是筆者在研究客家歷史文化過程中，發現問題、窮究問題，透過文獻史料的搜集、考證資料，進而闡述臺灣客家文化的源流、內容、意涵，並期望藉著相關內容的研究與文獻探討，使年輕的一代也能飲水思源，瞭解臺灣客家禮俗、民俗的教化意義。

客家鄉親原係黃河流域中原地區漢民族的一支，因為戰亂避禍，或擴展延續生命的版圖，不得不南遷長江流域。至明末清初 200 多年間，由於內陸人口的膨脹，以及戰亂的因素，輾轉遷徙到廣東中部以及沿海地區，有些更飄洋過海至臺灣北部的桃、竹、苗地區，以及南部的高雄、屏東一帶墾殖荒地。〈渡臺悲歌〉是臺灣客家移民史詩，以客家民間歌謠山歌體的形式，描述客家人冒險偷渡來臺之後的艱困生活。彭發勝抄錄的歌詞共 376 句 2632 字。從「勸君切莫過臺灣，臺灣恰似鬼門關，千個人去無人轉，知生知死都是難……百般道路微末處，講著賺銀食屎難，客頭說到臺灣好，賺銀如水一般了。口似花娘嘴一樣，親朋不可信其言，到處騙感人來去，心中想賺帶客錢。……疾病臨身就知死，愛請先生又無錢，睡在草中無人問，愛茶愛水鬼行前。病到臨頭斷點氣，出心之人草蓆捲，當日出門想千萬，不知送命過臺灣。」的詩句中，可說是道盡數百年來「唐山過臺灣」的辛酸血淚。臺灣客家祖先從「唐山過臺灣」的艱辛過程，不但塑造了臺灣客家人的內聚力，也開啟了臺灣客家族群的新視野：面對臺灣多樣化的自然山川與多元的族群處境，必須

更加落實因地制宜的「移民本色」，因而得以全然不同於中國原鄉的方式，打造了風貌殊異的客家新故鄉。

　　拙著能付梓成書，首先應該感恩的是在生命成長過程中，父母的苦心栽培，是我說客語與認識客家傳統文化的啟蒙師；其次應該感謝的是外子的包容與分擔，使我在身兼母職、教職外，仍有餘力重拾書本，到博士班進修，有幸能夠親炙博學鴻儒古國順教授的諄諄教誨，引領學生開啟客語古籍文化的堂奧，使我能夠在涓涓不塞之學術洪流中，努力鑽研苞蘊宏富、浩如煙海的客家禮俗文化，使自己能夠積學儲寶，以提升寫作客家禮俗論文之能力。又幸承蒙莊雅州教授、賴貴三教授之提攜與教誨，為我釋疑解惑，使我受益良多，浩瀚師恩，永銘心版。於此也要感謝世界客家雜誌盧瑞琴董事長與黃人山社長的玉成與指教、陳勁宏、盧俊方二位編輯的精心編排，使拙著有緣有幸能夠刊登在《世界客家雜誌》上，與海內外客家鄉親分享客家文化的研究心得。拙著各篇論文的內容，受限於個人才疏學淺，仍有闕漏之處，筆者不敏，定黽勉自我，再接再厲，假以時日，繼續拓展探討範圍，使未來相關之研究能更臻完善。拙著疏漏之處，敬祈博學鴻儒，不吝指正賜教，謹致謝忱。

　　英國詩人威廉・布萊克（William Blake，1757－1827）的一首詩：「一花一世界，一沙一天國，君掌盛無邊，剎那含永劫。」這首詩說明從宇宙洪荒，天地玄黃至科技文明發達的現代，一切生滅象徵永恆，無盡的歷史，永遠傳承著瑰麗的文化。走過臺灣客家文化的蹤徑，我們尋根探源，不僅見到臺灣客家傳統文化「宗廟之美，百官之富」的堂奧，更了解到傳統文化與先民的生活經驗相輔相成，具有發皇歷史、綿延民族命脈的功能。在有如萍聚的人生中，尋訪客家文化的扉頁，先民用「喜、

怒、哀、樂」譜出的生命組曲，令人有「醲肥辛甘非真味，真味只是淡」的感觸。臺灣客家人因地制宜之生存智慧，漸漸發展出來臺先祖未曾想像的客家新風貌，先民們開疆拓土的奮鬥精神，實在令人感念與敬佩。所有客家人要飲水思源，無論社會如何改變，不要忘記祖先開墾的艱辛，要秉承先人的教訓，做個良善的人。

臺灣客家文化新視野 目次

《臺灣客家文化新視野》—推薦序　I

人文化毓客家心——謝淑熙教授《臺灣客家文化新視野》序　IV

自序　VII

第壹編、歷史文化　1

 第一章　臺灣客家人尋根探源　3
  一、前言　3
  二、臺灣客家源流文獻探討　4
  三、客家移民臺灣拓墾的歷史因素　15
  四、臺灣客家移民的文化蘊涵　18
  五、結語　21
  徵引文獻　24

 第二章　從〈渡臺悲歌〉探析臺灣客家移民的文化內涵　26
  一、前言　26
  二、〈渡臺悲歌〉史詩內容概述　27
  三、〈渡臺悲歌〉歌謠所蘊含的臺灣客家移民文化　40
  四、〈渡臺悲歌〉的臺灣客家文化意涵　44
  五、結語　48
  徵引文獻　50

第三章　臺灣客家姓氏堂號的文化意涵　53
　　一、前言　53
　　二、臺灣客家姓氏堂號的源流　54
　　三、臺灣客家姓氏堂號的文化蘊涵　70
　　四、結語　74
　　徵引文獻　76

第四章　推動客家文化發展研究之一——以北臺灣客家書院為例　79
　　一、前言　79
　　二、北臺灣客家書院的沿革與發展　80
　　三、臺北客家書院的文化特質　84
　　四、臺北客家書院對現代教育的啟示　88
　　五、結論　92
　　徵引文獻　94

第五章　推動客家文化發展研究之二——以屏東內埔昌黎祠為例　96
　　一、前言　96
　　二、屏東內埔昌黎祠興建沿革　97
　　三、屏東內埔昌黎祠文化發展現況　102
　　四、屏東內埔昌黎祠文化發展對現代教育的啟示　110
　　五、結語　113
　　徵引文獻　116

第六章　臺灣三山國王廟客家信仰禮俗的文化意涵——以屏東九如三山國王廟為例　119
　　一、前言　119

二、臺灣地區三山國王廟沿革概況　120
三、屏東九如三山國王廟的源流與發展　124
四、屏東九如三山國王廟信仰禮俗的文化意涵　133
五、結語　137
徵引文獻　140

第二編、禮俗文化　143

第七章　從《周易‧節卦》探析客家人勤儉持家的文化意涵　145
一、前言　145
二、《周易‧節卦》旨意述略　146
三、臺灣傳統客家人勤儉持家的生活特質　149
四、臺灣傳統客家人勤儉持家的文化意涵　153
五、結語　156
徵引文獻　159

第八章　從《禮記‧冠義》論臺灣客家成年禮儀的文化意涵　160
一、前言　160
二、臺灣客家地區成年禮儀的沿革　161
三、臺灣客家地區成年禮的發展現況　165
四、臺灣客家地區成年禮的文化意涵　168
五、結論　174
徵引文獻　177

第九章　從儒家的禮教思想探溯臺灣客家禮俗的文化義涵　179
一、前言　179
二、臺灣客家禮俗文化之特質　180
三、臺灣客家禮俗之文化義涵　185
四、結語　190

徵引文獻 192

第三編、藝術文化 193

第十章 走過竹林一甲子——臺灣竹學專家呂錦明博士 195

第十一章 臺灣客家童謠的文化蘊涵——以涂敏恆創作童謠為例 214
一、前言 214
二、臺灣客家創作童謠溯源 215
三、臺灣客家創作童謠意涵與類別 216
四、涂敏恆創作童謠內容析略 220
五、涂敏恆創作童謠的文化意涵 230
六、結論 239
徵引文獻 241

第十二章 臺灣客家三行詩初探 243
一、前言 243
二、臺灣現代客語詩概述 244
三、臺灣客家三行詩溯源與發展 248
四、臺灣客家三行詩作賞析 257
五、結語 263
徵引文獻 266

第壹編、歷史文化

第一章 臺灣客家人尋根探源[1]

一、前言

　　客家人是中華民族中重要的支系，客家鄉親原本居住在大陸中原一帶，近一千年來五次大遷徙[2]，至明末清初200多年間，由於內陸人口的膨漲，以及戰亂的因素，輾轉遷徙到廣東中部以及沿海地區，到如今已繁衍發展到一億二千多萬人口，分佈在海內外各國和地區。客家人不論走到那裏，都承續中華民族的優秀文化和傳統美德，為中華民族的發展，為居住地的振興做出了重大貢獻。客家人因自身的顛沛流離，在時時為客、處處為客的窘境中，最為痛切地體驗到故土的可貴，因而與漢民族其他民系相比，愛國愛鄉的情懷顯得特別強烈。有些更飄洋過海至臺灣北部的桃、竹、苗地區，以及南部的高雄、屏東一帶墾殖荒地。目前全臺灣約有四百多萬人，起初先民都是依山而居，赤手空拳來開創自己的家園，以種植稻田、茶樹維生，所以養成吃苦耐勞、委曲求全的精神。他們流血流汗的辛勤耕耘，為後代子孫開闢了安身立命的鄉土家園；一枝草、一點露的精神，讓客家文化的薪火能夠永遠傳承下去。

　　隨著二十一世紀科技文明的日新月異，臺灣客家文化的保存與發揚，已面臨嚴峻的挑戰與考驗，幸好臺灣多數的客家族群，仍肩負著傳承歷史文化的使命，他們用全部的生命，來耕耘家鄉這塊土地，潤澤了臺灣純樸的鄉土文化。紐約兩岸歷史文化研究中心主任湯錦台教授語重心長地說：「客家人一路走來，異常艱辛，發展到今天，確實不易。

---

1 本文初稿刊載於《世界客家雜誌》雙月刊第49期（臺北：世界客家雜誌有限公司，2025年1月），頁40。
2 羅香林：《客家研究導論》第二章〈客家研究導論〉「客家運動五期說」，（臺北：南天書局，1992年），頁45－62。

展望未來，客家人作為一個群體，其前途卻充滿了不確定性，這是全球客家子民不能不共同嚴肅面對的重大隱憂。導致客家前景堪憂的根源只有一個，就是世界的變化太快，傳統凝聚客家認同的力量，已不足以維繫客家人集體生命的延續。」[3]的確是深中肯綮的言論，因此引發個人寫作之動機，緬懷千古，和創業艱辛的先民心志相通。本論文以臺灣客家原鄉與渡臺為探析的主軸，分別論述臺灣客家的源流、渡臺、拓墾、開發等客家移民的辛酸血淚史、臺灣客家的移民文化特質。讓後代子孫能夠飲水思源，而不會數典忘祖。

二、臺灣客家源流文獻探討

在歷史發展的進程上，客家族群的源流，相關議題的文獻五花八門，不但在結論上南轅北轍，在數目上也頗為可觀。客家人是漢族裏頭一個系統分明的支派，客家先民因為受到中國邊疆部族侵擾的影響，才逐漸從中原輾轉遷到南方來的。[4]中國歷史上，曾由於戰亂、饑荒、兵災以及政府的獎掖，安排，外地經濟的引誘等因素，有大批的中原漢人南遷。這些南遷的漢人史稱客家人。[5]茲參考歷史文獻敘述臺灣客家的歷史源流，如下：

（一）客家民系
1. 史書上的記載

《南齊書‧州郡志》記載：

---

3 湯錦台：〈客家路漫漫〉《世界客家雜誌》雙月刊第35期（臺北：世界客家雜誌有限公司，2022年），頁65。

4 羅香林著：《客家源流考》二〈中華民族的構成和演進〉，（北京：中國華僑出版公司，1989年）。

5 賀晨曦編：《中華尋根祭祖勝跡》，中華姓氏尋根網，2008年。

「南克州，鎮廣陵。時百姓遭難，流移此境，流民多庇大姓以為客。元帝大興四年，詔以流民失籍，使條民上有司，為給客制度……」到了宋代，廣東官府冊立戶籍，根據漢人進入廣東的時間先後，廣府民系和福佬民系進入廣東在先，編為「主籍」，客家人進入廣東在後，編入「客籍」（類似於今天的暫住證）。時間長了，客籍的百姓，叫客家人。[6]

上述引文，說明客家人是漢族中一系，他們的祖先在東晉以前的居地，為北起東晉五胡亂華之際，原居山西、陝西、河南、安徽一帶的居民，因女真人、蒙古人的入侵，集體向南遷移，在開墾江南的過程中，常和土著發生衝突，於是地方政府將原先居住的畬、傜等土著稱為「主籍」，從北方遷來的漢人通稱為「客籍」，這種主、客的區別，就是現在客家名稱的由來。客家人多分布於福建、江西、湖南、廣東交界的地區，以及廣西、四川若干縣，今臺灣屏東、高雄、新竹、苗栗等縣居民由廣東遷來的，也稱為「客家人」。客家人在聚居地區保持自己的習俗傳統，勤勞積極，山歌別具風格，語言中保留大量漢語音韻。

2.近代專家學者的論述

面對「客家族派系及來源」問題，羅香林就曾經提出四類觀點：其一謂「客家」為苗蠻的別支，……；其二謂「客家」為古代「越」族的苗裔……。其三一派，則不斷定「客家」實在的系屬，而但謂其不與「漢」族同種，……；其四一派，則謂「客家」為純粹的「漢」族，……。[7]

---

6 梁・蕭子顯撰：《南齊書・州郡志》（臺北：鼎文書局，1987 年）卷 14，頁 255。
7 羅香林著：《客家研究導論》，第一章〈客家問題的發端〉，頁 12－14。

茲參考各家說法[8]，臚列如下：

（1）北方漢人說：歷史取向

依據羅香林（1989年）a、陳運棟（1978年）、雨青（1985年）、鐘文典（1996年）等學者的研究，說明客家人的祖先是從北方的中原遷移過來的，是純粹的漢族。客家是漢民族共同體內的一個民系。血緣也好，文化也好，客家人都是北方中原漢人最純正的承載者。

（2）北方漢人主體說：歷史取向

依據羅香林（1992年）d、謝重光（1995年、1999年）等學者的研究，說明歷史上與南方古百越族的後裔畬、瑤、苗等族群（特別是畬族）通婚頻繁，血緣和文化上彼此交融。因此客家人是以中原漢族為主，兼融南方土著而形成。

（3）南方土著主體說：語言學取向

依據羅肇錦（2006年）、潘悟雲（1999年，2005年）等學者的研究，說明較少數的北方漢人帶著中原文化融合於人數較多的南方土著，形成以南方土著文化為主體的客家共同體。客家人是以南方土著為主，融合中原南遷的漢人而形成。

綜合上述，可知明代正德之後，客家民系是從進入贛、閩、粵之間的三角地區以後，逐漸發展出來的。這三個地區的開發，以贛南為最早，其次閩西，然後是粵東北。客家民系也是隨著這個歷史進程，孕育於贛

---

8 許維德著：〈「客家源流」相關文獻的分類與回顧：一個「理念型」與「連續體」概念的嘗試〉，《全球客家研究》，2021年5月第16期），頁9-78。

南,成熟於閩西,發展於粵東。[9]易言之,經過唐朝末葉至北宋末年以贛南為中心時期的孕育,到了南宋以閩西為中心時期,客家民系已告形成,再到元、明轉移到粵東北為中心時期,客家鄉親原係黃河流域中原地區漢民族的一支,因為戰亂避禍,或擴展延續生命的版圖,不得不南遷長江流域。[10]客家先民的南遷,雖肇自東晉,然而形成所謂的「客家民系」,則推定在趙宋以後。這種根據客家方言的形成及分布而建立的客家界說,已為此後的客家研究奠定了穩固的基礎。[11]

(二)客家人的遷移

根據近代客家史學家羅香林的考證,在歷史發展的進程上,客家大本營的開發,先贛南,次閩西,再到粵東北。客家人的南遷可分為五個時期,茲以表格,略述如下:

依據羅香林客家運動五期說:[12]袁家驊(1983:146)整理的分期表如下:

遷徙次序	遷徙時代	遷徙原因	遷徙起點	到達地點
第一次	由東晉至隋唐	匈奴族及其他外族入侵,對漢族大肆	并州、司州、豫州	遠者達江西中部,近者到達穎、淮、汝三

---

9 謝萬陸著:《客家學概論》(南昌:江西高校出版社,1995年)頁81-152。
10 羅香林著:〈第二章客家的源流〉,《客家研究導論》(臺北:南天書局,1992年),頁64-65。
11 陳運棟著:《客家人》,(臺北:聯亞出版,1983年4月),頁5-6。
12 羅香林著:《客家研究導論》第二章〈客家研究導論〉,(臺北:南天書局,1992年7月臺灣一版發行),頁45-62。

		蹂躪，迫使漢族南遷避難。		水之間
第二次	由唐末到宋	黃巢起義，為戰亂所迫。	河南西南部、江西中部北部及安徽南部	遠者遷循州、惠州、韶州，近者達福建寧化、上杭、永定，更近者到達江西中部和南部。
第三次	宋末到明初	蒙元南侵。	閩西、贛南	廣東東部和北部。
第四次	自康熙中到乾嘉之際	客家人口繁殖，而客地山多田少，逐步向外發展。	廣東東部北部，江西南部。	有的到了四川，有的到了臺灣，有的進入廣東中部和西部。有的遷入湖南和廣西。
第五次	乾嘉以後	因土客械鬥，調解後地方當局協調一批客民向外遷徙。	粵中（如新興、恩平、臺山、鶴山等地）。	近者到粵西（高、雷、欽、廉諸州），遠者到達海南島（如崖縣、安定）。

根據上述,可知客家先民東晉以前的居地,實北起并州上黨,西屆司州弘農,東達揚州淮南,中至豫州新蔡,安豐,換言之,即汝水以東,穎水以西,淮水以北,北達黃河以至上黨,皆客家先民的居地。上黨在今山西長治縣境,弘農在今河南靈寶縣南四十里境上,淮南在今安徽壽縣境內,新蔡即今河南新蔡縣,安豐在今河南潢川(唐以後又稱光州,民國改今名)固始等縣附近;客家先民雖未必盡出於這些地方,然此實為他們基本住地,欲考證客家上世源流不能不注意及此。[13]

根據客家族譜上文獻的記載客家民系遷徙至臺灣,共有五次:

第一次是:五胡亂華、晉室南渡之際

1.客家族譜上的文獻為例[14],如下:

姓氏	名條或項目	內容記載
張氏	興寧:張氏譜鈔[15]	十五世麗公,晉散騎常侍,隨元帝南徙,寓居江左,生一子軒。
賴氏	崇正同人系譜卷二氏族賴氏條[16]	今賴氏郡望亦稱松陽,遇(賴遇)子匡,顯於義熙時,後見晉室凌夷,遂告歸,其子碩,字仲方,晉末,丁世變,避居南康⋯⋯。

---

13 羅香林著:《客家研究導論》第二章〈客家研究導論〉,(臺北:南天書局,1992年7月臺灣一版發行),頁64。
14 鍾壬光著第一篇:〈客家源流考〉,收錄於鍾壬壽主編《六堆客家鄉土誌》,(屏東:常青出版社,1973年出版),頁5-15。
15 張尾奇所藏節抄縮本:《興寧:張氏譜鈔》。
16 賴際熙總纂:《崇正同人系譜》,成於1922年。

從上述族譜上的記載,可以見出客家先民的南徙以東晉南渡為契機。

2.正史上的文獻:

書名	條款	內容記載
《晉書》卷十五地理志下[17]	揚州條	……及胡寇南侵,淮南百姓皆渡江。成帝初,蘇峻、祖約為亂於江淮,胡寇又大至,百姓渡江者轉多,乃於江南,僑立淮南郡及諸縣,又於尋陽僑置松滋郡遙隸揚州。……是時上黨百姓南渡,僑立上黨郡,為四縣,寄居蕪湖。
《南齊書》[18]	州郡志	南兗州鎮廣陵(江蘇江都一帶)時,百姓遭難,流移此境。流民多庇大姓以為客。元帝大興四年,詔以流民失籍,使條名上有司為給客制度。

從上述正史上文獻的記載,可以見出自東晉至隋唐,是客家先民南徙的第一期。

第二次是:黃巢之亂

略舉客家族譜上的文獻為例[19],如下:

---

17 唐・房玄齡等撰:《晉書・地理志下》(臺北:鼎文書局,1987年)卷15,頁459。
18 南朝梁・蕭子顯撰:《南齊書・州郡志》(臺北:鼎文書局,1987年)卷14,頁255。
19 羅香林著:《客家研究導論》第二章〈客家研究導論〉,頁52。

姓氏	名條或項目	內容記載
劉氏	嘉應《劉氏族譜》[20]劉氏世系行實傳第十九頁	一百二十一世，諱祥公，妣張氏，唐末僖宗，乾符間，黃巢作亂，攜子及孫，避居福建汀州府，寧化縣，石壁洞。……祥公原籍，自永公家居洛陽，後徙江南，兄弟三人，惟祥公避居寧化縣，其二人不能悉記。
古氏	《崇正同人系譜》卷二氏族古氏條[21]	……五代至古蕃（原注洪州），生於唐乾符四年，曾任竇州都監，有子六人，當五季之世，中原擾攘，遂南遷嶺表，長曰全交，居古雲，次全規，居江下，三全則，居白沙，四全望，居增城，五全讓，居惠州，六全賞，居高州。……

　　上列諸姓氏不及客家氏族百一，但也足以證明黃巢之亂，引起客家先民的第二次遷徙運動。中國歷史上，曾由於戰亂、饑荒、兵災以及政府的獎掖，安排，外地經濟的引誘等因素，有大批的中原漢人南遷。這些南遷的漢人史稱客家人。客家流遷始於東晉，但構成民系則在五代以後。五代以後流遷的被稱為正宗的客家人，這些正宗的客家人在流遷中，大多經過寧華石壁（今名「石碧」）。在石壁居住，繁衍生息數代乃至數百年後，又陸續輾轉遷往閩西、廣東、廣西、四川、湖南及香港、臺灣、東南亞各地。所以他們多稱一世祖出自石壁，石壁便自然地成為這些客家人的第二祖籍。[22]

20　大埔劉國翔等修：《嘉應劉氏族譜》，1920 年。
21　賴際熙總纂：《崇正同人系譜》，成於 1922 年。
22　賀晨曦編：《中華尋根祭祖勝跡》，中華姓氏尋根網，2008－06－02－10:26。

第三次是：宋室南渡，元人入寇

略舉客家族譜上的文獻為例[23]，如下：

姓氏	名條或項目	內容記載
謝氏	崇正同人系譜卷二氏族謝氏條[24]	宋景炎年間，有江西贛州之寧都，謝新，隨文信國勤王，收復梅州，任為梅州令尉，時景炎二年三月也。新長子天祐……遂家於梅州之洪福鄉。……
邱氏	劉氏驥，梅州邱氏創兆堂記述鎮平（今焦嶺）邱氏源流[25]	謹按梅州邱氏，始遷祖諱文興，宋徵士，文信國參軍也，先世由中州遷閩……少與鄉人謝翱善，信國勤王師起，與翱同杖策入幕府，信國既北行，復與翱同歸閩，道梅州北，今鎮平縣之文福鄉，喜其山水，因卜居焉。……

從上述族譜上的記載，可以見出客家先民在宋室南渡，元人入寇之際，閩、粵、贛的義民，或隨宋室南渡，或從文天祥、張世傑、陸秀夫等人勤王抗元，前仆後繼，未曾稍衰。

第四次是：自康熙中到乾嘉之際：人口過剩，自謀向外發展

1.清康熙皇帝時：

略舉地方縣志上的文獻為例，如下：

---

23 羅香林著：《客家研究導論》第二章〈客家研究導論〉，頁52。
24 賴際熙總纂：《崇正同人系譜》，成於1922年。
25 陳槤等輯印：《劉徵君佚稿輯存》。

書名	時間	內容記載
《屏東縣志》[26]	康熙三十年代	臺灣南部六堆地方的客族，自康熙領臺之初，至朱一貴起義，先後僅三十五年，客族所開闢的地方，北自美濃，南至佳冬，有百餘里之地，已成十三大莊，六十四小莊之農村部落。

2.清雍正皇帝時：

書名	時間	內容記載
《崇正同人系譜卷一源流》[27]	雍正皇帝時代	惠、韶、嘉及江西贛州等地客家先民移居粵省廣、肇各地。今日花縣、番禺、增城、東莞、寶安、新興、開平、臺山等縣亦漸有客家人住居。

　　清廷克服臺灣，舊日鄭氏部眾，多半逃亡南洋群島，全臺空虛，人煙寥落，嘉應各屬客家，頗多乘此良機，移向臺灣經營。當時客家人多半在安平、東港、恆春一帶上岸，聚居下淡水河沿岸。

　　第五次是：乾嘉以後：臺山一帶，由於人口增加，部分客家民系遷地他住

---

26 《屏東縣志》：古福祥纂修，屏東縣文獻委員會，1966 年。
27 賴際熙總纂：《崇正同人系譜》，成於 1922 年。

書名	時間	內容記載
《赤溪縣志》[28]	咸豐六年直至同治六年	乾嘉以後，臺山、開平、四會一帶客家人口激增，為爭土地，時與當地土著衝圖突。為解決紛爭，政府籌款，分給志願往各地墾殖謀生的客家農民。當時離去新興、臺山、恩平、鶴山等縣的農民，多南入高、雷、欽、廉等州。亦有遠至海南島崖縣、安定等地的。

　　以上客家民系遷徙的記載，足以證明在元、明、清各代，亦有少數客家居民陸續移居是地，不過，大批的移殖，都是在這一時期的。

　　綜合上述，可知明代正德之後，客家民系是從進入贛、閩、粵之間的三角地區以後，逐漸發展出來的。這三個地區的開發，以贛南為最早，其次閩西，然後是粵東北。客家民系也是隨著這個歷史進程，孕育於贛南，成熟於閩西，發展於粵東。[29]易言之，經過唐朝末葉至北宋末年以贛南為中心時期的孕育，到了南宋以閩西為中心時期，客家民系已告形成，再到元、明轉移到粵東北為中心時期，客家鄉親原係黃河流域中原地區漢民族的一支，因為戰亂避禍，或擴展延續生命的版圖，不得不南遷長江流域。[30]

---

28 賴際熙總纂：《赤溪縣志》臺北：成文出版社，1967。
29 謝萬陸著：《客家學概論》（南昌：江西高校出版社，1995年）頁81－152。
30 羅香林著：〈第二章客家的源流〉，《客家研究導論》（臺北：南天書局，1992年），頁64－65。

大致說來，客家人東遷臺灣的時間，開始在康熙 20 年代，盛於雍正、乾隆年間。這些客家人，以嘉應州屬（包括鎮平、平遠、興寧、長樂、梅縣等縣）的客家人佔最多數，約佔全部客家人口總數的二分之一弱。其次，為惠州府屬（包括海豐、陸豐、歸善、博羅、長寧、龍川、河源、和平等縣）的客家人，約佔四分之一。在其次，為潮州府屬（大埔、豐順、饒平、惠來、潮陽、揭陽、海陽、普寧等縣）的客家人，約佔五分之一。而福建汀州府屬（包括永定、上杭、長汀、寧化、武平等縣）的客家人較少，約佔十五分之一。另有漳州府（包括南靖、平和、詔安等縣）早年來臺，約佔全臺灣人口 17%。今僅剩雲林縣二崙、崙背中年以上會說詔安客話。從而，今日討論臺灣客家的原鄉，只好以所操語言來區分，分為操四縣話的嘉應客；操海陸話的惠州客；操永定話的汀州客；操大埔話及饒平話的潮州客；操詔安話的漳州客等五處。[31]由此可見，客家先民為環境所迫。離鄉背井，四處遷移的艱辛。

三、客家移民臺灣拓墾的歷史因素

　　清廷為防臺灣明鄭王朝與中國沿海居民裡應外合，於順治 18 年（1661）頒「遷界令」（又名遷海令），要求山東至廣東沿海居民內遷 30 里，直到 1683 年施琅平臺後，見沿海空虛，始要求復界。康熙皇帝利用反鄭大將施琅攻臺，主要是肅清反清勢力，他認為臺灣是彈丸之地，平臺之後並無意治臺，但施琅認為臺灣乃中國東南屏障，呈康熙《恭陳臺灣棄留疏》，康熙於 1684 年始將臺灣納入版圖。清初對於移民限制甚嚴。1684 年年臺灣設縣後頒令[32]：

---

31 陳運棟著：〈源流篇──臺灣客家的原鄉〉，收錄於徐正光主編《臺灣客家研究概論》，（臺北：行政院客家委員會・臺灣客家研究學會合作出版，2007 年），頁 25。
32 《臺灣省通志》：（南投：臺灣省文獻委員會，1972 年），頁 99。

1. 欲渡船臺灣者，先給原籍地方照單，經分巡臺廈兵備道稽查，依臺灣海防同知之審驗，許之；潛渡者處以嚴罰。
2. 航渡臺灣者，不准攜伴家眷；既渡航者，不得招致之。
3. 粵地屢為海盜淵藪，以其積習未脫，禁其民渡臺。

清代有句關於先民渡臺的俗話：「唐山過臺灣，心肝結歸丸」，若你有機會體驗一下臺灣海峽黑水溝的風浪，你會發現糾結的絕對不只心肝，還包括你的腸胃。此外，清代的其他一些文獻，也曾談論到偷渡過程當中的其他各種風險。比如有些乘客會被丟包到外海的不知名荒島上坐以待斃，或者是被「放生」在臺灣西部海岸的沙洲上，繼而被淹死於逐漸上漲的潮水之中。看來，在清代當個偷渡客必須承受很大的風險。[33] 茲依據客家學者陳運棟[34]所述，早期客家移民臺灣墾拓的歷史因素，如下：

（一）原鄉地狹人稠

因為客家人在大陸上原住地，大多為崎嶇不平的丘陵地帶，山多田少，農業生產不夠半年食用；加上人口的壓力，不斷增加，為求生存，只好冒險出外謀生。

（二）臺灣航程較近

因為臺灣的地理位置靠近大陸沿海，客家人東渡來臺比較容易；對我國大陸來說，臺灣是一個離島，距離閩南及粵東，只有百多公里的航程。對於海運還不很發達時期的移民來講，東渡臺灣是最有利的途徑。

---

[33] 陳韋聿著：《斯卡羅》中的閩客族群，為何當初要冒險偷渡臺灣討生活？──《臺灣史上的小人物大有事》。https://pansci.asia/archives/329013
[34] 陳運棟著：《客家人》，（臺北：聯亞出版，1983年4月），頁124-129。

（三）臺灣地廣人稀

因為臺灣原住民的文化較為落後，人口稀少，對於客家人入墾的勢力，無法抵禦。於是往日原住民恃以維生的鹿場，就逐漸地為客家人所開闢而變成良田了。

（四）臺灣適合農耕

具有優良的農業發展環境，適合客家人的墾耕；往日的臺灣，因原住民人口不多，再加上他們的不事耕作，因而到處是荒莽的草地，任憑麋鹿漫遊。漢人一到這塊地區，看到這麼一塊廣大肥沃的土地，加上氣候溫濕，很適合農業的發展。由於漢人移民的極力墾殖，臺灣終於成為他們東移後的樂土了。

依據羅香林客家運動五期說[35]，先民移居臺灣是第四期，約在康熙中到乾嘉之際，這些首批來臺的嘉應州屬的鎮平（今改蕉嶺）、平遠、興寧、長樂（今改五華）等縣的所謂「四縣人」，因府治附近已無餘土可墾，於是又從他們寓居的府治東門外，南下前往今屏東高屏溪（亦稱下淡水河）東岸及東港溪流域墾居。從此以後，他們在原鄉的鄉親，接踵而至；至於他們來臺的路線，有的走官定的航道；有的則直接從韓江口各小港口，偷渡來臺，航行至鳳山縣域之打鼓仔港（今稱高雄港），前鎮港（可通小船），鳳山港（港小船不得入，只能在港口登陸），下淡水港、東港等港口及小琉球嶼，由小船接運登陸，而後徒步到達目的地。這是客家家人最早期的一條來臺路線[36]。當時想要東來臺灣墾殖的客家移民，大都是窮苦無以維生不得已才出外謀求生計的，「橫渡黑水溝」，

---

35 羅香林：《客家研究導論》〈客家研究導論〉，頁45-62。
36 連文希：〈客家之南遷東移及其人口的流布〉，(《臺灣文獻》第23卷第四期)，頁4。

既象徵著對臺灣的憧憬,也隱含著對生死未卜的恐懼。大約在康熙 30 年(1691)左右,客家人聽聞屏東下淡水溪東岸,有大量未墾殖的荒埔,於是冒著瘴癘、番害的侵襲,相率前往開墾。1696 年施琅死後,禁止潮、惠人民來臺的禁令漸弛,粵東客家人乃聞風接踵而至,於是人口遽增,墾區日擴。[37]可見臺灣客家祖先從「唐山過臺灣」的艱辛過程。

四、臺灣客家移民的文化蘊涵

〈渡臺悲歌〉是客家先民流傳至今的文學代表作,從「勸君切莫過臺灣,臺灣恰似鬼門關,千個人去無人轉,知生知死都是難……百般道路微末處,講著賺銀食屎難,客頭說到臺灣好,賺銀如水一般了。口似花娘嘴一樣,親朋不可信其言,到處騙感人來去,心中想賺帶客錢。……疾病臨身就知死,愛請先生又無錢,睡在草中無人問,愛茶愛水鬼行前。病到臨頭斷點氣,出心之人草蓆捲,當日出門想千萬,不知送命過臺灣。」的詞句中,可說是道盡數百年來「唐山過臺灣」的辛酸血淚。不但塑造了臺灣客家人的內聚力,也開啟了臺灣客家族群的新視野:面對臺灣多樣化的自然山川與多元的族群處境,必須更加落實因地制宜的「移民本色」,因而得以全然不同於中國原鄉的方式,打造了風貌殊異的客家新故鄉。茲述臺灣客家移民的文化蘊涵,如下:

(一)報本反始宣揚祖德

客家人最重視宗族倫理觀念因此勤修族譜,在住宅正廳門楣上標示堂號,堂號內供奉祖先牌位之外,多不祭祀其他神位,而且祖堂和兩

---

37 《客家開拓史》:(高雄市客家事務委員會,2017 年 10 月 11 日)。
https://chakcg.kcg.gov.tw/cp.aspx?n=603D41D6D6165AE5

邊廂房是不相通的,並告誡子孫:「寧賣祖宗田,不忘祖宗言;寧賣祖宗坑,不忘祖宗聲」,以表示要飲水思源,不可以忘本。客家人大都掛起祖先的堂號,視為光榮的標記。客家姓氏同宗,郡望標記也相同。例如、張姓宗祠的「清河堂」、謝姓宗祠的「寶樹堂」、賴姓宗祠的「潁川堂」。這種以郡望為宗祠標記的文化,在漳臺各家族世代相傳,一脈相承。在這些客家莊裡,仍然保留了豐富的匾聯,而這些匾聯記錄著祖先遷臺的過程、先祖大陸的原鄉、來臺墾殖的艱辛,乃至於對於後代子孫的訓勉與祝福等。在客家人的文化中,充分表現出濃厚的移墾社會痕跡,刻苦耐勞、遵守祖訓,探究生命本源,承續傳統文化與風俗,逐漸漸形成客家民族特有的民族性。緬懷祖先創業之艱辛,而思報本尋根,裕後光前。長期遷徒流離,處處如無根草般漂泊無依的處境,造就了客家人強烈的報本尋根意識。「樹有本,水有源」,客家每個姓氏的譜牒,開宗明義幾乎都赫然書寫這則諺語,每個客家堂號、堂聯都不厭其煩的敘述氏族的源起、衍播。客家人重視生命本源,鍥而不捨修譜的情狀,亦頗感人。

(二)晴耕雨讀孝友傳家

客家先民,從唐山以赤手空拳飄洋過海到臺灣,進入窮鄉僻壤墾殖荒地,為穩定家族命脈而吃苦耐勞。由於遷移過程中經過千辛萬苦,內憂外患,輾轉漂泊歷經艱困,所到之處地瘠民貧,飽受謀生的艱困,因而養成了「勤儉奮鬥、刻苦耐勞」之精神,並且以「耕讀傳家久,詩書繼世長」的理念,來教導子孫們要認真讀書。這是客家人自我期許,自我要求的生活境界,也是客家人用以勉勵子弟的座右銘,這兩句話淺近明白,無非是希望每個客家子弟都能做國家的忠臣,家庭的孝子。忠義

家風所要表現的就是在家要做一個忠臣孝子,在做事上要戮力於讀書、耕田兩件事上。這是因為客家人長期的顛沛流離,使他們更加深刻的體會到故園的可愛、鄉土的芬芳,從而益發眷戀中原故土。把孔孟之道尊為聖賢之道,視三綱五常視為處世為人的是非標準。在客家人的意識中最重「忠、孝、節、義」,把不忠、不孝、不仁和失節視為大逆不道;同時,也極重「仁、信、禮、智」把不仁、不信、非禮、非智視為最大不端和缺德。這些都集中反映為客家文化意識中對為人處世的道德觀念和價值觀念。[38]客家人具有比較重視教育的族群特質,傳統的理想生活境界是「晴耕雨讀」、「孝友傳家」,客家人的傳統觀念,認為讀書才能識理、明志,才能有出息。

(三) 緬懷祖先彰顯孝道

從大陸播遷到臺灣的客家先民,不但帶來客家的語言與風俗習性,同時,大多還帶上祖宗香火牌位。舉凡姓氏家族聚居之地,必設置宗祠。客家人重視祖先與宗族意識,因為祖先是每個人的血緣生命與文化淵源。《荀子‧禮論》說:「禮有三本:天地者,生之本也。先祖者,類之本也。君師者,治之本也。……故禮上事天,下事地,尊先祖而隆君師,是禮之三本也」客家人以敬家神為主,廟神為次。家神也就是祖宗牌位,也就是「阿公婆牌」,這部份包括家裡的公廳、宗族的祠堂以及同姓的家廟,是全部家庭的文化活動發生的重心所在。[39]客家人認為生命是可貴的,祭祀祖先,是一種非常肅穆的傳統。並告誡子孫要飲水思源,不可以忘本。客家人大都掛起祖先的堂號,視為光榮的標記。客家

---

38 南山:〈論客家文化意識〉,原載《客家民俗》1986 年第三、四期。
39 劉還月著:《臺灣的客家族群與信仰》(臺北:常民文化,1996 年),頁 210-213。

文化是以「耕讀傳家」為核心主軸而發展,於是在性格上,客家人勤勞節儉、刻苦耐勞;在人倫關係上,客家人敬祖睦宗、長幼有序;在社會意識上,客家人團結、要求與人和睦相處、能忍讓;在品德操守上,要求人品氣節更勝於富貴,並且敬愛自然萬物。這是值得每一位客家子弟,念茲在茲的偉大精神。

(四) 刻苦耐勞勤儉治家

客家人安身立命的憑藉是什麼?就是堅忍、勤儉、吃苦、耐勞的人生哲學。客家人堪稱為最懂得環保的族群,從先民們的生活作息與飲食習慣,就可以了解箇中真味。從節儉的向度來觀察,他們愛惜資源與物力,不糟蹋任何可以食用的東西,例如:酸菜、覆菜、蘿蔔乾、梅干菜⋯⋯等,因為應景新鮮的青菜吃不完,就把它醃製起來,不但收藏較久,也可以節省物資,而不會暴殄天物。冬天盛產蘿蔔,客家每户人家都會用在來米製作蘿蔔粄,以祈求好彩頭的吉利。可見客家先民生活簡樸,省吃儉用,不浪費任何可以利用的資源。客家諺語說:「但留方寸地,留與子孫耕。」先民世代以務農為業,每天早出晚歸,耕田又耕圃,做到兩頭烏。所以常常勉勵子孫做事要腳踏實地,做人要光明磊落,並且心存善念來待人接物。人們的心田,猶如農人種植的田地,要經過插秧、播種、除草、施肥等工作,才有豐收的一刻到來,並且訓勉子弟們「一粥一飯,當思來處不易;半絲半縷,恆念物力為維艱。」的道理。因此人人要好好耕耘心田,讓這塊善心福地,不要受到紅塵的污染,要永遠保持赤子之心,更不可以做傷天害理的壞事,讓心靈的天空更寬廣亮麗。

五、結語

英國詩人威廉・布萊克(William Blake,1757－1827)的一首詩:

「一花一世界，一沙一天國，君掌盛無邊，剎那含永劫。」這首詩說明從宇宙洪荒，天地玄黃至科技文明發達的現代，一切生滅象徵永恆，無盡的歷史，永遠傳承著瑰麗的文化。客家文化是移民文化，不斷面臨新的挑戰，在新舊文化的兼容並蓄下，展現出客家人「崇本報先，啟裕後昆」的文化觀。隨著二十一世紀社會文明的日新月異，傳統的家族制度與社會結構，都面臨重大的轉變及解構的挑戰，如何傳承與發揚光大富有傳統特色的家訓文化，是每位客家人應承擔的責任，也是值得後代子孫重視的重要議題。在客家人傳統的文化中，充分表現出濃厚的移墾社會痕跡，刻苦耐勞、遵守祖訓，探究生命本源，承續傳統文化與風俗，遂漸形成客家民族特有的民族性。客家文化是以「耕田讀史」為核心主軸而發展，這項文化特質，顯然也與客家人長期遷徙有著密切的關係，於是在性格上，客家人勤勞節儉、刻苦耐勞；在人倫關係上，客家人敬祖睦宗、孝敬父母、長幼有序；在社會意識上，客家人團結、要求與人和睦相處、能堅忍謙讓；在品德操守上，要求人品氣節更勝於財富，並且敬愛自然萬物。對客家人來說，那真是走遍天下，鄉音依然。崇拜祖先是飲水思源，也是孝道的具體表現。

木本水源是每一姓氏發祥的過程，也是每個子孫慎終追遠的根據。中華民族源遠流長，數千年來，不論朝代的更迭、政權的轉移、天災人禍的影響、自然環境的發展、社會結構的變遷等因素，即使在天涯海角，中華民族每一個姓氏，都沒有忘了他們的根源，這種倫理精神的凝聚，宗族之間的團結，全靠「族譜」來維繫。客家族譜的家規家訓，是歷代先祖待人處世之準則和經驗教訓之體現，反映了客家傳統文化的精神內涵，每個宗族的族譜中都有家規家訓的記載。先民們辛勤的耕耘，豐

足我們的衣食,為我們編織絢爛的未來;先民們在這塊土地上披荊斬棘所流的血汗,灌溉了臺灣的沃野,潤澤了臺灣純樸的鄉土文化。他們猶如「燃燒自己,照亮別人」的燭光,照亮臺灣的光明遠景,使我們可以在自由的天地馳騁;在文化的鄉土上,游息流連,安身立命。緬懷千古,和創業艱辛的先民心志相通。佛家有言:「修得人身,來到人間世,是最難得的。」因此大家應心懷感恩的心,感謝祖先的庇佑,讓我們能享受如此多的福澤。生於斯,長於斯的臺灣客家子民,應該牢記創業維艱,守成不易的至理名言,不可以數典忘祖,應該發揮生命共同體的理念,傳承先民的生活經驗與努力的成果。人人要知福、惜福,來發揚光大吃苦耐勞的客家本色,使客家人的生命力,能夠在有情天地中永續發展,綿延至千年萬代。

徵引文獻

一、古籍（依《四庫全書》分類法）

1. 唐・房玄齡等撰：《晉書》，臺北：鼎文書局，1987年。
2. 南朝梁・蕭子顯撰：《南齊書》，臺北：鼎文書局，1987年。

二、現代專著（依作者姓氏筆畫排序）

1. 徐正光主編：《臺灣客家研究概論》，臺北市行政院客家委員會・臺灣客家研究學會合作出版，2007年。
2. 張尾奇所藏節抄縮本：《興寧：張氏譜鈔》
3. 賀晨曦編：《中華尋根祭祖勝跡》，中華姓氏尋根網，2008－06－02－10：26。
4. 劉還月：《臺灣的客家族群與信仰》，臺北：常民文化，1996年。
5. 陳運棟：《客家人》，臺北：聯亞出版，1983年4月。
6. 陳模等輯印：《劉徵君佚稿輯存》。
7. 賴際熙總纂：《崇正同人系譜》，成於1922年。
8. 賴際熙總纂：《赤溪縣志》，臺北：成文出版社，1967。
9. 鍾壬壽主編：《六堆客家鄉土誌》，屏東：常青出版社，1973年出版。
10. 謝萬陸：《客家學概論》，南昌：江西高校出版社，1995年。
11. 謝淑熙：《臺灣客家禮俗文化新探索》，臺北：萬卷樓圖書公司，2019年。
12. 羅香林：《客家研究導論》，臺北：南天書局，1992年。
13. 大埔劉國翔等修：《嘉應劉氏族譜》，1920年。
14. 《臺灣省通志》，南投：臺灣省文獻委員會，1972年。

三、期刊論文（依作者姓氏筆畫排序）

1. 南山：〈論客家文化意識〉，原載《客家民俗》1986 年第三、四期。
2. 連文希：〈客家之南遷東移及其人口的流布〉，《臺灣文獻》第 23 卷第四期，頁 4。
3. 湯錦台：〈客家路漫漫〉《世界客家雜誌》雙月刊第 35 期（臺北：世界客家雜誌有限公司，2022 年），頁 65。
4. 《臺灣省通志》，（南投：臺灣省文獻委員會，1972 年），頁 99。
5. 鍾壬光著第一篇：〈客家源流考〉，收錄於鍾壬壽主編：《六堆客家鄉土誌》，（屏東：常青出版社，1973 年出版），頁 5-15。

四、電子資料與網路資料的引用

1. 臺灣客家開拓史高雄市客家事務委員會，2017 年 10 月 11 日
   https://chakcg.kcg.gov.tw/cp.aspx?n=603D41D6D6165AE5
2. 陳韋聿：《斯卡羅》中的閩客族群，為何當初要冒險偷渡臺灣討生活？──《臺灣史上的小人物大有事》，
   https://pansci.asia/archives/329013

第二章 從〈渡臺悲歌〉探析臺灣客家移民的文化內涵[1]

一、前言

　　客家鄉親原係黃河流域中原地區漢民族的一支，因為戰亂避禍，或擴展延續生命的版圖，不得不南遷長江流域。[2]至明末清初200多年間，由於內陸人口的膨脹，以及戰亂的因素，輾轉遷徙到廣東中部以及沿海地區，有些更飄洋過海至臺灣北部的桃、竹、苗地區，以及南部的高雄、屏東一帶墾殖荒地。〈渡臺悲歌〉是客家先民流傳至今的文學代表作，從「勸君切莫過臺灣，臺灣恰似鬼門關，千個人去無人轉，知生知死都是難……百般道路微末處，講著賺銀食屎難，客頭說到臺灣好，賺銀如水一般了。口似花娘嘴一樣，親朋不可信其言，到處騙感人來去，心中想賺帶客錢。……疾病臨身就知死，愛請先生又無錢，睡在草中無人問，愛茶愛水鬼行前。病到臨頭斷點氣，出心之人草蓆捲，當日出門想千萬，不知送命過臺灣。」的詩句中，可說是道盡數百年來「唐山過臺灣」的辛酸血淚。臺灣客家祖先從「唐山過臺灣」的艱辛過程，不但塑造了臺灣客家人的內聚力，也開啟了臺灣客家族群的新視野：面對臺灣多樣化的自然山川與多元的族群處境，必須更加落實因地制宜的「移民本色」，因而得以全然不同於中國原鄉的方式，打造了風貌殊異的客家新故鄉。

---

[1] 本文初稿刊載於《世界客家雜誌》雙月刊第46期（臺北：世界客家雜誌有限公司，2024年7月），頁63。
[2] 羅香林：第二章〈客家的源流〉,《客家研究導論》（臺北：南天書局，1992年），頁64－65。

〈渡臺悲歌〉是臺灣客家移民史詩,以客家民間歌謠山歌體的形式,描述客家人冒險偷渡來臺之後的艱困生活。彭發勝抄錄的歌詞共376句2632字。1989年鄉土學者黃榮洛出版的《渡臺悲歌——臺灣的開拓與抗爭史話》,對歌詞作了很仔細的解說與註釋,提供許多寶貴題材與貢獻。[3]臺灣客家先民刻苦耐勞的生存智慧,漸漸發展出來臺先祖未曾想像的客家新風貌。客家人從大陸輾轉遷徙來臺,大半住在靠山的窮鄉僻壤,除了種田外,另一項謀生的方式,就是在蜿蜒起伏的山坡上,種植了一簇簇的茶樹。走過風雨飄搖的動盪歷史,起初客家先民都是依山而居,赤手空拳來開創自己的家園,以種植稻田、茶樹維生,所以養成吃苦耐勞、委曲求全的精神。本論文以〈渡臺悲歌〉史詩為探析的主軸,分別論述〈渡臺悲歌〉詩句中所蘊含的臺灣客家移民的辛酸血淚史、〈渡臺悲歌〉的文化蘊涵。生為客家人,不可不知客家事,因此引發個人寫作之動機,及一發思古之幽情。緬懷客家先民在臺灣篳路藍縷創業的艱辛,他們流血流汗的辛勤耕耘,為後代子孫開闢了安身立命的鄉土家園;一枝草、一點露的刻苦精神,讓客家文化的薪火能夠永遠傳承下去。

二、〈渡臺悲歌〉史詩內容概述

〈渡臺悲歌〉是臺灣客家民間文學的瑰寶,也是臺灣客家族群發展自覺意識的重要文獻。是描述客家先民冒險渡過臺灣海峽到臺灣辛勤開墾的詩歌,作者姓名已亡佚,是用客家語白話漢文書寫的詩歌。因歌詞所描述渡臺過程,甚為悽慘悲切,後人乃以〈渡臺悲歌〉名之。茲概述〈渡臺悲歌〉的版本、歌詞的內容與意涵,如下:

---

3 維基百科〈渡臺悲歌〉文獻資料。
　http://zh.wikipedia.org/wiki/%E9%99%86%E6%B2%B3%E5%8E%BF

（一）〈渡臺悲歌〉作者與版本

〈渡臺悲歌〉創作年代久遠，因時空背景的影響，出現數個版本，茲依據有限的文獻資料[4]，略述如下：

1.1938 年彭發勝從新竹縣芎林鄉的彭姓鄰居借得原稿抄錄，當時歌詞並無標題，於是教漢文學時以詩歌首句「勸君切莫過臺灣」為主題。因歌詞所描述渡臺過程，甚為悽慘悲切，後人乃以〈渡臺悲歌〉名之。彭發勝抄錄的歌詞共 376 句 2632 字。

2.1989 年鄉土學者黃榮洛出版的《渡臺悲歌——臺灣的開拓與抗爭史話》，對歌詞作了很仔細的解說與註釋，提供許多寶貴題材與貢獻。黃榮洛刊印的歌詞是在 1986 年向新竹地區的曾吉造取得的，原稿為手抄本，共 352 句合 2464 字，比彭發勝抄錄的短少了末尾的 24 句。

3.2004 年曾學奎在出版的碩士論文中表示，〈渡臺悲歌〉的創作或傳唱者可能為饒平縣的客家人。[5]

4.2008 年黃菊芳在出版的博士論文中表示，發現〈渡臺悲歌〉第三個版本，並據以為底本，完成校勘工作，校勘本共計 380 句，2660 字。黃菊芳在論文中引彭發勝所收藏的版本，表示本詩原作者的身分是「原鄉陸豐縣接近河田」。該論文亦指出本詩原作者的渡臺路線最可能是從家鄉（陸豐河田）→橫江→潮州府→柘林港→臺灣。[6]

5.2015 年，徐勝一等的論文，以一份嘉慶九年的〈渡臺帶路切結書〉

---

[4] 維基百科〈渡臺悲歌〉文獻資料。
http://zh.wikipedia.org/wiki/%E9%99%86%E6%B2%B3%E5%8E%BF

[5] 曾學奎撰：《臺灣客家〈渡臺悲歌〉研究》，（臺灣：國立新竹師範學院臺灣語言與語文教育研究所碩士論文），2003 年。

[6] 黃菊芳：《客語抄本〈渡臺悲歌〉研究》，（臺灣：國立政治大學中國文學研究所博士論文），2008 年。

推斷,〈渡臺悲歌〉應為陸豐河回彭瑞瀾家族的渡臺歷史記錄,作者為其次子彭堯梅。[7]

綜合上述可知,由於欠缺確切的佐證文獻,至今學界仍未能準確的釐清歌詞的作者及創作年代。

(二)〈渡臺悲歌〉歌詞[8]

勸君切莫過臺灣,臺灣恰似鬼門關,
千個人去無人轉,知生知死都是難。
就是窖場也敢去,臺灣所在滅人山,
臺灣本係福建省,一半漳州一半泉。
一半廣東人居住,一半生番併熟番,
生番住在山林內,專殺人頭帶入山。
帶入山中食粟酒,食酒唱歌喜歡歡,
熟番元係人一樣,理番吩咐管番官。
百般道路微末處,講著賺銀食屎難,
客頭說到臺灣好,賺銀如水一般了。
口似花娘嘴一樣,親朋不可信其言,
到處騙感人來去,心中想賺帶客錢。
千個客頭無好死,分屍碎骨絕代言,
幾多人來所信言,隨時典屋賣公山。
單身之人還做得,無個父母家眷連,
涓定良時和吉日,出門離別淚連連。
別卻門親併祖叔,丟把墳墓併江山,
家中出門分別後,直到橫江就答船。

---

[7] 徐勝一、范明煥、韋煙灶:〈清代陸豐客家渡臺的歷程——〈渡臺悲歌〉及〈渡臺帶路切結書〉的聯想〉,《客家文化》第46號)。
[8] 黃榮洛著:《臺灣客家傳統山歌詞》,(新竹:新竹縣立文化中心,1997年6月),頁11。

船行直到朝州府，每日五百出頭錢，
盤過小船一晝夜，直到拓林巷口邊。
上了小船尋店歇，客頭就去講船錢，
壹人船銀壹圓半，客頭就受銀四圓。
家眷婦人重倍價，兩人名下賺三圓，
各人現銀交過手，錢銀無交莫上船。
恰似原差禁子樣，適時反面無情講，
各人船銀交清楚，亦有對過在臺灣。
大船還在巷口據，又等好風望好天，
也有等到二三月，賣男賣女真可憐。
衣衫被帳都賣盡，等到開船又食完，
也有乞食回頭轉，十分冤枉淚連連。
也有不轉開船去，船中受苦正艱難，
暈船嘔出青黃膽，睡在船中病一般。
順風相送都容易，三日兩夜過臺灣，
下裡大船小船接，一人又要兩百錢。
少欠船銀無上岸，家眷作當在船邊，
走上嶺來就知慘，看見茅屋三百間。
恰似唐山糞堰樣，乞食篩場一般般，
尋問親戚停幾日，歇加三日不其然。
各人打算尋頭路，或是僱工做長年，
可比唐山賣牛樣，任其挑選講銀錢。
少壯之人銀十貳，一月算來銀一圓，
四拾以外出頭歲，一年只堪五花邊。
被補蚊帳各人個，講著答床睡摸蘭，
夜晚無鞋打赤腳，誰知出屋半朝難。
自己無帳任蚊咬，自己無被任凍寒，
做得己身衫褲換，又要做帳併被單。
年頭算來年尾去，算來又欠頭家錢，

若然愛走被作當,再做一年十貳圓。
年三十日人祀祖,心中想起刀割般,
上無親侍下無戚,就在頭家過個年。
初一嬲到初四止,除扣人工錢一千,
搶人不過亦如是,臺灣一府盡皆然。
人講臺灣出米谷,痾膿滑血花娘言,
講著食來目汁出,手扛飯碗氣沖天。
一碗飯無百粒米,一共蕃薯大大圈,
三餐蕃薯九隔一,飯碗猶如石窖山。
臺灣蕃薯食一月,多過唐山食一年,
頭餐食了不肯捨,又想留來第二餐。
火油炒菜喊享福,想食鹹魚等過年,
總有臭餿脯鹹菜,每日三餐兩大盤。
想愛出街食酒肉,出過後世轉唐山,
雞啼起身做到暗,又無點心總三餐。
想食泡菜燜米仔,吞燥口涎遲疑吠,
一年三百六十日,日日如是一般了。
落霜落雪風颱雨,頭燒額痛無推懶,
拾分辛苦做不得,睡日眠床除百錢。
各人輕些就要做,行路都還打腳偏,
換衫自己雞啼洗,破爛穿空夜補連。
自己上山擔柴賣,一日算來無百錢,
大秤百斤錢一百,磧得肩頭皆又彎。
併去併轉三鋪路,轉到來時二三更,
除踢三餐糧米食,長有只可買好□。
奈何又著同人做,又著同人做長年,
唐山一年三度緊,臺灣日日緊煎煎。
睡到子時下四刻,米槌舂臼在壟間,
三人舂臼三斗米,就喊食飯扛菜盤。

蕃薯又燒難入口，樣般吞得下喉咽，
食得快來怕燒死，食得慢來難獵班。
出門看路都不到，腳指踢出血連連，
朝朝日日都如是，賣命賺人幾拾錢。
客人之家還靠得，學老頭家正是難，
一年到暗無水洗，要尋浴堂就是難。
生成禽獸無異樣，若係人身都會□，
所挑擔干兩尺半，竹棍圓圓架在肩。
又要大條又併硬，水牛洗軛一般般，
天下耕田用腳踏，臺灣耕牛用手爬。
已多耕田愛欠債，莫非後世報前冤，
耕田只可如挪草，走盡江湖不識見。
就比孝家接母舅，恰似烏龜上石灘，
雙手用爬腳用箭，天光跪到日落山。
面目一身坯鬼樣，閻王看見笑連連，
一日跪到錢一百，跪到三日膝頭穿。
半晝食了真點心，鍋鑰蕃薯滿菜盤，
一年田禾跪兩次，早冬跪孝盡皆然。
真係臺灣人好巧，何用唐山人可憐，
皆因前生有罪過，今世天差來跪田。
若用頭顱去擂田，一年割谷當三年，
耕田頭家若不曉，水牛洗角一般般。
試得幾年若是好，又要奇巧好相傳，
臺灣之人好辛苦，唐山牛隻好清閒。
切呀切時天呀天，不該信人過臺灣，
一時聽信客頭話，走到東都鬼打顛。
心中想起多辛苦，目汁流來在胸前，
在家若係幹勤儉，豬牯都有假褲穿。
在家若是幹儉點，何愁不富萬萬千，

臺灣不是人居住，可比番鴨大海邊。
馬牛禽獸無禮儀，看起心頭怒沖天，
不敬斯文無貴賤，阿旦和尚稱先生。
農商轎夫併乞食，相逢俱問頭家言，
讀書兒童轎夫樣，比我原鄉差了天。
並無一點斯文氣，赤腳蓬頭拜聖賢，
寒天頭布包耳孔，熱天手帕半腰纏。
到此斯文都饑賤，看見心頭怒沖天，
迎婚嫁娶去恭賀，未見一人有鞋穿。
赤腳短衫連水褲，洗身手帕半腰纏，
席筵無讓賓和客，搶食猶如餓鬼般。
且郎轎夫廳堂坐，上頂人客坐墼間，
不知貴賤馬牛樣，看起心頭似火煎。
無論本族及外姓，一介禮包食兩餐，
還有一起污穢事，心中怒恨不敢言。
若然傳轉唐山去，當面被人呸口涎，
那有男人併婦女，相共水桶洗身焉。
又愛擔水煮飯食，食了都會衰三年，
新正叩起天神福，打粄奉神敬三官。
這粄若然神敢食，亦非天上個神仙，
燒香跪到膝頭穿，赤腳包頭拜神仙。
土地伯公有應感，處處一有伯公壇，
所目祀神烏龜粄，所見有妻烏龜般。
大聲不敢罵妻子，隨其意下任交歡，
拾個丈夫九個係，只有一個不其然。
野夫入屋丈夫接，甜言好語待茶 □，
范丹婦人殺九夫，臺灣婦人九夫全。
出門三步跟隨等，結髮夫婦無幹賢，
總愛有錢就親熱，聲聲句句阿哥前。

臺灣婦人有目水，看你長有幾多錢，
交得一年和半載，錢銀幹多也會完。
幾多雞啼無半夜，辛苦如牛一般了，
一介銅錢三點汁，一日賺人幾多錢。
後生之時身子健，落身如牛做幾年，
運數好時件件著，嫖亦不得已多錢。
心中想愛後頭事，恐怕時衰運敗年，
一到無錢就各樣，路上相逢目不看。
行前去問都不應，皆應錢了斷情緣，
開聲就罵契弟子，鈀頭襤衫差了天。
疾病臨身就知死，愛請先生又無錢，
睡在草中無人問，愛茶愛水鬼行前。
病到臨頭斷點氣，出心之人草蓆捲，
當日出門想千萬，不知送命過臺灣。
臺灣此是滅人窖，一百人來無人還，
若然個個幹知想，臺灣婦人變荒田。
臺灣收割真各樣，庄庄婦人鬧喧天，
聽見田中谷桶響，打拌身扮就到田。
手拿摹蘭木搗棍，開眉笑眼喜歡歡，
甜言細語稱司阜，摹蘭凳子擺兩邊。
手拿禾槌微微笑，恰似玉女降下凡，
花言巧語來講笑，弄得零工喜歡歡。
一手禾排打四下，就丟去妹摹蘭邊，
放此臺灣百物貴，惟有人頭不值錢。
一日人工錢兩百，明知死路都敢行，
抽藤做料當民壯，自己頭顱送上山。
遇著生番銃一響，登時死在樹林邊，
走前來到頭斬去，變無頭鬼落陰間。
不論男人併婦女，每年千萬進入山，

千誤萬差在當日,不該信人過臺灣。
李陵誤入單于國,心懷常念漢江山,
我今至此也如此,墨髮及為白髮年。
心中愛轉無盤費,增加一年又一年,
家中父母年已老,朝晚悲哭淚連連。
每年來信火燒死,歸心如箭一般般,
若然父母凍餓死,賺銀百萬也閒情。
又係百般微末處,那見有人賺錢還,
人想賺錢三五百,再加一年都還難。
歸家說及臺灣好,就係花娘婊子言,
叮嚀叔侄併親戚,切莫信人過臺灣。
每有子弟愛來者,打死連棍丟外邊,
一紙書音句句實,併無一句是虛言。

(三)〈渡臺悲歌〉歌詞釋義

　　〈渡臺悲歌〉這首詩歌,根據黃榮洛先生考察可能是先民為三腳採茶的戲本而作,創作的時間為道光年代以後,至遲可能到民國初年。[9]創作年代距今已將近有百年以上的歷史,由於末句云:「一紙書音句句實,併無一句是虛言。」對先民來臺的血淚控訴,可說十分令人動容。[10]茲參考《客語詞彙》[11]、《臺灣客家語常用詞辭典》[12]與李秉璋〈大陸過臺灣〉[13]解析〈渡臺悲歌〉全詩中重要字詞之音義,略述如下:

---

9 黃榮洛著:《臺灣客家傳統山歌詞》,(新竹:新竹縣立文化中心,1997 年 6 月),頁 26－28。
10 彭維杰:〈檢視臺灣歌謠的文化內涵〉,(彰化:彰化師範大學《國文學誌》第 5 期,2001 年 12 月),頁 325。
11 何石松、劉純鑫編著:《客語詞彙》,(臺北:臺北市政府客家事務委員會,2007 年)。
12 《臺灣客家語常用詞辭典》。http://hakka.dict.edu.tw
13 李秉璋:〈大陸過臺灣〉,電子報《閱讀閩客 071 期》
　 (客).pdf。https://language.moe.gov.tw/readminke/%

【釋義】

1. 渡臺悲歌：海陸腔 tu+toibui`go、饒平腔：tu`toibi˘go˘，是臺灣清治時期一首描述客家先民渡過臺灣海峽到臺灣辛勤開墾的詩歌。
2. 絡食：音 loo´shied`，謀生。
3. 過番：音 goo^fan˘，移民到東南亞。
4. 客頭：音 ka´teu`，人蛇集團的首領，即蛇頭。
5. 涓定：音 gien´tin，選擇決定。
6. 公山：音 gung´san´，祖產。
7. 礱間：音 lung˘gam˘，是稻穀變成白米的加工場所。
8. 目汁：音 mug`zhib`，眼淚。
9. 屙膿滑血：音 o`nungvad`hied`，比喻荒誕虛假，不足以採信。亦可說「屙膿滑痢」。
10. 摸蘭：音 mo`lan˘，用竹篾編成，用以盛裝米糧的圓形竹器。
11. 飼魚：音 cim`，當偷渡船隻駛至大海之中，偷渡集團再次向偷渡客要求偷渡費用，如拿不出來，即將偷渡客丟入海中餵魚，名為飼魚。
12. 放生：音 biong^sang˘，避過灌水、飼魚的偷渡客，當船集靠近臺灣時，偷渡集團即騙這些偷渡客臺灣已到，把他們趕至沙洲自生自滅，名為放生。
13. 種芋：音 zhung^bbu，當這些被放生的偷渡客若幸運者即能上岸。不幸者溺斃於海中，如芋頭之種於水中，故謂種芋。
14. 灌水：音 guan^fi^，將偷渡客全部騙入船艙，然後用木板將艙門釘死，至大海當中任船隻漂流沉沒。

　　客家先民為了維持生計，冒著九死一生的危險，利用黑夜偷渡出海，渡過黑水溝來臺灣賺錢，臨行前先跟祖先拜別，懇求歷代祖先庇佑，內

心惶恐不安交集。在故鄉難以謀生,走投無路只好來臺灣發展,沒錢坐船賣田地當祖產,看到親人淚流滿面,含著眼淚狠下心來,勇敢轉頭邁開大步走到海邊,搭乘最廉價的小船,置生死於度外,偷渡客每人帶著故鄉的蕃薯、菜脯上路。遇到大風大浪,十個九個想要嘔吐,要跟渡船的船夫討一口水來喝,被他罵個半死,只有祈求上天保佑,儘早來到臺灣,來到臺灣,踏著月色利用黑夜逃過監視,偷偷上岸來到山頂,遇到強盜,連衣褲都被剝光光。人生地不熟不知東南西北,只好在山頂暫渡等到天亮,繼續趕路,為了要找親友,千辛萬苦爬山越嶺,想到沒錢可以寄給故鄉的母親、妻子,不禁悲從心來,拋妻離子,是為何故?一切一切冒著生命危險,都是為了賺錢呀!先民們偷渡的口岸是廈門。半夜裡乘小漁船到大膽島外,換上大船,到澎湖,再換大漁船到臺灣,不入有官府盤查的鹿耳門,卻到打鼓、東港、大甲、北港、新港、鹿港之類的幽僻小港上岸。偷渡客每人收費白銀六兩至八兩,但是有些奸惡船戶,收了錢又怕官府查獲,便「串同習水積匪,用濕漏小船收載,數百人擠入艙中,將艙蓋封釘,不使上下,乘黑夜出洋,偶值風濤,盡入魚腹。」也有的不肯把船駛到岸邊:「比到岸,恐人知覺,遇有沙汕,輒趕騙離船,名曰『放生』。沙汕斷頭距岸尚遠,行至深處,全身陷人泥淖中,名曰『種芋』。或潮流適漲,隨波漂溺,名曰『餌魚』。」人為的「放生」、「種芋」、「餌魚」加上海上風險,人的命運如同黑水溝不可測知的驚濤駭浪。[14]訴說了客家先民冒險渡臺的心路歷程,令人鼻酸。

(四)〈渡臺悲歌〉歷史沿革

1.「臺灣」是孤懸在大陸東南海上的一座島嶼,兩者之間,隔著一

---

14 李秉璋:〈大陸過臺灣〉,電子報《閱讀閩客 071 期》
（客）.pdf。https://language.moe.gov.tw/readminke/%

條自古便是非常有名的天險——在澎湖附近的「黑水溝」,被稱為「落漈」的海域。臺灣在1684年被納入清朝領土,唐山的人民開始大量移民臺灣。清朝政府卻因為治安上的考量,禁止唐山內地居民移民臺灣。清朝政府對於違禁偷渡的處罰規範相當嚴厲,不但協助偷渡的船戶與偷渡者要受罰,失職官員也須接受處份。但是移民臺灣的嘗試始終沒有消失,反而是偷渡者千方百計逃避關口檢驗、渡過艱險的黑水溝(臺灣海峽),也因此造成許多慘劇。據1697年的《裨海紀遊》,中國到澎湖的這段水域稱為紅水溝,澎湖到臺灣這段為黑水溝。黑水溝遠比紅水溝險惡,水流湍急。因為我們的祖先都是從唐山過來的,當時為什麼會來臺灣,就是因為當時的環境不好,才來臺灣打拼。中國人一向都不喜離開故鄉,會離鄉背井一定是不得已,所以才會有「唐山過臺灣,心肝結歸丸」這樣歷史典故的俗語。[15]

2.客家人東遷臺灣的時間,開始在康熙20年代,盛於雍正、乾隆年間。這些客家人,以嘉應州屬(包括鎮平、平遠、興寧、長樂、梅縣等縣)的客家人佔最多數,約佔全部客家人口總數的二分之一弱。其次,為惠州府屬(包括海豐、陸豐、歸善、博羅、長寧、龍川、河源、和平等縣)的客家人,約佔四分之一。在其次,為潮州府屬(大埔、豐順、饒平、惠來、潮陽、揭陽、海陽、普寧等縣)的客家人,約佔五分之一。而福建汀州府屬(包括永定、上杭、長汀、寧化、武平等縣)的客家人較少,約佔十五分之一。另有漳州府(包括南靖、平和、詔安等縣)早年來臺,約佔全臺灣人口17%。今僅剩雲林縣二崙、崙背中年以上會說詔安客話。從而,今日討論臺灣客家的原鄉,只好以所操語言來區分,分為操四縣話的嘉應客;操海陸話的惠州客;操永定話的汀州客;操大

---

[15] 文史資料——唐山過臺灣。https://blog.xuite.net/hhcjuliet/journal/8697596

埔話及饒平話的潮州客；操詔安話的漳州客等五處。[16]

3.清初對於移民限制甚嚴。1684 年臺灣設縣後頒令[17]：
(1) 欲渡船臺灣者，先給原籍地方照單，經分巡臺廈兵備道稽查，依臺灣海防同知之審驗，許之；潛渡者處以嚴罰。
(2) 航渡臺灣者，不准攜伴家眷；既渡航者，不得招致之。
(3) 粵地屢為海盜淵藪，以其積習未脫，禁其民渡臺。

4.黃叔璥於 1772 年所著《臺海使槎錄》卷四中引〈理臺末議〉其內容如下：

> 臺灣始入版圖，為五方雜處之區，而閩粵之人尤多。先實鄭逆竊據海上，開墾十無二三。迨鄭逆平後，招徠墾田報賦；終將軍施琅之世，嚴禁粵中惠、潮之民，不許渡臺。蓋惡惠、潮之地素為海盜淵藪，而積習未忘也。琅沒，漸弛其禁，惠、潮民乃得。[18]

由上述引文可知，康熙採納施琅的意見而作的決策，一般認為施琅是痛惡粵民熱心協助鄭氏，而藉故懲罰。施琅認為惠、潮二地是鄭成功的餘孽，罪惡的淵藪，是以嚴禁惠州陸豐、海豐，潮州大埔、豐順、饒平及嘉應州梅縣、蕉嶺、五華、平遠客家人渡臺，只剩福建汀州客家人可以渡臺；直到 1696 年施琅去世才解禁，影響了 13 年。此也充分說明昔日客家籍比閩南人來臺時間晚之最大原因，以及影響客家籍在臺人數之主要因素。[19]清廷為防臺灣明鄭王朝與中國沿海居民裡應外合，於

---

16 陳運棟：〈源流篇──臺灣客家的原鄉〉，收錄於徐正光主編《臺灣客家研究概論》，（臺北：臺北市行政院客家委員會、臺灣客家研究學會合作出版，2007 年），頁 25。
17 《臺灣省通志》，（南投：臺灣省文獻委員會，1972 年），頁 99。
18 黃叔璥：《臺海使槎錄》（臺灣文獻叢刊第四種）（南投：臺灣省文獻委員會，1996 年 9 月），頁 92。
19 卞鳳奎：《清代臺灣淡水流域開墾之閩粵客家人》（アジア文化交流研究第 5 號），於

順治 18 年（1661）頒「遷界令」（又名遷海令），要求山東至廣東沿海居民內遷 30 里，直到 1683 年施琅平臺後，見沿海空虛，始要求復界。康熙皇帝利用反鄭大將施琅攻臺，主要是肅清反清勢力，他認為臺灣是彈丸之地，平臺之後並無意治臺，但施琅認為臺灣乃中國東南屏障，呈康熙〈恭陳臺灣棄留疏〉，康熙於 1684 年始將臺灣納入版圖。

三、〈渡臺悲歌〉歌謠所蘊含的臺灣客家移民文化

我們都知道清代有句關於先民渡臺的俗話：「唐山過臺灣，心肝結歸丸」，若你有機會體驗一下臺灣海峽黑水溝的風浪，你會發現糾結的絕對不只心肝，還包括你的腸胃。此外，清代的其他一些文獻也曾談論到偷渡過程當中的其他各種風險。比如有些乘客會被丟包到外海的不知名荒島上坐以待斃，或者是被「放生」在臺灣西部海岸的沙洲上，繼而被淹死於逐漸上漲的潮水之中。看來，在清代當個偷渡客必須承受很大的風險。[20]茲述〈渡臺悲歌〉所蘊含的臺灣客家移民文化，如下：

（一）變賣祖產，冒險犯難

〈渡臺悲歌〉是客家先民流傳至今的文學代表作，從「勸君切莫過臺灣，臺灣恰似鬼門關，千個人去無人轉，知生知死都是難……」的詩句中，可說是道盡數百年來「唐山過臺灣」的辛酸血淚。當時福建沿海流行渡臺悲歌，是勸人不要過臺灣的歌謠。從「臺灣本係福建省，一半漳州一半泉。一半廣東人居住，一半生番併熟番，生番住在山林內，專殺人頭帶入山。」的詩句中，說明臺灣本隸屬福建省，有漳州、泉州、廣東、生番等族群居住。族群複雜，因此先民到臺灣，隻身孤立，因而

（2010 年拔刷），頁 513。
20 陳韋聿：《斯卡羅》中的閩客族群，為何當初要冒險偷渡臺灣討生活？——《臺灣史上的小人物大有事》。https://pansci.asia/archives/329013

道出萬般無奈之情。因為「客頭」花言巧語欺騙許多人「典屋賣公山」冒死偷渡，甚至「賣男賣女」也要到臺灣。「六死、三留、一回頭」意謂著「唐山過臺灣」移民來臺的艱險，在十個渡臺移民之中，最後只有約三分之一的人能平安定居臺灣。尤以清渡海禁令頒布後，大量東南沿海為嚮往臺灣，謀求生機，開創基業的居民，冒著官方禁令與臺灣海峽的風險，雙重險阻下賭命偷渡。每一次每人偷渡須花費銀六至八兩，在半夜搭小船由廈門口岸至大膽島外，換上大船到澎湖，再換大漁船到臺灣，由鹿耳門登陸，再到打鼓、東港、大甲、北港、新港、鹿港等幽僻小港上岸。但常有不肖「船頭」——專營私載人民出海的人，收了錢又怕政府查獲，便串同習水盜匪，用濕漏小船收載，數百人擠入艙中，將艙蓋封釘不使上下，乘黑夜出洋，偶值風濤，盡入漁腹。[21]由此可見，先民變賣財產，冒死偷渡的無奈與艱辛。

（二）懷念原鄉，思親情切

臺灣原非漢人聚居之地，在漢人遷臺、居臺之前，臺灣島上居住的是語言、風俗習慣都與漢人不同的南島語族，他們穿梭在高山叢林、平原、沼澤之間，逐鹿打獵、捕魚、耕種，過著逍遙自在、與世無爭的生活。直到十六、十七世紀，中國大陸上的漢人大量遷移來臺，這種情形就改變了。[22]先民來到臺灣看到當時人的粗鄙無文，非常氣憤寫道：「臺灣不是人居住，可比番鴨大海邊。馬牛禽獸無禮儀，看起心頭怒沖天，不敬斯文無貴賤，阿旦和尚稱先生」[23]可知客家先民不論是看到臺灣的

---

21 大司馬：唐山過臺灣與渡臺悲歌。https://www.g-years.com/2006/simple/?t70130.html，2009-05-31
22 大司馬：唐山過臺灣與渡臺悲歌。https://www.g-years.com/2006/simple/?t70130.html，2009－05－31
23 黃榮洛著：《臺灣客家傳統山歌詞》，頁 18。

何種面向,都不時與故鄉唐山做比較,總想起原鄉的好,臺灣茅屋像是唐山的糞坑;唐山一年只忙三度,在臺灣卻每天煎熬過日,度日如年等等。口中重複說著:「不該信人過臺灣、心懷長念漢江山」,歸心似箭卻又百般無奈,那有辦法賺錢還。歷史上有爭議的人物也成為歌謠中的忠臣:「李陵誤入單于國,心懷常念漢江山,我今至此也如此,墨髮及為白髮年。」想到李陵陷敵的窘境,發抒自己渡臺的現況,更引發思念故國之感傷情懷。詩句中:「心中愛轉無盤費,增加一年又一年,家中父母年已老,朝晚悲哭淚連連。」雖然思親思鄉情切,想到年邁的父母,終日以淚洗面,但是苦無盤纏,年過一年,有家歸不得,柔腸寸斷,淚眼迷濛問蒼天啊!詩句中:「每年來信火燒死,歸心如箭一般般,若然父母凍餓死,賺銀百萬也閑情。」隻身飄洋過海到臺灣,家書十萬火急,只能重複說著:「不該信人過臺灣、心懷長念漢江山。」歸心似箭卻又因百般無奈,那有辦法賺錢寄回故鄉以安慰雙親。最後以:「每有子弟愛來者,打死連棍丟外邊,一紙書音句句實,併無一句是虛言。」表明全詩所述,情真語切,句句屬實,絕無虛假。

(三)吃苦耐勞、委曲求全

依據羅香林客家運動五期說[24],先民移居臺灣是第四期,約在康熙中到乾嘉之際,這些首批來臺的嘉應州屬的鎮平(今改蕉嶺)、平遠、興寧、長樂(今改五華)等縣的所謂「四縣人」,因府治附近已無於土可墾,於是又從他們寓居的府治東門外,南下前往今屏東高屏溪(亦稱下淡水河)東岸及東港溪流域墾居。從此以後,他們在原鄉的鄉親,接踵而至;至於他們來臺的路線,有的走官定的航道;有的則直接從韓江

---

24 羅香林著:〈客家研究導論〉,《客家研究導論》,頁 45-62。

口各小港口，偷渡來臺，航行至鳳山縣域之打鼓仔港（今稱高雄港）、前鎮港（可通小船）、鳳山港（港小船不得入，只能在港口登陸）、下淡水港、東港等港口及小琉球嶼，由小船接運登陸，而後徒步到達目的地。這是客家家人最早期的一條來臺路線[25]。當時想要東來臺灣墾殖的客家移民，大都是窮苦無以維生不得已才出外謀求生計的，「橫渡黑水溝」，既象徵著對臺灣的憧憬，也隱含著對生死未卜的恐懼。從「出門看路都不到，腳指踢出血連連，朝朝日日都如是，賣命賺人幾拾錢。客人之家還靠得，學老頭家正是難，一年到暗無水洗，要尋浴堂就是難。」「一碗飯無百粒米，一共蕃薯大大圈，三餐蕃薯九隔一，飯碗猶如石窩山。」的詩句中，訴說在臺灣賣命賺錢的艱辛，一早摸黑出外做工，腳趾踢到石頭血流不止，三餐不繼，經年累月咬緊牙根，克服人為與天然的惡劣環境，過著吃苦耐勞的生活。先民們開疆拓土的奮鬥精神，實在令人感念與敬佩。

（四）信仰神祇，祈禱平安

據1697年《裨海紀遊‧卷上》記載：「二十二日，平旦，渡黑水溝。臺灣海道，惟黑水溝最險。自北流南，不知源出何所。海水正碧，溝水獨黑如墨，勢又稍窊，故謂之溝。廣約百里，湍流迅駛，時覺腥穢襲人。又有紅黑間道蛇及兩頭蛇繞船游泳，舟師以楮鏹投之，屏息惴惴，懼或順流而南，不知所之耳。」[26]可見客家先民偷渡者千方百計逃避關口檢驗、渡過艱險的黑水溝（今臺灣海峽），也因此造成許多慘劇。1717年完成的《諸羅縣志》描述移民的處境是：「舍祖宗之丘墓。族黨之團圓，

---

25 連文希著：〈客家之南遷東移及其人口的流布〉，《臺灣文獻》第23卷第四期，頁4。
26 郁永河：《裨海紀遊》，中國哲學電子書。
　　https://ctext.org/wiki.pl?if=gb&chapter=935672

隔重洋而渡險，竄處於天盡海飛之地」，道盡先民來臺往往隻身奮鬥，單身移民未有家眷照顧，備極艱辛。再孤苦無依的處境下，佛教輪迴觀念在歌詞中顯現：「真係臺灣人好巧，何用唐山人可憐，皆因前生有罪過，今世天差來跪田。……已多耕田愛欠債，莫非後世報前冤。」客家先民訴說跪田除草非常辛苦，認定是前世的罪惡，今生得到報應因而罰跪田地，以此抱怨自己的苦難遭遇。[27]因此不論偷渡與否，大家上船前都要先去媽祖廟前拜拜。傳說中媽祖林默娘，在暗夜的海邊提一盞燈，為海上船隻照亮歸途的這位海上女神，是三百年間移民橫渡黑水溝時，祈求賜福的主要對象。因此渡臺移民在臺灣建媽祖廟謝恩還願，媽祖就這樣成為臺灣民間最普遍的信仰。在歌詞中寫道：「新正叩起天神福，打粄奉神敬三官。這粄若然神敢食，亦非天上個神仙，燒香跪到膝頭穿，赤腳包頭拜神仙。土地伯公有應感，處處一有伯公壇。」客家先民除了信奉媽祖，也信仰天神、土地公，農曆初一、十五，都到廟裡跪拜神明以表達虔敬的心意，祈禱神明庇佑全家平安。

四、〈渡臺悲歌〉的臺灣客家文化意涵

客家人是中華民族中重要的支系，近一千年來五次大遷徙[28]，從中原向外播徙，到如今已繁衍發展到一億二千多萬人口，分佈在海內外各國和地區。客家人不論走到那裏，都承續中華民族的優秀文化和傳統美德，為中華民族的發展，為居住地的振興做出了重大貢獻。客家人因自身的顛沛流離，在時時為客、處處為客的窘境中，最為痛切地體驗到故土的可貴，因而與漢民族其他民系相比，愛國愛鄉的情懷顯得特別強烈。

---

27 彭維杰：〈檢視臺灣歌謠的文化內涵〉，頁 345。
28 羅香林：《客家研究導論》第二章〈客家研究導論〉「客家運動五期說」，頁 45－62。

在客家人的傳統文化中,充分表現出濃厚的移墾社會痕跡,刻苦耐勞、遵守祖訓,探究生命本源,承續傳統文化與風俗,遂漸形成客家人特有的民族性。茲述〈渡臺悲歌〉的臺灣客家文化意涵,如下:

(一)彰顯報本尋根的意識

客家人視祖先的族譜家訓,為光榮的標記,以表明姓氏根源之所自。在客家人的文化中,充分表現出濃厚的移墾社會痕跡,刻苦耐勞、遵守祖訓,探究生命本源,承續傳統文化與風俗,逐漸漸形成客家民族特有的民族性。緬懷祖先創業之艱辛,而思報本尋根,裕後光前。長期遷徙流離,處處如無根草般漂泊無依的處境,造就了客家人強烈的報本尋根意識。「樹有本,水有源」,客家每個姓氏的譜牒,開宗明義幾乎都赫然書寫這則諺語,每個客家堂號、堂聯都不厭其煩的敘述氏族的源起、衍播。客家人重視生命本源,鍥而不捨修譜的情狀,亦頗感人。在客家諺語中敘述:「富貴不離祖,遊子思故鄉」,說明無論貧富貴賤,男女老少,誰都不忘會記自己根本之所在,正所謂「摘瓜尋藤,念祖尋根」。對祖先的崇拜,一方面固然是報本,一方面是感恩。在強烈的報本尋根意識催化下,讓客家人堅守自己的語言「離鄉不離腔」、「樹高不離土,葉落仍歸根」,這是對家鄉的深情。在客家人的文化中,充分表現出濃厚的移墾社會痕跡,刻苦耐勞、遵守祖訓,探究生命本源,承續傳統文化與風俗,因而形成客家民族特有的民族性。

(二)傳承堅忍勤儉的德範

客家鄉親原本居住在大陸中原一帶,由於內陸人口的膨漲,以及戰亂的因素,輾轉遷徙到廣東中部以及沿海地區,有些更飄洋過海至臺灣北部的桃、竹、苗地區,以及南部的高雄、屏東一帶墾殖荒地。目前全臺灣約有四百多萬人,起初先民都是依山而居,赤手空拳來開創自己的

家園,以種植稻田、茶樹維生,所以養成吃苦耐勞、委曲求全的精神。他們流血流汗的辛勤耕耘,為後代子孫開闢了安身立命的鄉土家園;一枝草、一點露的耕讀精神,讓客家文化的薪火能夠永遠傳承下去。在客家諺語中,反映客家人愛國愛鄉情懷的內容比比皆是,例如:「國強民也富,國破家也亡」這是對祖國的摯愛;「家鄉水甜入心,十年不改舊鄉音」,這是對家鄉的深情。客家文化是以「耕田讀史」為核心主軸而發展,這項文化特質,顯然也與客家人長期遷徙有著密切的關係,於是在性格上,客家人勤勞節儉、刻苦耐勞;在人倫關係上,客家人敬祖睦宗、孝敬父母、長幼有序;在社會意識上,客家人團結、要求與人和睦相處、能堅忍謙讓;在品德操守上,要求人品氣節更勝於財富,並且敬愛自然萬物。對客家人來說,那真是走遍天下,鄉音依然。崇拜祖先是飲水思源,也是孝道的具體表現。

(三)宣揚始祖創業的精神

　　客家先民,從唐山以赤手空拳飄洋過海到臺灣,進入窮鄉僻壤墾殖荒地,為穩定家族命脈而吃苦耐勞。由於遷移過程中經過千辛萬苦,內憂外患,輾轉漂泊歷經艱困,所到之處地瘠民貧,飽受謀生的艱困,因而養成了「勤儉奮鬥、刻苦耐勞」之精神,並且以「耕讀傳家久,詩書繼世長」的理念,來教導子孫們要認真讀書。這是客家人自我期許,自我要求的生活境界,也是客家人用以勉勵子弟的座右銘,這兩句話淺近明白,無非是希望每個客家子弟都能做國家的忠臣,家庭的孝子。忠義家風所要表現的就是在家要做一個忠臣孝子,在做事上要戮力於讀書、耕田兩件事上。這是因為客家人長期的顛沛流離,使他們更加深刻的體會到故園的可愛、鄉土的芬芳,從而益發眷戀中原故土。把孔孟之道尊為聖賢之道,視三綱五常視為處世為人的是非標準。在客家人的意識中

最重「忠、孝、節、義」，把不忠、不孝、不仁和失節視為大逆不道；同時，也極重「仁、信、禮、智」把不仁、不信、非禮、非智視為最大不端和缺德。這些都集中反映為客家文化意識中對為人處世的道德觀念和價值觀念。[29]客家人具有比較重視教育的族群特質，傳統的理想生活境界是「晴耕雨讀」、「孝友傳家」，客家人的傳統觀念，認為讀書才能識理、明志，才能有出息。

（四）重視宗族倫理的觀念

客家人最重視宗族倫理觀念因此勤修族譜，在住宅正廳門楣上標示堂號，堂號內供奉祖先牌位之外，多不祭祀其他神位，而且祖堂和兩邊廂房是不相通的，並告誡子孫：「寧賣祖宗田，不忘祖宗言，寧賣祖宗坑，不忘祖宗聲。」，以表示要飲水思源，不可以忘本。崇拜祖先是飲水思源，也是孝道的具體表現。或許有人認為，客家人注重「敬祀祖先」乃是一種「祖先崇拜」。其實「祭如在，祭神如神在」(《論語‧八佾》)，這都是客家人把家族與宗族生命，寄託在對生命與文化傳承的虔誠尊敬，以及對未來子孫成龍成鳳的無限期盼上面，世世代代承續傳統，顯示客家生命的無窮無盡。客家人重視祖先與宗族意識，認為祖先是每個人的血緣生命與文化淵源。正如曾子說：「慎終追遠，民德歸厚矣」(《論語‧里仁》)。所以，客家人的祖塔，除了年代久遠之外，子孫將眾多祖先骨骸，集中在一處，稱為佳城，可以容納數百到數千罐骨骸罈。客家人相信天地創生萬物，是一切生命之始，而祖先則是我們生命的淵源。所以祖宗的恩德，是可以和天地相提並論的。祭祀天地和祖先，同樣是客家人「報本返始」、「慎終追遠」的精神。歷代的祖先和生育、養

---

29 南山：〈論客家文化意識〉，原載《客家民俗》1986年第三、四期。

育、教育我們的父母,都是我們生命的根源,血濃於水,代代相傳,不斷的往前追溯,就可以彰顯現出歷史綿延不斷的傳承精神。

五、結語

陳運棟先生依據《臺灣省通志》的記載,提出早期客家人東渡來臺墾殖有三點原因:1.冒犯偷渡禁令,拚死來臺謀生、2.冒衝煙瘴病毒,移墾山區地帶、3.衝冒番害危機,從事築隘拓荒,表現了客家人刻苦耐勞,勇於進取的精神因素。而冒死渡臺的誘因有四點:1.因為客家人在大陸上原住地,大多為崎嶇不平的丘陵地帶,山多田少,農業生產不夠半年食用;加上人口的壓力,不斷增加,為求生存,只好冒險出外謀生。2.因為臺灣的地理位置靠近大陸沿海,客家人東渡來臺比較容易;對我國大陸來說,臺灣是一個離島,距離閩南及粵東,只有百多公里的航程。對於海運還不很發達時期的移民來講,東渡臺灣是最有利的途徑。3.因為臺灣原住民的文化較為落後,人口稀少,對於客家人入墾的勢力,無法抵禦。於是往日原住民恃以維生的鹿場,就逐漸地為客家人所開闢而變成良田了。4.臺灣具有優良的農業發展環境,適合客家人的墾耕;往日的臺灣,因原住民人口不多,再加上他們的不事耕作,因而到處是荒莽的草地,任憑麋鹿漫遊。漢人一到這塊地區,看到這麼一塊廣大肥沃的土地,加上氣候溫濕,很適合農業的發展。由於漢人移民的極力墾殖,臺灣終於成為他們東移後的樂土了。[30]說明了客家先民飄洋過海到臺灣開疆拓土的奮鬥精神,是值得後代子孫感念與敬佩的。

英國詩人威廉‧布萊克(William Blake,1757-1827)的一首詩:「一花一世界,一沙一天國,君掌盛無邊,剎那含永劫。」這首詩說明

---

30 陳運棟著:《客家人》,(臺北:聯亞出版,1983年4月),頁124-129。

從宇宙洪荒，天地玄黃至科技文明發達的現代，一切生滅象徵永恆，無盡的歷史，永遠傳承著瑰麗的文化。在有如萍聚的人生中，展讀〈渡臺悲歌〉的詩句，尋訪客家先民走過的歷史扉頁，先民用「喜、怒、哀、樂」譜出的生命組曲，令人有「醲肥辛甘非真味，真味只是淡」的感觸。回首先民向來蕭瑟處，在歲月的更迭，與現實生活的歷練中，所烙印下腳踏實地的履痕，不禁令我們油然而生懷舊的感傷。驀然回首，這一切歷歷往事，隨著時代的變遷，已奏下休止符，也漸漸成為客家鄉親塵封的歷史記憶。先民們辛勤的耕耘，豐足我們的衣食，為我們編織絢爛的未來；先民們在這塊土地上披荊斬棘所流的血汗，灌溉了臺灣的沃野，潤澤了臺灣純樸的鄉土文化。他們猶如「燃燒自己，照亮別人」的燭光，照亮臺灣的光明遠景，使我們可以在自由的天地馳騁；在文化的鄉土上，游息流連，安身立命。因此大家應心懷感恩的心，感謝祖先的庇佑，讓我們能享受如此多的福澤。人人要知福、惜福，來發揚光大吃苦耐勞的客家精神，使客家人的生命力，能夠在有情天地中永續發展，綿延至千年萬代。

徵引文獻

一、專著書籍（依作者姓氏筆劃排序）

1. 古國順總校訂、何石松、劉醇鑫主編：《客語詞庫》，臺北：北市客委會，2007年。
2. 尹章義：《臺灣開發史研究》，臺北：聯經出版事業公司，1989年。
3. 何石松：《客諺一百首》，臺北：五南書局，2003年。
4. 何石松、劉醇鑫編：《現代客語實用彙編》，臺北：北市客委會，2002年。
5. 周鐘瑄：《諸羅縣志》。臺灣文獻叢刊第141種，臺北：臺灣銀行經濟研究室，1962年。
6. 郁永河：《裨海紀遊》，南投：臺灣省文獻委員會，1996年。
7. 陳運棟編：《臺灣的客家禮俗》，臺北：臺原出版社，1990年。
8. 陳運棟：《客家人》，臺北：聯亞出版，1983年。
9. 黃榮洛：《臺灣客家傳統山歌詞》，新竹：竹縣文化局，2002年。
10. 黃榮洛：《臺灣客家傳統山歌詞》，新竹：竹縣文化局，1997年。
11. 黃榮洛：《渡臺悲歌——臺灣的開拓與抗爭史話》，臺北：臺原出版社，1989年。
12. 曾喜城：《臺灣客家文化研究》，臺北：國立中央圖書館臺灣分館，1999年4月出版。
13. 《臺灣省通志》，南投：臺灣省文獻委員會，1972年。
14. 程大學：《臺灣開發史》，臺北：眾文圖書股份有限公司，2000年
15. 劉還月：《臺灣客家族群史·移墾篇（上、下）》。南投：臺灣文獻委員會，2001年。
16. 劉還月：《臺灣客家族群史·民俗篇》，南投：臺灣文獻委員會。
17. 羅香林：《客家研究導論》，臺北市：南天書局，1992年7月臺灣

一版。

18.謝淑熙：《臺灣客家禮俗文化新探索》，臺北：萬卷樓圖書公司，2019年5月。

二、期刊論文（依作者姓氏筆劃排序）

1. 卞鳳奎：《清代臺灣淡水流域開墾之閩粵客家人》（アジア文化交流研究第5號），大阪：關西大學アジア文化交流研究，2010年拔刷，頁513。
2. 何石松：〈從客語詞彙看客家文化之內涵〉，《客家語言文字與教育研討會論文集》，臺北市民政局，1999年。
3. 南山：〈論客家文化意識〉，原載《客家民俗》1986年第三、四期。
4. 黃叔璥：《臺海使槎錄》（臺灣文獻叢刊第四種），南投：臺灣省文獻委員會，1996年9月
5. 吳梨華：〈從明清臺灣的移民史——探尋臺灣姓氏文化的根源〉，《臺灣源流》54、55（臺中，2011.3）：39－50。
6. 彭維杰：〈檢視臺灣歌謠的文化內涵〉，《彰化師範大學國文學誌》第5期，2001年12月，頁325。
7. 徐勝一、范明煥、韋煙灶：〈清代陸豐客家渡臺的歷程——〈渡臺悲歌〉及〈渡臺帶路切結書〉的聯想〉，《客家文化》第46號。

三、學位論文（依年代排序）

1. 曾學奎：《臺灣客家〈渡臺悲歌〉研究》，臺灣：國立新竹師範學院臺灣語言與語文教育研究所碩士論文，2003年。
2. 黃菊芳：《客語抄本〈渡臺悲歌〉研究》，臺灣：國立政治大學中國文學研究所博士論文，2008年。

四、網路資源

1. 陳韋聿：《斯卡羅》中的閩客族群，為何當初要冒險偷渡臺灣討生活？——《臺灣史上的小人物大有事》。

https://pansci.asia/archives/329013
2. 大司馬：唐山過臺灣與渡臺悲歌。https://www.g-years.com/2006/simple/?t70130.html，2009－05－31。
3. 李秉璋：〈大陸過臺灣〉，電子報_閱讀閩客 071 期（客）.pdf。
https://language.moe.gov.tw/readminke/%
4. 戴寶村：〈移民臺灣：臺灣移民歷史的考察〉。《臺灣月刊雙月電子報》，96 年 8 月號，2007。
https://www.mocsr.com/about.php 遷臺歷史記憶庫
5. 〈渡臺悲歌〉文獻資料維基百科。
http://zh.wikipedia.org/wiki/%E9%99%86%E6%B2%B3%E5%8E%BF

第三章 臺灣客家姓氏堂號的文化意涵[1]

一、前言

　　中華民族的姓氏源遠流長，數量繁多，古今姓氏達一萬多個，這些姓氏歷經數千年的傳承與發展，血緣相續，薪火相傳，成為中華民族團結的根源，更是後代子孫尋根溯源的基石。木有本、水有源，木本水源是說明每一姓氏發祥的過程，也是每個子孫慎終追遠的根據。數千年來，歷經朝代的更迭、自然環境的發展、社會結構的變遷，即使在海角天涯，中華民族沒有一家忘了他們的根源。這種倫理精神的凝結，深受「堂號」的催化影響。每個姓氏都以堂號、宗祠聯語敘述著宗族的源起與衍播，更是凝聚宗族團結的原動力。堂號代表了家族的源流，客家家屋門楣上常見的「郡號」或「堂號」，在臺灣東部西部各有不同的風格。北部的客家人不會刻意將堂號放置在門楣上的中央，而屏東六堆的客家建築，幾乎都把堂字放在中間的位置，形成「潁堂川」或者「滎陽堂」的情形。到了東部地區，不管是南部或北部的客家人，甚至還有一些福佬人，都學習六堆家屋的形態設置堂號。[2]我們尋根探源，不僅見到臺灣傳統客家文化「宗廟之美，百官之富」的堂奧，更了解到傳統文化與先民的生活經驗相輔相成，具有發皇歷史，綿延民族命脈的功能。

　　「堂號」乃是中國姓氏的一大特徵，盱衡世界各國，無一民族有此特徵。但是此一特徵卻逐漸在消失，如今在中華民族各族群當中，保留

---

[1] 本文初稿刊載於《世界客家雜誌》雙月刊第 48 期（臺北：世界客家雜誌有限公司，2024 年 11 月），頁 54。
[2] 劉還月：《臺灣的客家族群與信仰》，（臺北市：常民文化出版，1999 年），頁 118。

「堂號」最完整的只剩下客家人與閩南人而已。至於「堂號」是怎麼來的呢？據說是先民們為了記載自己姓氏發源而設的標誌。客家人從中原南遷的歷史應該可以追溯到秦始皇時代，不過一般認為大量南遷是在東晉元帝時代，即公元 317 年（五胡亂華）之際，以及南宋淪亡之後。先到安定地區的客家人在自己的中堂掛上「堂號」，使晚到的移民可以辨認自己的宗親，以便得到暫時的照顧。久而久之，「堂號」自然變成了姓氏宗親聯誼的媒介。不過由於通婚、遷移等因素，並非所有姓氏只用一個「堂號」，有的姓氏在不同地區可能有幾個「堂號」。[3]客家人家屋門楣上常見的「堂號」代表了家族的源流。本論文以臺灣客家姓氏堂號的文化意涵為探析的主軸，分別論述臺灣客家姓氏堂號的源流、臺灣客家姓氏堂號的文化蘊涵。生為客家人，不可不知客家事，因此引發個人寫作之動機，及一發思古之幽情。緬懷客家先民在臺灣篳路藍縷創業的艱辛，他們流血流汗的辛勤耕耘，為後代子孫開闢了安身立命的鄉土家園；一枝草、一點露的刻苦精神，讓客家文化的薪火能夠永遠傳承下去。

二、臺灣客家姓氏堂號的源流

「郡望」、「堂號」，亦稱「郡號」，為各姓氏早期祖先發祥之地，是各氏族根源之標記，亦有因先祖之德望、功業、或取義吉利祥瑞、或取義訓勉後人奮發向上，所以堂號不全屬郡望，但今日臺灣地區所見堂號，絕大多數就是郡號。傳統上「堂號」的產生多半以早期中原地區「郡號名稱」為基礎演變發展而成。我國各姓氏「堂號」究竟有多少，已難正確得知，據中華文化復興運動推行委員會，邀請專家研究整理得到共有

---

3 百家姓堂號的來源。取自：http://tw.myblog.yahoo.com/History-Bell/article?mid=433&prev=437&next=385

八十號堂,二六七姓。姓氏間也有因為先人功勳德望或取義於訓勉後代,而自創堂號,稱為「自立堂號」,例如新竹客家的自立堂號大致可分為四類:「堂」、「第」、「居」、「室」:1.橫山蔡家－耕讀居;2.竹東楊家－松壽居;3.竹東彭家－信好第 4.湖口傅家－四章堂 5.竹東林家－九牧第;6.關西范家－餘慶室(取「積善之家必有餘慶」之意) －臺灣省主席范光群老家「餘慶室」等。限於篇幅,本文舉桃園縣的謝姓、新竹縣湖口的張姓與屏東六堆的賴姓的堂號與堂聯為代表,敘述如下:

(一) 謝姓源流

謝姓是當今中國第二十四大姓,在臺灣排名第十三。謝姓的得姓始祖是兩千八百年前周宣王的母舅申伯,據臺灣《謝代宗系會刊》介紹,謝代之先,淵源於炎帝,係出姜姓。周初時,姜姓複封,姜氏和姬周世代為婚,申伯便是周宣王的母舅。宣王五年,申伯在征戰中立功,被封於謝邑。他的子孫以邑為氏,所以便有了謝姓。當時的謝國,在今河南的唐河,南陽一帶,這些地方便是天下謝姓的根源了。據《左傳》、《古今姓氏書辨證》等書所載:傳說黃帝有二十五個兒子,其中第七個姓任,而謝姓是任姓之分支。任姓一共建立了十個國家,第一個就是謝國(故址位於今河南省唐河縣西北)歷經夏、商、周三朝,於西周時為周宣王所滅,因周宣王時使召公營謝邑,以賜申伯,蓋謝已失國,其子孫以國為氏,是為河南謝氏。[4]

謝姓早在唐代就遷入閩西、寧化。據載,謝姓自晉代後就向江南發展,形成五大宗派門別,後裔由江南往閩、粵、臺等地,其中臺灣一部分客家的謝姓就是傳自寧化縣。據《謝氏族譜》正德十三年序說:「始

---

4 馬自毅、顧宏義注譯:《新譯百家姓》〈謝〉,(臺北:三民書局,2005 年 3 月初版一刷),頁 55。

祖因黃巢之亂，居福建寧化廠壁裡。昇平之後，再遷江西雩縣。洪武四年（公元一三七一年），移居梅縣。」黃巢建朝是公元八七八年的事，謝姓大約在這個期間傳入寧化，並歷經了宋、元、明三個朝代，大約四百九十多年時間，以後遷入江西，繼而傳入廣東梅縣，並分衍至各地。[5]

（二）謝姓堂號源流

唐朝詩人劉禹錫《烏衣巷》詩：「舊時王謝堂前燕，飛入尋常百姓家。」詩中「謝」係指東晉望族陳郡謝氏。[6]謝氏自古一脈相承的的堂號共有四個：「陳留堂」、「會稽堂」、「東山堂」、「寶樹堂」。楊緒賢《臺灣區姓氏堂號考一百大姓考略》載：「謝氏，堂號：陳留、會稽、東山、寶樹。」[7]茲分述如下：

1.「陳留堂」、「會稽堂」

根據文獻記載謝邑亦稱謝國，故地在鄧州的南陽，據說河南唐河縣謝姓人口佔全縣總人口的十分之七八，因而河南唐河南陽一帶，就是姬周時代謝邑的所在地。經過數百年的發展，謝氏墓礎仍在河南，兩宗支綿延，源遠流長。謝氏家族人多族大，始自兩千八百多年前周室河南唐河，盛行於東晉遷徙江南，子孫昌盛，世家源遠流長，為江南地區之名門望族。謝姓自古一脈相承的郡望為「陳留」和「會稽」：陳留－是謝姓最早發祥地，也就是現在河南省陳留縣，戰國時為魏屬地，秦始皇置陳留縣，漢武帝元狩元年（公元前122年）升為郡，隸屬於兗州，管轄地區在河南省開封一帶。會稽是謝姓在東晉時期的根據地，也是秦朝的

---

[5] 謝德清：〈客家姓氏——謝〉中華謝氏網 http://www.chinaxieshi.cn，2008年3月21日。
[6] 謝姓：維基百科 https://zh.wikipedia.org/zh-tw/
[7] 楊緒賢：《臺灣區姓氏堂號考》，（臺北：國史館臺灣文獻館，1979年1月1日）。

郡名,包括江蘇東部和浙江西部。謝姓兩個極負盛名的堂號為「東山」和「寶樹」,目前臺灣謝氏所用之堂號,以「東山世第,寶樹家聲」之「東山堂」與「寶樹堂」居多。

2.東山堂

東山為周朝地名,原屬赤狄別種。西晉末年戰亂頻繁,申伯(周宣王的大臣)第三十六世孫謝衡率領家族從中原避難到浙江會稽東山,為東山派始祖,後來謝衡第四世孫謝安被舉為東晉宰相。謝安為人足智多謀、善用奇兵,在淝水之戰大敗苻堅,被譽為「寶樹之光」,「寶樹堂」因此而來。又因為東山為謝家發祥之地,故謝姓也用「東山」為堂號。東山位於浙江上虞縣之西南,在晉室謝安未出任征討大都督前隱居所在地,山上尚有薔薇洞、池屐池等遺蹟。另在浙江臨安之西,及江蘇江寧之北各有一座東山,當謝安征討獫狁建功後,曾在江寧之東山修建別邸,迄今江寧東山山頂仍有一寺廟古蹟,寺中祀奉為謝安遺像。

3.寶樹堂

相傳晉朝孝武帝駕臨謝安官邸,見其庭園中有一株雄偉大樹,長得青翠茂盛,當時孝武帝指著大樹對謝安言道:「此乃謝家之寶樹」。謝氏以「寶樹」為堂號,由來在此。另有一說,走出自《晉書‧謝玄傳》:

> 與從兄朗俱為叔父安所器重,安嘗戒約子姪,因曰:子弟亦何豫人事,而正欲使其佳?玄曰:譬如芝蘭玉樹,欲使其生於庭階耳。

由上述引文可知,謝安非常注重子女的教育,提攜後進,更是不遺餘力,期盼子孫都能成為棟樑之才。後世就用「芝蘭玉樹」來形容優良俊秀的子弟。可見「寶樹堂」號的確立,不僅是紀念先賢－謝安,同時更具有期勉後代,需重視教育,栽培謝家子孫,成為芝蘭玉樹,蘭桂騰

芳的積極意義。[8]

（三）謝姓宗祠堂聯

臺灣客家各姓氏的堂聯不僅記錄了客家歷史的光榮與過去，記錄了客家後裔對故土的留戀與懷念。因篇幅有限，茲舉三則堂聯，概述如下：

其一

陳留世德，東晉名家

其二

功彪淝水，績著建康

其三

烏衣稱舊巷，玉樹發新枝

由上述堂聯可知，都蘊含著望出陳留，並稱頌謝安等祖先功業彪炳千秋的意思。其中第三聯「烏衣」指東晉烏衣巷，在今南京市東南，當時王、謝諸望族居此。「玉樹」典出謝安之侄謝玄，玄幼受庭訓，安曰：「子弟亦何豫人事，而正欲使其佳？」玄答：「譬如芝蘭玉樹，欲使其生於庭階耳。」後來謝玄擔任北府兵名將，在淝水之戰中於八公山大敗前秦苻堅，果然成為謝家引以為傲的一棵「玉樹」。[9]由上述堂聯的敘述，可見客家鄉親尋根念祖、懷念故土的深切。

（四）張姓源流

張姓是中國三大姓氏之一，總人口數約 8500 萬。臺灣 400 萬客家

---

[8] 謝在全：〈謝姓及堂號的源流〉，收錄於《桃園縣謝姓宗親會》，1998 年 10 月出版，頁 2。

[9] 謝重光：《閩臺客家社會與文化》，（福建人民出版社，2003 年 9 月第一版），頁 311。

人中，張姓人口就有105萬，為臺灣第四大姓，約佔臺灣總人口的5%強，其中張化孫裔孫在臺灣就有90多萬人。張姓的起源，可以追溯到遠古傳說。根據臺灣省新竹縣湖口鄉張昆和派下族譜考所記載，張家的先祖由來，如下：

東漢應劭《風俗通》一書指出：「張、王、李、趙等四大姓，為黃帝賜姓。」宋朝歐陽修、宋祁《新唐書‧宰相世系表》曰：「張氏出姬姓，黃帝子少昊青陽氏第五子揮為弓正，始製弓矢，子孫賜姓張氏。」[10]清乾隆朝重修《張氏族譜受姓淵源考》：「張氏出自黃帝軒轅氏，生少吳金天氏，又號青陽氏，第五子揮始製弓矢，官為弓正，主祀弧星，世掌其職，賜姓張氏。」[11]

從上述文獻可知，揮為張氏得姓祖，其得姓實因為官名之「弓正」，亦稱「弓長」，其後人以官名二字合一，遂成張氏。《說文》：「張，施弓弦也」，說明揮的得姓與發明弓矢、弓弦有密切關係，這也是不容懷疑的歷史事實。根據古書上記載黃帝的孫子揮創制出弓箭，這在當時對社會確實有很大貢獻，因此被賜姓張。由黃帝直接傳下來的張姓，最初的發源地，是在現在的山西省太原一帶。[12]張家後代子孫茁壯成長，在各行各業均有優秀表現。

《新唐書‧宰相世系表》所列舉的張氏郡望，不僅出自張華的河東張氏、始興張氏，出自張皓的馮翊張氏，出自張嵩的吳郡張氏，出自張歆的清河張氏是張良之後，是張仲、張老的後裔，就是出自張耳的河間張氏，出自張倉的中山張氏，也都是張仲、張老的後裔，他們屬於張氏

---

10 宋‧歐陽修、宋祁撰：《新唐書‧宰相世系表》，（臺北：鼎文書局，1987年）卷72下，表第12下，頁2675。

11 引自中華姓氏大觀園 blog.hexun.com.tw/。

12 張秋滿、張錦謹主編：《張氏族譜》，（新竹縣：張昆和宗親會，1997年8月），頁4。

的魏國支脈。據《中華姓府》張氏圖譜記載，明朝年間，張氏已有望族 43 望，不僅遍佈全國，而且成為許多地方的望族，超過了其他諸姓。周代的這兩支張氏姓源，為張氏後來成為中國的一個大姓，起了很大作用。在張氏姓源中，也有少數民族加入的成份。這是到了漢代之後，由於劉漢的強盛，一部份少數民族改姓劉，也有一部份少數民族改姓張。一些他姓人士，敬慕張姓的族大人眾，也棄之原氏，擇張而從。張氏族大支繁，其播遷情況也比較複雜。由於張姓遍佈全國，張姓的望族遍及各地，這就使得張姓在數千年的繁衍和播遷中，有其十分複雜的特點。雖然每一地的張姓，都有各自的繁衍中心，但播遷的先祖和時間、路線，與其他姓氏大都有著共同的播遷先祖的情形大不一樣。目前，臺灣的張姓以彰化縣為最多，該縣的張姓，幾乎佔到全省張姓的六分之一。其次在臺北、臺南、嘉義、南投、苗栗、新竹等地，張姓也是非常之多。[13]

（五）張姓堂號源流

張氏的堂號，流傳至今有二說：一是「清河堂」，一是「金鑑堂」。

1.「清河堂」

清河指的是今天河北省的清河縣及山東省清平縣一帶，漢朝時設清河郡。關於河北清河張氏，從郡望的角度講，它確實是張氏族中聲望最高，影響最大的一支，但從張氏族系發展、演變的角度講，它卻是枝而不是根，是流而不是源，因此不能說它是最早的郡望。

《讀史方輿紀要》曰：

淇水過內黃縣南為白溝，亦曰清河。[14]

---

13 張秋滿、張錦謹主編：《張氏族譜》，頁 6。
14 清・顧祖禹：《讀史方輿紀要》卷 34，山東五，中國哲學書電子化計劃。
　 https://ctext.org/wiki.pl?if=gb&chapter=830270

《漢書・地理志》曰：

　清河郡，高帝置。莽曰平河，屬冀州。[15]

《詩經・衛風・氓》篇：
　氓之蚩蚩，抱布貿絲，匪來貿絲，來即我謀，送子涉淇，至于頓丘。[16]

以上引文說明古清河與淇河、白溝為一河的不同名稱。「涉淇」即「涉過淇水」，「淇水」即是「古清河」。

《新唐書・宰相世系表》記載：

　清河東武城張氏。本出漢留侯良裔孫司徒歆。歆弟協字季期衛尉，生魏太山太守岱，自河內徙清河。[17]

按張歆為張良十一世孫，張岱為張良十三世孫。張岱由河內遷至清河，已是三國曹魏時期，這當然說不上是張姓中最早的郡望。據此可知，河北清河張氏，只是張氏族姓中張良係的分支。但在這一分支中北魏以後人才輩出，高官榮爵代不乏人。張岱十一世孫張文瓘在唐高宗朝任宰相，張岱十二世孫張錫在武則天、韋后當政時，兩任宰相，清河張氏遂成為張氏族姓中的望族，其後人遂以「清河世澤，唐相家聲」（清河張氏堂聯）相標榜，成了最為顯赫的郡望。

2.「金鑑堂」

今濮陽市區張儀村，另外還有一個堂號「青錢第」，據說是清朝時

---

15 漢・班固、唐・顏師古注：《漢書・地理志》，（臺北：鼎文書局，1987 年）卷 28，頁 1577。
16 漢・毛亨傳、鄭玄箋、唐・孔穎達正義：《毛詩正義・衛風・氓》（臺北：藝文印書館，1998 年）卷 3，頁 134－1。
17 宋・歐陽修、宋祁撰《新唐書・宰相世系表》，卷 72 下，表第 12 下，頁 2711。

張姓族人私自發行「青錢」使用，後以為小堂號。據唐代典籍記載，唐玄宗開元年間，群臣為玄宗祝壽，多獻奇異珍寶，只有宰相張九齡獻上一部名為《金鑑千秋錄》的書籍。他在書中詳細論述了古今興亡的教訓，居安思危，永保社稷。事後，玄宗對他這份貴重的禮品十分珍視，還專門下詔進行彰表，被譽為「猶青銅錢，萬選萬中」，時號「青錢學士」；「道隆億尊」，指東漢張道陵，道教之祖，世稱張天師。[18]。因此，張九齡的族人也引以為榮，開始「青錢世第，金鑑家聲」，以金鑑為堂號。

根據臺灣省湖口張昆和派下宗祠堂號為「金鑑堂」，堂聯為「公藝家風垂百忍，九齡金鑑耀千秋」，是融入漢代留侯張良「百忍為家」與唐代張九齡「睦族之道」，二位張家先祖賢達的德澤而成，以作為後代子孫的典範，其用意深遠，值得後人省思。

（六）張姓宗祠聯語

張家宗祠座落於新竹縣湖口鄉波羅村五鄰二十四號。茲羅列張家宗祠聯語如下：

門對
　　金友玉昆看一代宗支盛會
　　鑑前迪後卜萬年子姓繁昌

金友玉昆
【典故由來】
明、程登吉：《幼學瓊林》卷二：
　　玉昆金友，羨兄弟之俱賢。

【釋義】：玉昆金友：友、昆：指兄弟。對他人兄弟的美稱。

---

[18] 謝重光：《閩臺客家社會與文化》第六章〈福建客家文化的主要特徵・第九節幾種比較重要的思想觀念門第觀念〉，頁312。

金鑑、宗支盛會、萬年子姓繁昌
【典故由來】
（1）《晉書卷一百一・載記第一》：
　　張氏先據河西，是歲，自石勒後三十六年也，重華自稱涼王。[19]……是我祖宗道邁三王，功高五帝，故卜年倍於夏商，卜世過於姬氏。[20]……。
（2）《後漢書・竇融列傳》：
　　其萬年子子孫孫永保用。[21]
（3）《全後漢文》卷 64：
　　果繁昌之福。可降而致也。[22]
（4）宋代歐陽修、宋祁撰《新唐書・列傳五十一・張九齡》云：
　　初，千秋節，公、王並獻寶鑑，九齡上「事鑒」十章，號《千秋金鑒錄》，以伸諷諭。[23]
【釋義】：唐玄宗時，張九齡獻治國方略《千秋金鑑》一書，為皇帝祝壽，並受玄宗賜書褒揚，族人就以「金鑑」為堂號。

綜合上述，可知門對聯語的意涵，張家的先祖傳承優良的家風，兄弟間和睦相處，為開創家業而胼手胝足，攜手合作為子子孫孫奠定永恆的基業。

19　唐・房玄齡：《晉書卷一百一・載記第一》（臺北：鼎文書局，1987 年），頁 2644。
20　同上註，頁 2649。
21　劉宋・范曄撰、唐・李賢等注：《後漢書・竇融列傳第十三》卷 23〈曾孫憲〉（臺北：鼎文書局，1987 年），頁 817。
22　清・嚴可均輯：《全後漢文》卷 64。
　　https://gx.httpcn.com/book/read/TBKOUYRN/CQKOAZKORNPW.shtml
23　宋・歐陽修、宋祁撰：《新唐書・列傳五十一・張九齡》卷 126，頁 4429。

新竹縣湖口鄉張昆和公廳

新竹縣湖口鄉張昆和公廳

湖口張昆和宗祠堂號「金鑑堂」

門對

賴姓是中國一百大姓之一,總人口近二百萬,約占當代人口的百分之零點一八,其分佈在廣東、江西與臺灣地區較為常見。[24]

於賴姓的來源,主要有以下二種說法:

1.源自姬姓

據譜載賴氏太始祖叔穎公,出自姬姓之後,為周武王之弟,武王克商有天下,賜爵封國於賴,在今河南省息縣東北,公元前538年(春秋魯昭公四年)時,楚子(楚靈王)入賴,為楚所滅,子孫流徙「潁川」舊地,又遷於鄢(今湖北省宜城縣),故以國為氏,「潁川」為郡望。史稱賴氏正宗。是為河南賴氏。《蕉嶺賴氏族譜》[25]謂:「賴氏自春秋以來,歷世二千餘年。……而其源則本於賴國,……。」《文獻通考》:「賴國在褒信縣,今息縣東北,其賴亭則在商城縣南。息縣、商城,皆屬河南汝南府光州。……是潁川郡為賴國子孫散處之區明矣。」由以上文獻可證,可知春秋時代賴國,乃周武王之弟叔穎公所建立,為一侯爵之國。因此賴氏家族血緣上實為黃帝之姬姓子孫;而其舊址,即秦時潁川郡,亦即今河南許州、陳州、汝寧、汝州諸州府之地。[26]

2.出自姜姓

為炎帝神農氏的後裔。相傳炎帝后裔有四支,屬於古羌族的四個氏族部落。其中一支是烈山氏。古時烈與厲通,又音賴、故烈山氏、厲山

---

[24] 馬自毅、顧宏義注譯:《新譯百家姓》〈賴〉,頁324。
[25] 廣東原鄉嘉應州長樂縣(今廣東省五華縣)《賴氏遺譜》,由族叔祖賴桂全保存之傳抄寫本影印,由賴達編寫於1682年(清康熙二十一年);以及臺灣省文獻文獻委員會典藏之《嶺南嘉應東樓敦厚居賴氏族譜》。
[26] 參見賴師貴三著《潁川堂賴氏歷代族譜考述》貳〈潁川堂賴氏源流〉,(臺北:文史哲出版社,1991年12月初版),頁2—3。

氏、賴山氏皆同。古時的烈山氏居住在山西汾水流域，於商朝建立厲國（故址在今山西省南部），入周後，厲國南遷河南鹿邑東之賴鄉。因「厲」「賴」二字古今相通，故厲國亦稱賴國。春秋時，賴國臣屬於楚國，後南遷楚地厲（即今湖北省隨州市北厲山店），其一支北遷至齊國賴亭（即今山東省章丘市西北）。後裔以國為氏，稱賴氏。是為湖北或河南賴氏。[27]對於賴氏淵源流徙雖多有所載錄，然史無具文，徵驗不易，渺不可考，實難遽信。如鄭樵《通志・氏族略二》引證，賴氏姓源於姜姓，為炎帝後裔；周初，武王封炎帝後裔於賴，故地自今湖北省隨州，春秋時亡於楚，子孫以國命氏。賴氏望出潁川郡，即今河南省禹州市。[28]此與譜載頗有矛盾齟齬之處，只能存疑。總之，賴氏譜載始祖為周初叔潁公，以國為氏，潁川為號，皆淵源有自。[29]

二千五百多年前，賴國為楚靈王滅亡之後，子孫因遭兵亂，輾轉遷徙；至晉室南渡後，賴氏乃流寓浙江松陽與江西寧都，故為請郡「松陽」，而與「潁川」並為先後族望所在。故老譜所載松陽、寧都以下世系，均昭彰顯著，允為賴氏族譜千百年來之信本根據。至宋，遷至福建省寧化縣，再分支入粵東、閩西與閩南區域。[30]據《屏東縣志》記載：「賴氏子孫因遭兵亂，輾轉遷徙，至宋，遷至福建寧化縣，再分支入粵。永曆年間，賴姓隨鄭部先後入臺墾荒；乾隆八年，有粵人賴、曾、曹、溫與閩人田、莊二姓來臺墾荒。」賴氏出潁川，播遷地區，以江西、福建與廣

---

27 馬自毅、顧宏義注譯：《新譯百家姓》〈賴〉，頁324。
28 楊汝安編：《中國百家姓探源》（臺北：玉樹圖書印刷公司，2000年4月5日初版一刷），頁192。
29 參見賴師貴三：〈潁川之堂，積善之家，秘書之里——臺灣賴氏源流遷徙及其衍派發展〉一文。
30 參見賴師貴三：《潁川堂賴氏歷代族譜考述》貳〈潁川堂賴氏源流〉，頁3-4。

東較多。子孫既分徙閩西汀州上杭、永定、龍巖等地,閩南漳州、泉州等地,以及粵東嘉應州、惠州、潮州等地,明末清初以降,乃播遷移墾於臺灣各地,開枝散葉,瓜瓞緜緜。[31]

(八) 賴姓堂號源流

賴姓的堂號,流傳至今有五說:一是「潁川堂」、二是「松陽堂」、三是「南康堂」、四是「西川堂」、五是「積善堂」。[32]

1.「潁川堂」

賴氏舊國,後為潁川郡,故以「潁川」為堂號,以示發祥所自。潁川:秦始皇十七年(公元前 230 年),命內史騰攻打韓國,俘虜了韓王安,盡納其地,以其地為郡,命曰「潁川」,為秦朝三十六郡之一,管轄地區在潁水流域,包括河南省中部許州、陳州、汝寧、汝州,即許昌一帶。

2.「松陽堂」

傳自光公,移居浙江松陽;其玄孫遇公,時任東晉江東知府,奏請以所居松陽為府郡,安帝親題「松陽郡」三字賜之,賴氏因復以「松陽」為郡號。

3.「南康堂」

稱郡望者,據諸譜傳載乃劉宋元嘉末(西元四三四年－四五三年),第五十七世碩公攜弟毅,為見宋室陵夷,避地故南康郡揭陽地,後過赤

---

[31] 參見賴師貴三:〈潁川之堂,積善之家,秘書之里——臺灣賴氏源流遷徙及其衍派發展〉一文。

[32] 參見賴師貴三:《潁川堂賴氏歷代族譜考述》貳〈潁川堂賴氏源流〉,頁 13。

竹坪見其地勢平坦，乃奠基於斯，其後立以堂號「南康」者，即出自此支系之族屬。晉太康二年，改廬陵南部之地也。劉宋為南康國，齊、梁、陳復為郡，隋平陳，始改虔州（即今江西贛州），此所以有「南康」稱堂號。

4.「西川堂」

迨至康熙二十一年間（1662－1722），御製百家姓，定賴氏為「西川郡」，蓋以周文王遷於岐山，即是西岐；而叔穎公為文王之子，追本溯源，故又稱「西川堂」。

以上為賴氏的郡望堂號，在臺灣常見者厥為發祥地總堂號「潁川堂」，而此又與陳、鍾等姓堂號相同，易致誤會混同。

5.「積善堂」

賴氏自立「積善」家號，則源於貴賢公派下五世祖定信公諡頂濟，1452年（明代宗景泰三年）樂州府學教授周觀公為之序曰：「誠能積德累受而齊家，推之於鄉黨州邑，則積善之垂裕後昆者，無窮矣。」故後世均額曰「積善堂」。

（九）賴姓宗祠堂聯

積善家聲遠，秘書世澤長。其一
積善堂中流善慶，秘書里內遠書香。其二

「積善」之名，蓋取義於《周易・坤卦・文言傳》：「積善之家，必有餘慶；積不善之家，必有餘殃。」蓋「積善成德，而神明自得，聖心備焉。」（《荀子・勸學篇》語），賴氏以積善纍德名家，是福佑子孫之

道也。此賴氏「積善堂」之由來意義。

　　此堂聯上聯之深義，告諭賴氏子孫必積善德、行善事，方能光前裕後也。至於「秘書」之義，來源則有二：賴氏復興一世祖先公，輔漢有功，後任交趾太守；俟第五世祖妙通公，曾任東漢「秘書郎」之官，故有「秘書」之稱。又唐朝時，賴棐，字忱甫，江西雩都人，七歲能文，弱冠通九經百氏，中進士，不志於官，退居田里，教讀為樂，人稱其里曰「秘書里」，此為耕讀家風，良有以也。[33]

三、臺灣客家姓氏堂號的文化蘊涵

　　追溯先民在臺灣開疆拓土的跫音，像輕叩窗櫺的細雨，不斷撥動著每個鄉親的心弦，他們用全部的生命，來耕耘家鄉這塊土地。一道感情的洪流，撞擊人們顫動的心扉，他們奮鬥努力的悲歡歲月，又像涓滴不停的細流，流入鄉親的心扉深處，讓思鄉思親的愁懷，凝結成感人肺腑的詩篇。木有本、水有源。木本水源是說明每一姓氏發祥的過程，也是每個子孫慎終追遠的根據。數千年來，不論政治領域的擴張、天災人禍的遷徙、經濟環境的發展，即使海角天涯，中華民族沒有一家忘了他們的根源。這種倫理精神的凝結，宗族觀念的團結，深受「堂號」的催化影響。茲述臺灣客家姓氏堂號的文化蘊涵如下：

（一）報本尋根緬懷祖先

　　客家人視祖先的堂號，為光榮的標記，以表明姓氏根源之所自。緬懷先祖之創業艱辛，而思報本尋根，裕後光前。長期遷徙流離，處處如無根草般漂泊無依的處境，鑄就了客家人強烈的報本尋根意識。「樹有

---

[33] 參見賴師貴三：《潁川堂賴氏歷代族譜考述》貳〈潁川堂賴氏源流〉，頁 13－14。

本,水有源」,客家每個姓氏的譜牒,開宗明義幾乎都赫然書寫這則諺語,每個客家堂號、堂聯都不厭其煩的敘述氏族的源起、衍播。在客家諺語中敘述:「富貴不離祖,遊子思故鄉」,說明無論貧富貴賤,男女老少,誰都不忘自己根之所在,本之所依,正所謂「摘瓜尋藤,念祖尋根」。在客家祖地寧化幾乎家家戶戶懸掛祖宗牌位,每個姓氏祭祖修譜廣泛盛行。對祖先的崇拜,一方面固然是報本,「天有日月,人有良心」,一方面是感恩,「當家方知柴米貴,養兒方知父母恩」,這樣的諺語俯拾皆是。在強烈的報本尋根意識催化下,讓客家人堅守自己的語言「離鄉不離腔」,對客家人來說,那真是走遍天下,鄉音依然。例如:官陂張廖氏和秀篆王遊氏屬一嗣雙祧的獨特姓氏,在臺宗祠為數眾多,僅張廖宗祠就有 30 餘座。雲林縣張廖氏聚居西螺鎮,鎮中福田裡有座崇遠堂,族人年年舉行春秋兩祭及迎神賽會,散居各地的族姓宗親屆時齊聚一堂祭祖省親。為弘揚祖先業績,訓勉子孫後代,大祭之日,族中長者都要把祖訓「七嵌」宣讀一番,各個族群去臺時,往往要留下族人在詔安繼承祖業,奉祀香火。[34]崇拜祖先是飲水思源,也是孝道的具體表現。

(二)愛鄉愛土自強不息

劉勰在《文心雕龍・書記》上說:「總領黎庶,則有譜籍簿錄,故謂譜者普也,注序世統,事資周普。」說明族譜乃是周普一姓因而為其立言,顧名思義,其難可知;所謂:「天下事之最難者,莫難於譜學」,

---

34 黃家祥著:〈大陸邊臺第一縣——詔安二都客家歷史文化〉,前言:「這篇文章是 91 年冬季,貓兒乾文史協會總幹事楊永雄前往福建省詔安縣調查客家文化所帶回的資料,當時尚未公開發表,作者黃家祥先生同意楊總幹事帶回臺灣公開發表。本文統計數字是根據尋根祭組團打探消息推算而得,這是一份有關詔安客的寶貴資料。」

良有以也。[35]客家人重視生命本源,鍥而不捨修譜的情況,亦頗感人。返鄉抄譜續譜的人,帶著族親的囑託,爬山涉水,風餐露宿,東問西找,披星戴月好不容易尋到祖居地。家鄉的族親照例要向來者詢問宗族堂號、世系、昭穆等事項,確認後,首先要舉行祭祖形式,歡迎臺灣宗親的到來,然後抄錄族譜的存本,並詳細續記遷臺族人的情況。修成後,將新族譜用紅布包裹,置於列祖列宗神位前,擺上祭品,由抄續者主祭,族親陪祭,事畢擇日返臺。據美國猶他家譜協會在臺灣所做的田野調查,詔安37姓有353部族譜,其中客家族譜佔大多數,可見移民續譜熱情之高。詔安二都林婆社開臺十八世裔孫林先對此感慨良多,以詔安兩字藏頭,作詩曰:「詔海通臺陽,萬派同流,豈非一本;安山繞角版,千枝一樹,總是同源」,以此做為修譜紀念。它帶著泥土的芳香,體現著客家人那種獨特的文化特徵,充分展示了客家人愛鄉愛土、報本尋根、自強不息、崇文重教的精神。[36]

(三)宣揚祖德刻苦耐勞

客家人最重視宗族倫理觀念因此勤修族譜,在住宅正廳門楣上標示堂號,堂號內供奉祖先牌位之外,多不祭祀其他神位,而且祖堂和兩邊廂房是不相通的,並告誡子孫:「寧賣祖宗田,不忘祖宗言,寧賣祖宗坑,不忘祖宗聲。」,以表示要飲水思源,不可以忘本。客家人大都掛起祖先的堂號,視為光榮的標記。客家姓氏同宗,郡望標記也相同。如「潁川」是隨著賴姓俱來的家族標幟,用作賴姓宗祠的標記便是

---

35 陳國緯著:〈江州義門陳氏宗譜〉(馬來西亞:南洋客屬陳氏公會,1983年,收錄於《臺灣源流》33期),頁10。
36 黃家祥著:〈大陸遷臺第一縣──詔安二都客家歷史文化〉。

「穎川堂」,用作賴氏族人房宅的標記便有「穎川衍派」「穎川世家」「穎川世澤」等等,以穎川為郡望姓氏還有陳、鐘等。這種以郡望為宗祠標記的文化,在漳臺各家族世代相傳,一脈相承。其中如張姓「清河堂」,謝姓「寶樹堂」。在這些客家莊裡,仍然保留了豐富的匾聯,而這些匾聯記錄著祖先遷臺的過程、先祖大陸的原鄉、來臺墾殖的艱辛,乃至於對於後代子孫的訓勉與祝福等。客家文化是以「耕田讀史」為核心主軸而發展,誠然,這項文化特質,顯然也與客家人長期遷徙有著密切的關係,於是在性格上,客家人勤勞節儉、刻苦耐勞;在人倫關係上,客家人敬祖睦宗、長幼有序;在社會意識上,客家人團結、要求與人和睦相處、能忍讓;在品德操守上,要求人品氣節更勝於富貴,並且敬愛自然萬物。但是,富有歷史人文事典與耕讀傳家文化傳統的客家堂聯文化,正面臨著空前的浩劫,逐漸在消失與崩解,而這個現象不但值得相關政府單位注意,更值得每一位客家子弟反省與深思。

(四)重視宗族飲水思源

從大陸播遷到臺灣的客家先民,不但帶來客家的語言與風俗習性,同時,大多還帶上祖宗香火牌位。開發初期生活條件艱困,一般在族人較集中的地方搭建簡陋茅舍,置香案供宗親膜拜。到清朝末年,人丁漸漸興旺,血緣聚落略具規模,興建宗祠的風氣漸盛。日據時期,傳統的返鄉春、秋二祭活動受阻。長年的漂泊流浪,無法回故土,讓客家人更不能忘懷「中原正朔血脈」。這原是「慎終追遠」的美德,但是在客家人心目中長期發酵的結果,卻成了孤臣孽子的悲愁情結,反映在文化上,

最典型的莫過於喪祭禮俗中,處處可見的「金斗甕」了。[37]到如今,舉凡姓氏家族聚居之地,必設置宗祠。客家人重視祖先與宗族意識,因為祖先是每個人的血緣生命與文化淵源。孔子說:「慎終追遠,民德歸厚矣」《論語・里仁》,客家人相信天地創生萬物,是一切生命之始,而祖先則是我們生命的淵源。所以祖宗的恩德,是可以和天地相提並論的。祭祀天地和祖先,同樣是客家人「報本返始」、「慎終追遠」的精神。客家人習慣在「阿公婆牌」上寫明堂號,同時也在三合院正身中間大門門框上方,寫上堂號,用以標誌家族與宗族遷徙的淵源,以表示不忘本,同時也告訴他人自己出身望族,系出有名,別有來頭,這也是客家人飲水思源的表徵。

四、結語

本研究結合歷史學和語言學研究方法,透過文獻史料的搜集、考證資料,建構客家謝姓、張姓、賴姓的堂號及移民史、家族史的風貌,來探究姓式堂號所蘊涵的文化意涵。中華漢族是由眾多姓氏家族組合而成,以孝弟為本,故能敦親睦族,慎終追遠,其本深厚,其源流長,緜延數千年而不衰。由臺灣地區一家一族,一地一姓,可以確切明瞭此地人民的遷徙與衍派狀況,具有歷史傳統與地理血緣的主體意識作用。[38]從姓氏文化方面說「客家姓氏,根在中原」的歷史資料,是信而有徵的。因為中華姓氏源遠流長,數量繁多,古今姓氏達一萬多個,這些姓氏歷

---

37 劉還月:《臺灣的客家族群與信仰》7〈遷徙的民族,承續的傳統——臺灣客家人的傳統民俗〉,頁 245。
38 鄧佳萍:〈屏東六堆地區客家祠堂區聯文化內涵研究〉,(國立屏東教育大學碩士論文,2007 年)。

經數千年的發展,血緣相續,薪火相傳,成為中華民族團結的紐帶,也成為中華民族子孫尋根溯源的基石。儒家文化是中國文化的主導文化,客家先民來自於中華腹地,深受儒家文化薰陶,而所遷居的福建地區閩學盛行,其文化必然直接影響客家。但是,如果從文化的淵源來研究客家精神,仍然可以追溯到河洛文化淵源。《周易大傳》的名言代表了發源於河洛文化的文化根性精神:「地勢坤,君子以厚德載物。」客家文化是移民文化,不斷面臨新的挑戰,在新舊文化的兼容並蓄下,展現出客家人「崇本報先,啟裕後昆」的文化觀。[39]

　　客家先民們辛勤的耕耘,豐足我們的衣食,為我們編織絢爛的未來;先民們在這塊土地上披荊斬棘所流的血汗,灌溉了臺灣的沃野,潤澤了臺灣純樸的鄉土文化。他們猶如「燃燒自己,照亮別人」的燭光,照亮臺灣的光明遠景,使我們可以在自由的天地馳騁;在文化的鄉土上,游息流連,安身立命。緬懷千古,和創業艱辛的先民心志相通。佛家有言:「修得人身,來到人間世」,是最難得的。因此大家應心懷感恩的心,感謝祖先的庇佑,讓我們能享受如此多的福澤。生於斯,長於斯的臺灣客家子民,應該牢記創業維艱,守成不易的至理名言,不可以數典忘祖,應該發揮生命共同體的理念,傳承先民的生活經驗與努力的成果。人人要知福、惜福,來發揚光大吃苦耐勞的客家本色,使客家人的生命力,能夠在有情天地中永續發展,綿延至千年萬代。

---

[39] 廖開順:〈論河洛文化的根性精神及客家文化的根性精神〉,(收錄於《歷史月刊》第 244 期,2008 年 5 月),頁 55。

徵引文獻

一、古籍部分（依《四庫全書》分類法）

1. 漢・毛亨傳、鄭玄箋、唐・孔穎達正義：《毛詩正義》，臺北：藝文印書館，1998年。
2. 漢・班固、唐・顏師古注：《漢書》，臺北：鼎文書局，1987年。
3. 劉宋・范曄撰、唐・李賢等注：《後漢書》，臺北：鼎文書局，1987年。
4. 唐・房玄齡等：《晉書》，臺北：鼎文書局，1987年。
5. 宋・歐陽修、宋祁：《新唐書》，臺北：鼎文書局，1987年。
6. 清・顧祖禹、賀次君、施和金點校：《讀史方輿紀要》，北京：中華書局，2005年。

二、現代專著（依作者姓氏筆畫排序）

1. 張秋滿、張錦謹：《張氏族譜》，新竹：張昆和宗親會，1997年。
2. 楊緒賢：《臺灣區姓氏堂號考》，臺北：國史館臺灣文獻館，1979年。
3. 劉還月：《臺灣的客家族群與信仰》，臺北：常民文化出版，1999年。
4. 賴貴三：《潁川堂賴氏歷代族譜考述》，臺北：文史哲出版社，1991年。
5. 謝在全：《桃園縣謝姓宗親會》，桃園：1998年。
6. 謝重光：《閩臺客家社會與文化》，福建人民出版社，2003年。
7. 謝淑熙：《臺灣客家禮俗文化新探索》，臺北：萬卷樓圖書公司，2019年。
8. 羅香林：《客家研究導論》，臺北：南天書局，1992年。
9. 馬自毅、顧宏義：《新譯百家姓》，臺北：三民書局，2005年。
10. 廣東原鄉嘉應州長樂縣（今廣東省五華縣）：《賴氏遺譜》，由族叔祖賴桂全保存之傳抄寫本影印，由賴達編寫於1682年（清康熙二十一

年);以及臺灣省文獻文獻委員會典藏之《嶺南嘉應東樓敦厚居賴氏族譜》。

三、期刊論文（依作者姓氏筆畫排序）

1. 王大良:〈關於姓氏尋根熱的若干問題〉,收錄於《臺灣源流》31期,2005年,（臺灣省各姓淵源研究學會）。
2. 柳秀英:〈內埔地區客家宗祠匾聯文化研究〉,九十二年度行政院客家委員會獎助專題研究,2003年。
3. 黃家祥:〈大陸遷臺第一縣——詔安二都客家歷史文化〉。
4. 廖開順:〈論河洛文化的根性精神及客家文化的根性精神〉,收錄於《歷史月刊》第244期,2008年。
5. 陳國緯:〈江州義門陳氏宗譜〉（馬來西亞：南洋客屬陳氏公會,1983年,收錄於《臺灣源流》33期 ）,頁10。
6. 賴貴三:〈穎川之堂,積善之家,秘書之里——臺灣賴氏源流遷徙及其衍派發〉。
7. 鍾壬光:〈客家源流考〉,收錄於鍾王壽主編《六堆客家鄉土誌》,屏東：常青出版社,1973年。
8. 莊英章、羅烈師:〈家族與宗族篇〉,收錄於徐正光主編《臺灣客家研究概論》,臺北市行政院客家委員會・臺灣客家研究學會合作出版,2007年。

四、學位論文（依年代排序）

1. 鄧佳萍:《屏東六堆地區客家祠堂匾聯文化內涵研究》,臺灣：國立屏東教育大學中國語文學系碩士論文,2007年。

五、網路資源

1. 百家姓堂號的來源,資料來源:http://tw.myblog.yahoo.com/History-Bell/article?mid=433&prev=437&next=385
2. 謝氏家譜,謝姓源流,謝氏的起源來源與遷徙分佈,中華謝氏網 http://www.xieshi999.cn/2009 年 4 月 7 日萬家姓
3. 維基百科,謝姓 https://zh.wikipedia.org/zh-tw/%E8%B0%A2%E5%A7%93
4. 謝德清:〈客家姓氏──謝〉中華謝氏網 http://www.chinaxieshi.cn.,2008 年 3 月 21 日。
5. 清‧顧祖禹:《讀史方輿紀要》卷三十四,山東五,中國哲學書電子化計劃,
 https://ctext.org/wiki.pl?if=gb&chapter=830270
6. 清‧嚴可均輯:《全後漢文》卷 64。取自
 https://gx.httpcn.com/book/read/TBKOUYRN/CQKOAZKORNPW.shtml

第四章　推動客家文化發展研究之一——以北臺灣客家書院為例 [1]

一、前言

　　展閱歷史的長卷，中國傳統書院的興起，伴隨著琅琅的書聲與沉郁的墨香，讓金匱石室的藏書，能夠流傳久遠。書院的傳承更讓中國古代的教育組織，由官辦公營的機構，轉換成民間興辦的教育機構。讓孔子所創建的私人講學風氣，重新綻放璀璨的光芒。南宋學者王應麟（1223－1296）在《玉海》解釋：「院者，取名於周垣也。」[2]可知古代書院是由藏書之地，演變成讀書人探究學問，進德修業的園地，因此以書冠名，意蘊深遠。清代詩人袁枚（1716－1798）在《隨園隨筆》中寫道：「書院之名，起於唐玄宗時，麗正書院、集賢書院皆建於朝省，為修書之地，非士子肄業之所也。」[3]可見傳統書院的發展，是中國古代封建社會的一種綜合型、多層面的文化教育組織模式，是集教育、教學和研究於一爐的教育機構，兼具有修書、編書、藏書、傳書等多種社會文化的功能。中國傳統書院源起於唐代，興盛於宋代，衰亡於清末，歷時千載的征程，傳承了悠久的歷史文化，造就無數莘莘學子，讓中國封建社會獨具特色的教育組織，在世界教育發展史上大放異彩，對中華學術文化的發展，

1　本文初稿刊載於《世界客家雜誌》雙月刊第 44 期（臺北：世界客家雜誌有限公司，2024 年 03 月），頁 56。
2　宋・王應麟：《玉海・卷 167 宮室》，https://ctext.org/wiki.pl?if=gb&chapter=781387 中國哲學書電子化計劃。
3　清・袁枚：《隨園隨筆・卷十四典禮類（下）》，https://ctext.org/wiki.pl?if=gb&res=924695 中國哲學書電子化計劃。

與人才的培育,具有推波助瀾的作用。

　　我國傳統的書院文化,從唐宋至元明清,綿延了一千餘年的歷史。在中國文化教育史上,展現出獨樹一幟、自主開放、推陳出新的風貌。從唐宋至明清,歷經朝代政治的更迭,書院教育與書院制度屢經阻撓,仍然屹立不搖,堅守獨立、開拓創新的精神,勇往邁進。因此著名的書院猶如雨後春筍,蓬勃發展。例如、唐代的集賢殿書院,是隸屬於官方的學術機構,引導帝王閱讀經史典籍、為國選拔人才。宋代最著名的四大書院:河南商丘的應天府書院、湖南長沙的嶽麓書院、江西廬山的白鹿洞書院、河南登封的嵩陽書院,以講論經籍為主。明清時期,受到政治的壓迫,官府對書院加強思想鉗制,政治的壓迫而變為官學,大部分書院與官學無異,直至清末改制為新式學堂,傳統書院黯然退出歷史舞臺。臺灣的書院,以清福建水師提督施琅在臺灣府治設立西定坊書院為肇始,但初期只為義學性質,直到崇文書院(原東安坊義學),臺灣才有名實相符的書院。[4]本文以探析臺灣客家書院之沿革與發展為主軸,並舉臺北客家書院為例,闡釋前賢往哲篳路藍縷創建的客家書院,在二十一世紀的現代,是否對傳承客家文化具有深遠的影響力。

二、北臺灣客家書院的沿革與發展

　　臺灣之有書院,始於清領之後由官府所主導倡建,正與清代為書院官學化最為嚴重的歷史趨勢相符。[5]書院在臺灣之開拓與發展,根據省縣市文獻記載,首座為明鄭時期臺南文廟附設書院。自清代以來,臺灣書院先後創建分布各地,計有44所,文教風氣,盛極當時;在培育地

---

4 臺灣書院。https://zh.wikipedia.org/zh-tw/維基百科
5 樊克政:《中國書院史》(臺北:文津出版社,1995年),頁246;286。

方才俊、有識之士方面，功不可沒。[6]清朝雍正十一年，更指定各省建立書院，乾隆時代更加積極鼓勵，薦舉書院優等生，撥款資助諸生膏火。「書院之制，所以導進人才，廣學校所不及」是乾隆皇帝所曉示，儒學不發達，就以書院來彌補。臺灣書院從雍正、乾隆之後，書院迅速成長。臺灣開始設立書院，要追溯至臺灣成為清廷的版圖，福建水師提督施琅，興建西定坊書院於臺灣府。此後，各縣相繼成立，以做為學生讀書的場所。清代臺灣的書院中，與客家族群的教育較有關係的為明志書院和英才書院。茲略述明志書院和英才書院之沿革與發展，如下：

（一）新竹明志書院（1781－1895）

1.興建沿革

　　明志書院，是清領時期臺灣北部重要的教育機構，文風冠於全臺，號稱「北臺首學」。原為一所書院，1761年（清乾隆26年），來自福建汀州的貢生胡焯猷，捐設土地設於興直堡新庄的「山腳」，亦即今日新北市泰山區。隨著1781年淡水廳廳治在竹塹（今日臺灣新竹市），官紳們將明志書院遷建於竹塹，故分兩時期為「泰山明志書院」與「竹塹明志書院」（新竹明志書院）。竹塹明志書院原址位於新竹關帝廟之西內天后宮以南（今日西大路與西門街交會點處）。道光9年（1829年）鄭用錫出任院長。道光14年（1834年）在鄭用錫赴京任官後，改由鄭用鑑任院長。鄭用鑑掌明志書院三十年，教育出的學生之中有臺北舉人陳維英，後陳維英掌臺北與宜蘭的仰山書院，因此北宜文風間接受到新竹影響。明志書院建立後，淡北中舉士子的數量增多，不僅逐年增加，甚至

---

[6] 馬肇選編：《臺灣書院小史》（彰化：臺灣省立彰化社會教育館，1971年）。
https://www.th.gov.tw/epaper/site/page/89/1217

超過同時臺灣其他地區的發展。中舉士子以士紳身份投入地方各項活動，與教育相關的各項事功亦多，甚至於日治後負責漢文教育的機構是地方私塾、書房，使得竹塹地區的私塾數量冠於全臺。1895 年，日治時期實施市區改正，因開闢道路（今西大路）而拆毀。[7]

2.倡導文教

清乾隆四十六年（1781 年），官吏在淡水廳廳治竹塹城（今新竹市），建新竹明志書院並以之為校本部。清末竹塹地區在明志書院和儒學（含括較早的彰化縣學和淡水廳學），以及後來的淡水同知胡邦翰認同胡焯猷興學義舉，呈請上層同意，閩浙總督楊廷璋核准，並定名為「明志書院」，命名「明志」二字，是引三國諸葛亮《誡子書》：「夫君子之行，靜以修身，儉以養德，非澹泊無以明志，非寧靜無以致遠。」的典故，並有「爰標明志之名，冀成致遠之器」之意。期許學子恬靜寡欲，志向高遠。乾隆二十九年（1764 年），閩浙總督楊廷璋立興直保新建明志書院碑置於書院內之牆上，高四尺五寸（135 公分），寬二尺二寸（66 公分）。「義學」自此改為「書院」，成為臺灣北部地區第一所「書院」。「窮理致知反躬實踐傳聖道應尊朱夫子」與「捨宅作祠捐資興學惠鄉里當效胡先生」，是明志書院的門聯，也是對朱熹治學精神及胡焯猷造福鄉里的義舉，做了適切的褒揚。[8]胡焯猷的義舉，造就臺灣大甲溪以北第一個書院的誕生。明志書院為北臺第一所書院；其所遺朱子祠亦為全臺唯一主祀儒學大師朱熹之祠堂；該祠旁祀胡焯猷先生，表揚他私人興學的偉大風範，具教育文化之意義。[9]清末竹塹地區在明志書院和儒學的影

---

[7] 詹雅能編：《明志書院沿革志》，（新竹：新竹市政府，2002 年）。

[8] 胡焯猷維基百科 https://zh.wikipedia.org/zh/

[9] 詹雅能：《明志書院沿革志》，新竹：新竹市政府，2002 年；許楓萱：《清代明志書院

響下，培養出許多文人儒士。

（二）英才書院（光緒十五年 1889－至今仍保存）

1.興建沿革

英才書院，創立於光緒 17 年（1891），因清代苗栗地區無縣、廳儒學等官方教育機構，官府納湯樹梅等地方仕紳建言興建，設於苗栗文昌祠倉頡廳旁，為苗栗縣官府督辦地方教育的首例，具苗栗地方教育和文化傳承之重要歷史地位，列為苗栗大事件之一。英才書院的誕生，讓偏遠地區學子們有了學習文字與文化的機會。書院的基地面積約 3000 坪，建築面積約 420 坪，莊嚴氣派的閩式書院風格獨具特色。位於北勢溪畔的英才書院，有一百三十餘年歷史，是古蹟與藝術的結合，整合了鄰近地區鄉土教育資源，建構為具有講學、廟祀功能的閩式風格書院。文昌祠、大成殿、講學堂具閩南文化特色，仿古的建築空間結構，創意十足的庭園景觀，在臺灣目前的書院中極為罕見，許多到此一遊者還會在書院裡穿起官服，戴上狀元帽拍照，令人發思古之幽情，恍如進入時光隧道。[10]

2.倡導文教

日治時代之前，女性受教育的機會非常有限，而英才書院的創立間接推動了臺灣女性接受教育的機會和平等教育的發展。造訪英才書院，感受歷史的痕跡，了解當時社會風貌和教育的歷史。講書、考課，為書院教學重點，每年授課十個月，每月初三、十八為考課日，訂定求學態度、禮儀和方法等嚴謹學規和獎助學金辦法，督促生童敦品勵行致學。

研究》，國立臺灣師範大學教育研究所碩士論文，2003 年 。
10 鄧榮坤：〈英才書院擁有一百三十餘年歷史，是古蹟與藝術的結合〉。
https://www.merit-times.com/NewsPage.aspx?unid=665718

偌大的書院裡設置文昌祠、祭孔大成殿、學舍等區域，吸引許多學子前來拜文昌。另設有多媒體互動裝置，可以體驗古裝、3D 祭典、了解更多古時科舉內容，十分寓教於樂，各式創意書香空間打造出獨一無二的閩南文化鄉土教育館，打造具有「講學、廟祀、課士」功能的閩式風格書院。英才書院建於清代光緒年間，是一座美麗的建築，更是臺灣教育史和女性教育發展史的重要見證。至於永續經營則冀望以傳承文化經典為核心，藝文活動關照經史藝術文創與身心靈等各範疇，成為「活的歷史建築、活的古蹟」[11]

綜合上述，可知臺灣客家書院走過必篳路藍縷的興建歷程，傳承孔子「庶、富、教」(《論語・子路》) 教化人心，修養民心是國家富強、社會安定基石的理念。《論語集注》記載：「富而不教，則近於禽獸，故必立學校、明禮義以教之。」《孟子・滕文公》也說：「逸居而無教，則近於禽獸。」可見書院以傳承儒家經典為教育目標，並以「明大義」、「端學則」、「務實學」、「崇經史」、「讀書以立力行為先」、「讀書以立品為重」[12]，作為教學的圭臬。由此可見，書院教育不僅僅只是為了科考功名，更在於經邦濟世，兼善天下，教化人民。

三、臺北客家書院的文化特質

清代臺灣各地的地方政府設有「儒學」，性質上屬於公立學校，但是由於各地政府設立這些官學的時間較晚，或者根本沒有設立，所以文化傳播的功能實為有限。隨著 1994 年社區總體營造的推展，客家人重

---

[11] 鄧榮坤：〈英才書院擁有一百三十餘年歷史，是古蹟與藝術的結合〉。https://www.merit-times.com/NewsPage.aspx?unid=665718

[12] 劉振維：評議張崑將、張溪南著：《臺灣書院的傳統與現代》(《止善》第 32 期《書評及書介》2022 年 06 月)，頁 171。

視教育的傳統，由原鄉延續至臺灣，在群策群力，歷經艱辛，創業有成之後，臺灣「客家」意識又進一步與地方認同結合，於是，地方文化館的設置，如雨後春筍般，成為臺灣客家族群關注的議題。臺北客家推廣教育中心以「傳承客家文化」為核心價值，提供完整的客家文化學習體系，積極培養客家文化內涵之人才，以建構都會客家終身學習的環境，成立臺北客家書院。臺北市汀州路、師大路的臺北客家文化主題公園為校本部，並與鄰近的里辦公室、非營利政府組織、各社區大學……等機構跨區合作開課，開展都市平日夜晚、假日的多處點狀式學習分部。[13]茲舉臺北客家書院的文化特質如下：

（一）客家傳統文化的彰顯

隨著二十一世紀科技文明的日新月異，臺灣客家文化的保存與發揚，已面臨嚴峻的挑戰與考驗。幸好臺灣的客家族群，仍肩負著傳承歷史文化的使命，他們用全部的生命，來耕耘家鄉這塊土地，潤澤了臺灣純樸的鄉土文化。1988 年的「還我母語運動」，促使臺灣客家族群集體意識的形成與覺醒，亦使人意識到客家語言及文化迅速流失等問題。受經濟發展的影響，客庄人口大量流向都會地區，加上客家文化在都會地區認同感不足、華語強勢致使客語使用機會稀少；使得臺北市雖是全臺客家人口比例第九高的縣市，客家隱形化的程度卻也相對地高，同時隱形化程度愈高，客語能力則愈低。有鑑於此，「財團法人臺北市客家文化基金會」轄下－推廣教育中心，成立「臺北客家書院」以「傳承客家文化」為核心價值。同時以基金會管理之臺北市客家文化主題公園為據點，建構完整的客家終身學習體系為目標，服務學區廣布臺北市各區；

---

13 臺北客家書院創辦的源起。https://www.tphkc.org.tw/origin

積極培養客家文化內涵之人才,建構都會客家終身學習的環境,以此提供顯性客家族群一個具客家認同感之場所、發掘隱性客家族群,並提供非客族群接觸了解客家文化的機會;並促進不同族群之間的互動交流,增進大眾對客家文化的認識與投入。[14]

(二)客家語言文化的傳承

根據行政院客家委員會在 1995 年所統計,能將客家話琅琅上口的年輕人比例只有 11.6%,這些現象不禁令人憂心不已。有人說住在都會區的客家人,猶如隱形人,出外都說國語或閩南語,不敢說自己的家鄉話,怕被別人笑。長此以往,客家語快被其他語言所同化了,這的確是不容掉以輕心的嚴重問題。「還我母語 30 週年系列活動」,如何讓客家語復甦,是責無旁貸且刻不容緩的重要工作。根據歷史的記載,客家人不停的遷徙,造就了客家人堅苦、勤儉的生活習性。客家人這種種生活習性,表現在語言裡,這類語句,包括客話成語、客家俗諺、師傅話等,後代子孫或可領略到其中傳承文化、積極入世、可貫穿時空、化育民心、啟蒙教育、啟發智慧、通曉自然等功能。[15]「寧賣祖宗田,不忘祖宗言。寧賣祖宗坑,不忘祖宗聲。」是客家人琅琅上口的客家俗諺。這句客家俗諺,說明了祖先所遺留下來的話語,是最寶貴的文化遺產,也是延續民族命脈的基石。因此,鼓勵每位客家子民,即使遇到山窮水盡的時候,寧可賣掉祖先遺下來的田地,絕對不可以遺忘自己的母語,不但要好好保存,要將它傳承下去。

---

14 臺北客家書院創辦的源起。https://www.tphkc.org.tw/origin
15 林銘曉:〈從帶有難猴的客家俗諺探觸客家人生活思想內涵〉,全球客家經貿平臺,2007 年 8 月 12 日。

（三）客家族群意識的凝聚

走過臺灣客家文化的發展現況，我們尋根探源，不僅見到臺灣客家傳統文化「宗廟之美，百官之富」的堂奧，更了解到傳統文化與先民的生活經驗相輔相成，具有發皇歷史、綿延民族命脈的功能。生於斯，長於斯的臺灣客家鄉親，不可以數典忘祖，要知福、惜福，來發揚光大吃苦耐勞的客家本色，使客家人的生命力，能夠在有情天地中永續發展，綿延至千年萬代。客家人近一千年五次大遷徙，從中原向外播徙，分布在海內外各地區。有些更飄洋過海至臺灣北部的桃、竹、苗地區，以及南部的高雄、屏東一帶墾殖荒地。從〈客家本色〉歌詞中，我們能深切體認到客家人離鄉背井，到異鄉打拼的艱辛。臺北客家書院位於臺北市中正區，與大安區、萬華區等區域相鄰，是原鄉客家人進入臺北城扎根的地方，擁有許多客家胼手胝足的開墾故事，也留下不少客家的語言文化脈絡。傳承客家文化之內涵，共譜出都會與原鄉的客家文化光譜，包含客家話、客家民俗與文化傳承等，一方面可以了解祖先的生活習性，一方面也是客家人的特色傳承。這是客家書院責無旁貸的使命。

（四）客家民俗技藝的推廣

一莊一俗是客家人耳熟能詳的話語，所謂俗就是民俗，從先民遺留下的文化資料，可以進一步了解各鄉鎮的風俗是什麼？臺灣客家民俗除了傳統的節慶外，更有獨特應景的節慶美食，例如，過年蒸年糕、發糕表示步步高陞、年年發財；蒸菜頭粿、菜包，取吉祥好彩頭的寓意。清明節祭祖的艾草粄、紅龜粄，來保佑子孫吉祥如意。端午節包米粽、粄粽、鹼粽等，來祭拜神明、祖先。中元節以糯米搗成糍粑（麻糬），沾花生粉來食用，非常香甜爽口，令人垂涎三尺。嫁娶新娘、冬至或元宵節都要煮湯圓來宴饗賓客，表示圓滿和樂的意趣。「客家山歌」是客

家傳統歌謠中重要的一環,是客家先民從地理環境中觸景生情,真情流露的表現。它是客家先民文化智慧的結晶,也是客家族群音樂美學的表現。先民們辛勤的耕耘,豐足我們的衣食;先民們在這塊土地上披荊斬棘所流的血汗,灌溉了臺灣的沃野,潤澤了臺灣客家純樸的粄食文化。因此大家應該將客家民俗技藝加以推廣,使客家人的生命力,能夠在有情天地中永續發展,綿延至千年萬代。

四、臺北客家書院對現代教育的啟示

傳統書院興辦的宗旨,乃在於興賢育才,而一般學員入院就學的目的,大多在於求取功名。但臺北客家書院的創立宗旨:客家文化不僅是客家族群珍貴的資產,更是臺灣豐富的寶藏,如何將客家文化保存融入生活並發揚光大,是政府與民眾關心的重要議題。[16]臺灣客家書院走過歷史,使得中華文化開始深入臺灣社會,文學、藝術也藉著書院而流行於臺灣,仕紳階級也因而有了共同的舞臺。茲述臺北客家書院對現代教育的啟示如下:

(一) 終身學習的體現

臺北客家書院以建構完整的當代客家終身學習體系為目標,服務學區廣布臺北市各區,主要以中正區的臺北市客家文化主題公園為校本部,園區佔地 4.03 公頃,城市農夫在其中認養種植;鄰近亦有古亭河濱公園、紀州庵文學森林、寶藏巖藝文聚落、蟾蜍山聚落,大河流淌其中,綠地呈現帶狀,族群、歷史與文化皆多元,形成一個文風醇厚的地區。[17]八〇年代末期,社區營造運動猶如雨後春筍般蓬勃發展,其視

---

16 陳定銘、陳樺潔、游靖宇:〈政府與客家社團協力指標之析探〉,《行政暨政策學報》第 54 期,2012 年 6 月),頁 42。
17 臺北客家書院創辦的源起。https://www.tphkc.org.tw/origin

野已拓展至社區文化、社區教育、社區安全、社區環境、社區衛生等公共議題，對客家文化的推展有深遠的影響力。隨著臺灣經濟的快速成長，客庄潛藏著人口少、高齡化的危機，客家在地與本土人文知識基礎之建構，關係著未來客家研究能否發展、深化，並提升至「客家學」層次的重要關鍵。例如：臺北客家書院成果展靜態展示結合市集元素，融入多樣性特色，以「母語・土地・共榮」為主題，聯合推廣臺北客家書院 112－1 期課程學習成果，豐富現場靜態展示與體驗活動，由講師帶領書院學員布置學習成果，並於攤位進行體驗活動，與民眾進行互動說明，透過實際手作與客語學習的交融，提供貼近客家文化的體驗，以推廣與展現客家在地富有溫度的連結。[18]這也是終身學習的體現。

（二）跨域共學的建構

在廿一世紀知識經濟發達的時代裡，面對全球化及國際化浪潮，跨域共學已成為社區民眾關心的議題，其關鍵就在於成員間內在的連結、共同願景的建立以及組織文化的營造。跨域學習（Interdisciplinary）是一門以上之學科專業人員，針對共同的議題一起合作，透過整合、延伸並擴展特定領域之專業理論與概念，並能發展出可彼此連結的新方法（Stokols, Hall, Taylor, &Moser, 2008）[19]。跨域學習的啟動，並不在於特定且深入的專業知識，而是跳脫舊的框架，結合不同領域的知識與經驗來創造新的體驗與價值。透過跨域學習，誘發學生的學習動機，厚植其跨域之基底，培育學生具跨域學習的能力，並養成終生學

---

18 臺北客家書院創辦的源起。https://www.tphkc.org.tw/origin
19 Stokols, D., Hall, K. L., Taylor, B. K., &Moser, R. P.（2008）.
　　The science of team science: Overview of the file dandintroduction tothes upplement. American Journal of Preventive Medicine,35（2）, S77-S89.

習的習慣，以期開拓未來永續之人生。[20]跨領域、跨年齡共學成為當代趨勢，當代媒材在現代的創作與設計中，表現在生活器具、建築風格、影像作品、展場規劃等，每位創作者迥異的敘事手法，豐富了再詮釋過後的面貌；我們希望可以加上「社區」的草根養分，讓客家文化藝術進入社區，各年齡層學習客家文化常民智慧結合多種類的媒材，共同解構到結構，促成客家世代對話。[21]可見跨域共學，已是提升社區民眾人文素養的原動力。

（三）客家文化的發揚

凝聚新臺北客家記憶，強化族群意識，建立在地的深度與廣度，以傳承並發揚客家文化之內涵。透過客語教學及其文化推廣，發掘都市顯性、隱性及非客家族群之風貌，並促進不同族群文化間之互動交流，以增進大眾對客家文化的認識與投入。[22]語言是文化的載體，文化是族群團體自我認同的核心所在，透過語言，可以了解族群的文化，發現族群的生活智慧、態度、哲學……，因此要保存文化，語言的遺失，將是最大的障礙。在臺灣客家人目前所使用的母語，以嘉應州（梅縣）四縣和海陸豐二種腔調為主流，另外有饒平、詔安、大埔及東勢等多種腔調，應用的人較少。在多元化的現代，客家話是延續客家文化的當務之急。總之，客家人重視教育的傳統，由原鄉延續至臺灣，經由各地書院的創見，與大家同心協力的努力，培育地方文創產業，營塑客庄豐富的歷史文化、人文資產及藝術風貌，包括客家語言、戲劇、音樂、舞蹈、民俗、

---

20 《清華教育》第 99 期，發行：國立清華大學師資培育中心，發行人：林紀慧本期主編：朱如君執行編輯：林怡汝、林冠宇、蔡宛真，2019 年 03 月 20 日 Interdisciplinary Learning-淺談跨領域學習，頁 11。
21 臺北客家書院創辦的源起。https://www.tphkc.org.tw/origin
22 臺北客家書院創辦的源起。https://www.tphkc.org.tw/origin

人文等,帶動客庄在地文化的創意展現,並結合地方政府及民間資源,推動具客庄意象之文創產業,發揚客家文化。

(四) 前瞻國際的視野

客家文化是「中國傳統文化的活化石」,中國傳統文化的內核就是儒家文化,客家人的許多觀念和民俗,是和儒家文化一脈相承的。儒家文化提倡「天人合一」的天人觀,這種「天人合一」的觀念在客家文學、客家飲食、客家建築、客家民間信仰等諸方面都得到了典型的體現,反映了客家人在傳統社會追求人與自然和諧,協調人與人、人與社會關係方面的生存智慧。[23]書院的風行使得中華文化開始深入臺灣社會,文學、藝術也藉著書院而流行於臺灣,近年來永續發展的聚落保存概念興起,對於族群文化的傳承,逐漸回歸至文化的根源地「聚落」來思考,亦即由在地社群齊心合力,推動傳統聚落的文化保存工作,期盼透過人文地景與歷史風貌的重現,直接觸動人心。客家人重視教育的傳統,由原鄉延續至臺灣,建立「在地連結」與「國際接軌」之共學群,[24]書院的風行經由正式及非正式的教育、個人與家族的共同努力,以發展人文精神為主,對所在地域的自然、史蹟及各項資產予以保存,並透過串聯地方的在地資源,共同營造客庄聚落再發展的新模式,應為最符合當今世界潮流的規劃方向。[25]

---

[23] 宋德劍:〈天人合一的天人觀──儒家生態文明的視野下的客家文化〉,第五屆儒學國際學術研討會論文集。

[24] 推動「一個中山」的共學運動──建構跨領域學習環境教育部,2017。「高等教育深耕計畫」(行政院核定)。https://hesp.nsysu.edu.tw/p/405-1278-196540,c18336.php?Lang=zh-tw

[25] 客家委員會:〈103 至 108 年度社會發展中長程個案計畫──客家文化躍升計畫(修正計畫)〉。https://ws.ndc.gov.tw/Download.ashx?u

五、結論

　　《清史稿・選舉一・府、州、縣、衛儒學》言:「各省書院之設,輔學校所不及」、「延聘經明行修之士為之長,秀異多出其中」、「儒學寖衰,教官不舉其職,所賴以造士者,獨在書院。其裨益育才,非淺鮮也。」[26]可見書院是培養朝廷所需人才之所,並非啟蒙教育,更非義務教育。[27]書院的興起、發展與衰敗,伴隨著朝代的更替,成為影響我國歷史文化變遷的重要組成部分。隨著二十一世紀知識經濟時代,臺灣各地的書院已成傳統藏書、讀書的場所,進化成推動社區文化的原動力,更扮演著「未來學校」的角色。聯合國教科文組織人類發展教育委員會統籌委員Chaves(2007)認為,「未來學校」指的是一個在知識經濟時代,可以教育我們的孩子,以及教育我們的學校。「未來學校」不全然因為科技,而是全新的教育視野、全新的學習認知與各種創新的互動教學、構成它的基石。[28]臺北客家書院有全新的校園空間、學習資源來自社區、教材隨時組合,具備了未來學校的特質充滿了流動性(fluidity)、移動性(mobility)、彈性(flexibility)與適應性(adaptability)。這些特質,正是面對變動快速的資訊時代所需要的核心能力。[29]

　　管理大師彼得・杜拉克(PeterDrucker,1909－2005)說:「想像未來

26　《清史稿・選舉一・府、州、縣、衛儒學》,〈志 81〉,中國哲學書電子化計劃。https://ctext.org/wiki.pl?if=gb&chapter=198956
27　劉振維:評議張崑將、張溪南著:《臺灣書院的傳統與現代》,(《止善》第 32 期《書評及書介》2022 年 06 月),頁 171。
27　劉振維:評議張崑將、張溪南著:《臺灣書院的傳統與現代》,2022 年,頁 160。
28　李紋勝:《雲端未來學校管理指標建構之研究》。國立高雄師範大學成人教育研究所博士班博士學位論文,2016 年,未出版,高雄。
29　許芳菊:〈未來學校〉,《天下雜誌》16 期,1996 年,11 月 15 日。

最好的方法,就是去創造它!」[30]根據歷史的記載,客家人不停的遷徙,造就了客家人堅苦、勤儉的生活習性。客家鄉親原係黃河流域中原地區漢民族的一支,因為戰亂避禍,或擴展延續生命的版圖,不得不南遷長江流域。[31]由於內陸人口的膨脹,以及戰亂的因素,輾轉遷徙到廣東中部以及沿海地區,有些更飄洋過海至臺灣北部的桃、竹、苗地區,以及南部的高雄、屏東一帶墾殖荒地。紐約兩岸歷史文化研究中心主任湯錦台教授語重心長地說:「客家人一路走來,異常艱辛,發展到今天,確實不易。然而,展望未來,客家人作為一個群體,其前途卻充滿了不確定性,這是全球客家子民不能不共同嚴肅面對的重大隱憂。導致客家前景堪憂的根源只有一個,就是世界的變化太快,傳統凝聚客家認同的力量,已不足以維繫客家人集體生命的延續。」[32]這的確是深中肯綮的言論,在二十一世紀科技文明日新月異的時代裡,臺灣客家文化的保存與發揚,已面臨嚴峻的挑戰與考驗。臺北客家書院的創建,是傳承客家文化發展的重要的推手。在客家族群不斷的「研發創新」和「執行效能」上,讓傳統客家文化不斷蛻變及創新,使客家文化呈現多元的嶄新風貌。

---

30 天下雜誌。
https://www.cw.com.tw/article/5006354?fbclid=IwAR2tw83Ie_L3oAI5_7uz-6OqOPAlF1DJYPq11vilMP702FyMb_aK1rYYy7Uwu0

31 見羅香林:第二章〈客家的源流〉,《客家研究導論》(臺北,南天書局,1992年),頁64-65。

32 參見湯錦台:〈客家路漫漫〉《世界客家雜誌》雙月刊第35期(臺北:世界客家雜誌有限公司,2022年),頁65。

徵引文獻

一、古籍部分（依《四庫全書》分類法）
1. 宋・王應麟：《玉海》，https://ctext.org/wiki.pl?if=gb&chapter=781387 中國哲學書電子化計劃。
2. 清・袁枚：《隨園隨筆》，https://ctext.org/wiki.pl?if=gb&res=924695 中國哲學書電子化計劃。
3. 清・趙爾巽等著：《清史稿》，https://ctext.org/wiki.pl?if=gb&chapter=198956 中國哲學書電子化計劃。

二、現代專著（依作者姓氏筆畫排序）
1. 馬肇選編：《臺灣書院小史》，彰化：臺灣省立彰化社會教育館，1971年。
2. 詹雅能編：《明志書院沿革志》，新竹：新竹市政府，2002年。
3. 樊克政：《中國書院史》，臺北：文津出版社，1995年。
4. 羅香林：《客家研究導論》，臺北市：南天書局，1992年7月臺灣一版。
5. 羅肇錦：《臺灣的客家話》，臺原出版社，1990年。
6. 謝淑熙：《臺灣客家禮俗文化新探索》，臺北：萬卷樓圖書公司，2019年5月初版一刷。

三、期刊論文（依作者姓氏筆畫排序）
1. 宋德劍：〈天人合一的天人觀──儒家生態文明的視野下的客家文化〉，第五屆儒學國際學術研討會論文，2011年8月1日。
2. 林銘嬈：〈從帶有雞、猴的客家俗諺探觸客家人生活思想內涵〉，全球客家經貿平臺，2007年8月12日。
3. 林冠宇：〈Interdisciplinary Learning──淺談跨領域學習〉，《清華教育》第99期，2019年03月，頁11。
4. 湯錦台：〈客家路漫漫〉，《世界客家雜誌》雙月刊第35期（臺北：世

界客家雜誌有限公司，2022年），頁65。
5. 鄧榮坤：〈英才書院擁有一百三十餘年歷史，是古蹟與藝術的結合〉，https://www.merit-times.com/NewsPage.aspx?unid=665718
6. 劉振維：〈評議張崑將、張溪南著：《臺灣書院的傳統與現代》〉（《止善》第32期《書評及書介》2022年06月），頁171。
7. 陳定銘、陳樺潔、游靖宇：〈政府與客家社團協力指標之析探〉，《行政暨政策學報》第54期，2012年6月，頁42。

四、學位論文（依年代排序）

1. 許楓萱：《清代明志書院研究》，國立臺灣師範大學教育研究所碩士論文，2003年。
2. 李紋勝：《雲端未來學校管理指標建構之研究》。國立高雄師範大學成人教育研究所博士班博士學位論文，2016年，未出版，高雄。

五、網路資源

1. 臺北客家書院創辦的源起 https://www.tphkc.org.tw/origin
2. 客家委員會：〈103至108年度社會發展中長程個案計畫──客家文化躍升計畫（修正計畫）〉，https://ws.ndc.gov.tw/Download.ashx?u
3. 天下雜誌。
   https://www.cw.com.tw/article/5006354?fbclid=IwAR2tw83Ie_L3oAI5_7uz-6OqOPAlF1DJYPq11vilMP702FyMb_aK1rYYy7Uwu0
4. Stokols, D., Hall, K. L., Taylor, B. K., &Moser, R. P.(2008).The science of team science: Overview of the file dandintroduction tothes upplement. American Journal of Preventive Medicine,35(2), S77-S89.

第五章 推動客家文化發展研究之二——以屏東內埔昌黎祠為例 [1]

一、前言

　　客家鄉親原係黃河流域中原地區漢民族的一支，因為戰亂避禍，或擴展延續生命的版圖，不得不南遷長江流域。[2]由於內陸人口的膨脹，以及戰亂的因素，輾轉遷徙到廣東中部以及沿海地區，有些更飄洋過海至臺灣北部的桃、竹、苗地區，以及南部的高雄、屏東一帶墾殖荒地。客家人的忠義家風可以用「一等人忠臣孝子；兩件事讀書耕田」，這幅聯語來充分表達。忠義家風所要表現的就是在家要做一個忠臣孝子，在做事上要戮力於讀書、耕田兩件事上。這是因為客家人長期的顛沛流離，使他們更加深刻的體會到故園的可愛、鄉土的芬芳，從而益發眷戀中原故土。把孔孟之道尊為聖賢之道，視三綱五常為處世為人的是非標準。這些都集中反映為客家文化意識中對為人處世的道德觀念和價值觀念。[3]客家人具有比較重視教育的族群特質，傳統的理想生活境界是「晴耕雨讀」、「孝友傳家」，客家人的傳統觀念，認為讀書才能識理、明志，才能有出息。

　　屏東六堆客家人自古即傳承祖先「晴耕雨讀」的遺訓，文風極盛。

---

1 本文初稿刊載於《世界客家雜誌》雙月刊第 45 期（臺北：世界客家雜誌有限公司，2024 年 05 月），頁 61。
2 見羅香林：第二章〈客家的源流〉，《客家研究導論》（臺北，南天書局，1992 年），頁 64-65。
3 南山：〈論客家文化意識〉，原載《客家民俗》1986 年第三、四期。

在清雍正年間即在內埔（後堆）建造全臺唯一的韓文公廟（昌黎祠）來祭祀；據《鳳山縣采訪冊》記載，清統治期間，鳳山縣屬的舉人有二十八人，六堆士子考中舉人就有二十人、而考中進士的有四人，六堆士子中占有進士三人；其他考上秀才、貢生等更不勝其數，成績十分優異。實受這種敦敦文風影響所致，故提倡延續此命脈，乃每位六堆人士念茲在茲的課題。有些作家已是新文學和漢詩兼創的二世文人。[4]客家諺語上也說：「養子毋讀書，像人畜條豬。」他們體認到因為家庭環境的困窘，使得自己無法就學的痛苦。並且常常以諺語：「人爭一口氣，樹爭一層皮。」勉勵子女忍氣不如爭氣，就像樹爭脫一層皮一樣，才能夠昂首向上生長，所以人也要爭一口氣，力爭上游，認真讀書，以改善自己未來的命運，進而開創光明的未來。本文以探析南臺灣屏東內埔昌黎祠之沿革與發展為主軸，闡釋前賢往哲篳路藍縷創建的昌黎祠，在二十一世紀的現代，是否對傳承客家文化具有深遠的影響力。

二、屏東內埔昌黎祠興建沿革

屏東縣內埔鄉有全臺唯一的昌黎祠，主祀被稱為「韓文公」的韓愈。韓愈先生（768年－824年），是我國唐朝著名的思想家、教育家、文學家，他一生以弘揚儒家的仁義之道，發揚孔孟學說己任，也是唐宋古文八大家之首，提倡以文弘道、以文載道，並且身體力行聖人之道，宋朝文學家蘇軾稱譽韓愈：「文起八代之衰，道濟天下之溺。……匹夫而為百世師，一言而為天下法。」[5]可見他在中國文學史上享有崇高的地位，對後世的文學創作與教育發展都有深遠的影響力。

---

4 邱春美撰：《六堆客家古典文學研究》，（輔仁大學中國文學研究所博士論文，2005年1月）。
5 呂大防等撰：〈韓文公廟碑〉，（北京：中華書局，2006年），頁215。

唐憲宗元和 14 年（819 年），韓愈時年 52 歲。因上書「論佛骨表」被貶為潮州（今廣東省潮州）刺史。他在潮州當刺史任內，雖然只有短短八個月，但是在任內驅除鱷魚、為民除害；提倡儒教、延師興學；率領百姓，興修水利，排澇灌溉。千餘年來，潮州地區成為禮儀之邦和文化名城，對地方的貢獻很大。為感念韓愈的政績，潮州人建有「韓文公祠」，係中國大陸現在保存最完整、歷史最久遠的紀念韓愈的專祠。「韓祠橡木」是潮州八景之一。[6]由此可知，韓愈在潮州擔任刺史任內，提倡儒教、延師興學，關心民瘼、驅鱷除害，對地方的貢獻很大。

　　來自潮州的客家人來臺後感念韓愈的恩德，就在屏東內埔建昌黎祠紀念韓愈。又因內埔居民多來自大陸嶺南，所以韓愈也被稱為「嶺南師表」。出身內埔鄉的客委會副主委鍾孔炤說，韓文公隨著六堆地區的先人移民而來，於內埔天后宮旁設立，至今仍是全臺唯一的「昌黎祠」，清朝時在昌黎祠兩旁開辦私塾，堪稱內埔地區最高學府，極具客家晴耕雨讀的特色。內埔鄉昌黎祠是罕見的祭拜韓愈的廟宇，興建於 1803 年，是六堆學術中心。《屏東縣志》提到：「昔日潮州先民自潮移居此地，為紀念故鄉，故沿用此名，曰潮州莊。在廣東之潮州有韓文公廟，臺灣潮州亦有之。」[7]關於昌黎祠的興建沿革，依照年代的劃可分為三個時期，如下：

（一）清治時期

依照文獻的記載有二種主要的說法：

---

6 張德銳：〈文以載道的理學先驅韓愈傳略──兼論對教師專業的啟示〉，（《臺灣教育評論月刊》，2022，11（5）），頁 97－98。
7 古福祥纂修：《屏東縣志》〈地理志〉卷一，1983 年，頁 621。

其中之一是祠內左壁記鍾國珍所撰《內埔昌黎祠重建記》云：

> 清康熙、乾隆間，嶺南人士移植臺灣，繁衍於下淡水六堆地區，為興學育才計，特於嘉慶八年（1803），由昭武都尉鍾公麟江發起，建昌黎祠於內埔。[8]

清初客家人接續渡海來臺墾殖，跋山涉水，橫渡黑水溝，歷經艱難險難，得以平安生存下來，感念天上神明的保佑平安，因此從嶺南渡海到六堆各客家村庄的人士，就發起於內埔興建昌黎祠，來庇佑居民的平安健康。

內埔昌黎祠相傳與六堆天后宮同樣由鍾麟江倡建於嘉慶八年（1803），《鳳山縣采訪冊》記載：

> 韓文公祠……一在內埔莊街（港西），與天后宮比鄰，縣東四十里，屋六間，道光七年武生李孟樹倡建，咸豐十二年舉人余春錦募修，光緒十七年例貢生李向清重修。[9]

以上對於昌黎祠的倡建、募修與重修，在不同時期、不同人物都有明確的記載。

（二）日治時期

即使在日治時期，昌黎祠仍被作為教學的場所，明治三十一年（1899）日本官方推行國語（日語），即以內埔昌黎祠設立鳳山國語傳習所內埔分教場，後來改為內埔公學校，是初級教育六年制，即現今內

---

[8] 劉正一編：《六堆天后宮沿革志》，（內埔昌黎祠管理委員會，2005年），頁31。
[9] 盧德嘉編：《鳳山縣采訪冊》，（臺北：成文出版社，1983年），頁217。

埔國小的前身。因此當時許多新學校的建立,也充分利用舊有社會的資源。昌黎祠中起初教漢文的教授仍然沒有完全停止,尤其在民間的學堂書房,有許多具有漢族意識的家長,仍然鼓勵子弟去讀唐詩與傳統經典,希望在日本殖民統治之下,仍能飲水思源不忘本,這也是客家人自發性的維護儒家道統與中華文化的優秀表現。[10]由此可見,客家人堅持維護中華傳統文化的表現,令人敬佩。

(三)民國時期

臺灣光復後,民國三十八年(1949)六堆有志人士以「尊崇文教、敬仰夫子」為宗旨,倡議津斂祀典成立「六堆文公祀典」。[11]其後的「六堆科舉會」、「六堆文教基金會」都是同樣贊助文教與考試的民間社團。內埔地區流傳一首童謠:

> 古早廟、尚神奇。天后宮,拜福氣。韓公祠,拜考試。有燒香,有保庇。[12]

昌黎祠建成後,特聘名師駐祠講學,如舉人鍾桂齡,歲進士邱贊臣(國楨)、進士江昶榮、劉金安都曾經在此講課授徒,培育了許多優秀的客家子弟。「文宣王祀典會」後來改名為「大成祀典會」,而為了經營昌黎祠,又創設「韓文公祀典會」。

---

10 吳應文、林松友、吳煬和、蔡明坤、王淑慧、陳麗娜:〈屏東昌黎祠韓愈祭文化活動之研究〉,(美和科技大學九十九年度教師產學合作計畫結案報告書,2010年2月－2010年11月),頁16。
11 柯萬成編:《屏東內埔昌黎祠沿革志》,(內埔昌黎祠管理委員會,2002年),頁18。
12 蔡文婷著:〈臺灣民俗筆記〉,光華畫報2002年11月,第二十七卷第十一期,頁80。

因為昌黎祠早期做為民間學堂，有學者名師在此講授教學，而無數學子都有一個共同的目標，參加科舉應試。由於先賢的熱心推動，六堆文風蔚起，人才輩出。[13]由此可見，屏東六堆客家鄉親對韓愈的尊敬與追思。

昌黎祠往後還有多次重修紀錄，又根據鍾國珍所撰《內埔昌黎祠重建記》云：

> 昌黎祠創建至今垂一百八十年，其間經舉人鍾桂齡、管事鍾里海、鍾貴光、李石華、歲進士邱贊臣等迭為補修。至民國二年紳耆劉金安等再為重修。[14]

清朝之後是日據時代，經過約五十年光景。民國三十四年，臺灣光復後由仕紳鍾梅貴、鍾桂蘭、李福謙、鍾玄珍、陳玉蓮等人，向上級政府申請核准，重修昌黎祠及天后宮，民國三十六年短期興工修復完成。其後於六十二年昌黎祠被內政部列為國家三級古蹟。由於國民政府推行普及教育，大量設置國民小學、初高中，發展國民義務教育，因此昌黎祠不再做為私人講學授課的場所，而喪失了原有的文教功能。到民國七十六年，在政府督導下從新成立「六堆內埔天后宮昌黎祠管理委員會」，恢復祠廟的祭祀，並將民眾捐獻與各項收入，以寺廟社團的相關法令經營管理，一大部分作慈善公益之用，一部份贊助文化基金與教育

---

13 吳應文、林松友、吳煬和、蔡明坤、王淑慧、陳麗娜：〈屏東昌黎祠韓愈祭文化活動之研究〉，美和科技大學九十九年度教師產學合作計畫結案報告書。頁14。
14 柯萬成編：參見賴師貴三：《潁川堂賴氏歷代族譜考述》貳〈潁川堂賴氏源流〉，頁3-4。屏東內埔昌黎祠沿革志，內埔昌黎祠管理委員會，2002年，頁33。

獎學之用。希望重新喚起民眾對韓愈的瞭解與敬仰，追念客家先賢先師創建昌黎祠的用心與宗旨，並延續客家族群優秀人倫傳統以及對儒學文教的重視。[15]昌黎祠歷經朝代的更迭，依舊是香火鼎盛，人文薈萃的客家文化勝地。

三、屏東內埔昌黎祠文化發展現況

1987年重新成立的「天后宮昌黎祠管理委員會」，天后宮與昌黎祠合併管理，並召開第一次信徒大會，由鍾智謙擔任主任委員，公正無私，頗獲眾望。一直連任到第五屆，才由鍾正雄先生接手。因此昌黎祠與天后宮依然香火鼎盛，重要節日有祭祀與相關活動，是六堆客家人信仰的神聖所在。屏東縣內埔鄉有全臺唯一的昌黎祠，主祀被稱為「韓文公」的韓愈，每到考季就會看見許多學子來祈願。於2001年在客委會、屏東縣客務處及地方人事的推動下，在每年農曆九月九日重陽節，亦是韓愈誕辰日，擴大舉辦以祭典儀式為主軸，搭配客家文化的「韓愈文化祭」[16]韓愈文化祭代表著客家人重視教育文化的傳承，以及客家語言文化的延續，期盼透過活動的持續舉辦，為內埔鄉創造無形的文化資產。茲略述內埔昌黎祠舉辦韓愈文化祭的慶典活動，如下：

（一）三獻禮祭典

《禮記・祭統》說：「凡治人之道，莫急於禮；禮有五經，莫重於

---

15 吳應文、林松友、吳煬和、蔡明坤、王淑慧、陳麗娜：〈屏東昌黎祠韓愈祭文化活動之研究〉，美和科技大學九十九年度教師產學合作計畫結案報告書，頁17。
16 陳佩君：《六堆屏東內埔昌黎祠及其客家文化之研究》。（國立雲林科技大學漢學資料整理研究所碩士論文，2008年），未出版。

祭。」客家人舉行宗祠祭祀的時間,較為普遍的是春、秋二季的祭祀。目前臺灣客家祭典所採行的「三獻禮」,簡而言之,是推選數位主祭者向神明行三跪九叩禮,並以三獻牲禮(酒、肉等供品),再讀祭文、燒金紙等表達尊祖敬宗的祭祀儀禮。「三獻禮」多用於敬神祭祖的時候,特別是客家人,其在拜神祭祖時多會舉行「三獻禮」這樣隆重的儀禮。[17]而這祭祀活動,最主要的目的是,向土地伯公為首的諸神明祈求並感謝其保佑居民風調雨順、牲畜平安、農作豐收,並祈求祖先庇佑子孫闔家平安、吉祥如意。韓愈文化祭就是以三獻禮為主軸,藉由活動的舉辦,認識到客家傳統祭拜禮俗。並透過經驗分享與傳承,凝聚客家族群團結的意識,進而提高對客家的認同感。

《儀禮‧聘禮》記載:「薦脯醢,三獻。」《廣雅》:「獻,進也。」[18]古代祭祀時籌備好佐酒的菜餚,進行三次獻酒,即初獻爵、亞獻爵、終獻爵,合稱「三獻」。可知第一次進獻統稱「初獻」。進獻儀品以「酒」為主,「饌」或稱「祿」次之。進獻時主祭持酒、與祭奉饌,或左(以神位為準)主祭持酒、右主祭奉饌。傳統祭禮實際上是一連串的活動,祭祀儀式末節「進熟」時,方進行初獻、亞獻、終獻之進獻儀式。韓愈文化祭三獻禮儀式依序為:1.典禮開始;2.香奉茶禮;3.讀請神疏文;4.獻禮開始;5.請禮教;6.奏樂;7.祭者就位;8.盥洗;9.降神;10.參神;11.香首禮;12.初獻禮;13.恭讀祭文;14.亞獻禮;15.終獻禮;16.分獻禮;17.

---

17 參見張廖家廟〈客家文化、客家禮俗與儀典〉。
www.chang-liao.url.tw/100years_lista_05.html。
18 漢‧鄭玄注、唐‧賈公彥疏:《儀禮注疏》卷23,頁275。

滿堂加爵祿；18.化財焚祝文望燎；19.辭神；20.禮成謝禮教；21.國民禮儀。[19]獻禮過程中常見跪拜儀節，透過三獻禮儀式的呈現，表達出客家人對韓愈的虔誠尊敬，以及期盼子孫懂得飲水思源，世世代代承續傳統禮儀的表徵。

（二）跳六佾舞

佾舞源於中國周朝，祭孔用的佾舞稱為釋奠佾舞[20]，為祭祀大成至聖先師孔子之佾舞。佾舞依不同編制又分為六佾舞和八佾舞，是釋奠典禮的祭禮中所表演的舞蹈，是東亞世界重要的非物質文化遺產。六佾即六佾舞，是中國古代諸侯用舞的編輯，有六行六列，共三十六人。[21]六佾舞的由來，《左傳》眾仲曰：「舞所以節八音而行八風」，故自八以降，天子用八，諸侯用六。[22]據《禮記》中〈祭統〉與〈明堂位〉兩篇，周成王、周康王以周公勞苦功高，命魯公世世祭祀周公，同時特用天子之禮樂，因而魯國相沿用八佾。《論語‧八佾》中記載，孔子看到卿大夫季氏用八佾舞，認為是對禮制的嚴重違背，於是評論說「八佾舞於庭，是可忍也，孰不可忍也？」按《周禮》規定，只有天子才能用八佾，諸侯用六佾，因此，在議論季氏時才批評季家違禮的行為。

昌黎祠在每年約農曆 9 月 9 日（據傳是韓愈生辰）舉辦祭典的習

---

19 黃旭賢、李勝雄：〈六堆客家祭典儀式之身體文化——以韓愈文化祭為例〉，2012 第五屆運動科學暨休閒遊憩管理學術研討會論文集，頁 23－24。
20 釋奠佾舞，維基百科。
https://zh.wikipedia.org/zh-tw/%E9%87%8B%E5%A5%A0%E4%BD%BE%E8%88%9E
21 佾舞，維基百科。
https://zh.wikipedia.org/zh-tw/%E4%BD%BE%E8%88%9E
22 黃得時：〈臺灣的孔廟〉。臺中縣：臺灣省政府，1981 年。

俗，後來更衍生擴大為地方的重要文化盛事。六堆先民在內埔鄉建立全臺專祀韓愈的昌黎祠是六堆特色文化，表現出有別於傳統六堆忠勇精神之外的另一面，而韓愈文化祭的誕生則讓更多人能參與其中，體驗「晴耕雨讀、崇文重教」的六堆客家印象。

　　韓愈被世人稱為「嶺南師表」，在客家人心中佔有重要地位，故用六佾舞來表達客家人心中對韓愈的尊重。由國小學生表演六佾舞，表演者穿著傳統服飾，左手拿籥，右手持翟。一佾有六人，六佾共有三十六人，在莊嚴的進場方式中，吸引眾人的目光。六佾舞每一個舞步動作都非常謹慎，代表著對韓愈的尊崇與讚頌之意。[23]

（三）請絭與換絭

　　《說文解字‧糸部》：「絭，纕臂繩也。」「絭」音ㄐㄩㄢˋ，求神明保佑避邪的東西。例：戴絭。戴絭、換絭、脫絭係一個人成長个歷程，從大人照顧、神明保護到自家得到照顧的過程。[24]在以前小孩子較難帶，有很多神煞，家長就會去廟裡求一個絭，庇佑孩子平安長大，通常會配戴到十六歲才去換絭或是脫絭，或是小孩子帶到神明處一起求，然後過爐三次，再把絭掛於身上，求絭是不受時間的限制，任何時間都可以。求絭的方式很簡易，擲筊後，若得聖筊，得到神明同意即可配戴。但是內埔福善堂禮生劉鳳珍表示，求絭不必擲聖筊，任何人都可以求，只要先點香向關聖帝君或其他眾神明秉明來意，三跪拜後拿起祈求的絭在

---

23 黃旭賢、李勝雄：〈六堆客家祭典儀式之身體文化——以韓愈文化祭為例〉，頁 24。
24 絭：客（四縣）／文史作者：邱一帆 https://language.moe.gov.tw/readminke/閱讀閩客電子報 031 期（客）.pdf。

香爐中繞三圈,俗稱過火即可。[25]可見請絭換絭,是由來已久的習俗。

六堆客家地區常以「絭」來稱呼護身符,早期許多六堆客家的父母會將家中身體虛弱或是哭鬧不停的孩子,送到廟宇請神明收為「契子」(義子),並求「絭」後以紅繩掛載小孩胸前,祈求小孩能平安長大,並年年在神明祭典期間到廟宇「換絭」,以答謝神明的庇佑,順利成長。每年神明祭典時,回到廟宇換絭,祈求新的一年也能平平安安。昌黎祠是客家地區重要的精神依歸,不管是大大小小的考試,學子都祈望受到韓愈的庇佑,期盼能金榜題名。學子祈福──請絭暨換絭活動就是特色之一。學生透過請絭和換絭的活動,將傳統的焚香膜拜昇華到的精神層面的聯結,並為自己加油打氣。今年除了絭之外,還有祈福卡,將自己的願望寫在祈福卡上,懸掛在昌黎祠內兩旁的牆上,期以得到韓愈的庇佑,考試順利,金榜題名。學子祈福──請絭暨換絭活動就是特色之一。[26]可見請絭換絭是嚴謹而寓意深遠的活動。

(四)版印韓愈金符

屏東縣內埔鄉昌黎祠是全國唯一主祀韓愈的廟宇,舉辦 19 年的昌黎祠韓愈文化祭已成為深具地方特色的祭典,現場除了有傳統的三獻禮及六佾舞儀式,也有最受考生及家長歡迎的「版印金榜符」,學子都祈求希望考試順利,金榜題名。

---

[25] 黃慧貞:《屏東客家人的祈福還願風俗研究》,國立屏東科技大學客家文化產業研究所 2015 年碩士學位論文,頁 90。

[26] 黃旭賢、李勝雄:〈六堆客家祭典儀式之身體文化──以韓愈文化祭為例〉,2012 年第五屆運動科學暨休閒遊憩管理學術研討會論文集,頁 24。

韓愈是唐代的大文學家及大教育家,與客家人晴耕雨讀精神不謀而合,六堆先民感念韓愈因此興建昌黎祠,每到韓文公誕辰都會以傳統儀典祭祀,百年不曾間斷,成為六堆客庄的信仰。2001 年開始由地方人士發起韓愈文化祭活動,迄今年年舉辦,已成為地方特色。[27]

在歷史的更迭中,屏東縣內埔鄉昌黎祠成為全臺唯一紀念韓愈的廟宇。一到考季,吸引全臺各地莘莘學子們前往參拜。現今,在昌黎祠兩面的牆上,掛滿了國中基測、高中學測、統測、大學指考、高普考等各項考試的准考證影本,蔚為壯觀。[28]版印韓愈金榜符也成為民眾參予的熱門活動,每到考季,學子至昌黎祠求取金榜符絡繹不絕,木刻刻畫金榜符的印製活動,將瀕臨失傳的民間習俗找回來,民眾爭相印製佩帶盛況空前。文公粄,公定為韓愈祭之祭祀粄類,取名為文公粄,是三獻禮祭品之一,通常在祭禮結束後,開放現場民眾至韓文公香案前擲筊,聖筊者贈送文公粄乙個。

(五)其他客家相關活動

內埔鄉長利八魁表示,唐朝大儒韓愈於 1220 多年前在中國嶺南地區致力興學,鼓勵「晴耕雨讀」,因此嶺南地區客家族群對韓文公非常尊崇,興建昌黎祠,將韓文公當成文昌帝君來祭拜。[29]自 2001 年,每

---

27 潘建志:〈韓愈文化祭版印金榜符受歡迎〉,2020 年 10 月 26 日,屏東報導。
   https://tw.news.yahoo.com/韓愈文化祭—版印金榜符受歡迎
28 屏縣韓愈文化祭,金榜符限量放送,2011-09-27。
29 屏縣韓愈文化祭,金榜符限量放送,2011-09-27。
   https://www.epochtimes.com/b5/11/9/27/n3385157.htm

逢農曆9月9日韓文公誕辰之日，客家六堆地區人，便會隆重舉辦「韓愈文化祭」系列活動，包括：內埔昌黎祠文化巡禮學生戶外教學、客家米食行銷與推廣活動、內埔老街文化導覽、昌黎市集將客家傳統產業呈現出來等。近幾年疫情結束後，內埔昌黎祠文化巡禮學生戶外教學、內埔老街文化導覽、昌黎市集帶動客家產業的發展等活動，陸續推出。近年來更以「祭韓愈求金榜」、「崇尚文人四藝」為主軸，結合在地豐富的歷史人文、特色產業及觀光景點。使參觀民眾能深入了解傳統祭典的特色，另外，還有創意踩街嘉年華，欲體驗六堆客庄年度盛事的民眾，不妨前往參與感受當地傳統文化特色。韓愈文化祭在傳統技藝上的活動，包括：客家詩詞樂舞大會串晚會、客音昌黎之夜、客家舞師技藝觀摩匯演。現代與傳統融合，可以讓每位客家鄉親油然而生思古的幽情。

推動客家文化發展研究之二──以屏東內埔昌黎祠為例 109

以上三張照片師大國文系賴貴三教授拍攝提供。

四、屏東內埔昌黎祠文化發展對現代教育的啟示

清初客家先民渡海來臺墾殖,於道光七年(1827)將嶺南人民對韓愈的信仰引進南臺灣,於內埔興建昌黎祠,同時做為民間書院,延聘名師教育學子。這座臺灣唯一主祀韓愈的祠廟,是六堆珍貴的文化資產,因此培養許多客家優秀子弟,透過科舉金榜題名而光宗耀祖,表現客家人尊崇儒家道統與重視文教的精神。[30]茲述屏東內埔昌黎祠對現代教育的啟示,如下:

(一)宣揚客家報本反始的美德

祭祀天地和祖先,同樣是客家人「報本返始」、「慎終追遠」的精神。客家人認為生命是可貴的,祭祀祖先和歷代先賢,是一種非常肅穆的傳統。《禮記・禮器篇》記載:「禮也者,反本修古,不忘其初者也。」《禮記・祭義篇》又說:「致反始,以厚其本也。」說明天下之禮儀,有「反始報本」、「厚重其本」的意涵。

客家民族在生活方式、風俗習慣、傳統信仰禮俗上,深受中華傳統文化的內化與薰陶,注重傳統的家庭倫理觀念與禮教影響。《荀子・禮論》說:「禮,有三本:天地者,生之本也;先祖者,類之本也;君師者,治之本也。無天地惡生?無先祖惡出?無君師惡治?三者偏亡焉,無安人。故禮上事天,下事地,尊先祖而隆君師,是禮之三本也。」清

---

30 江淑美:《清代臺灣客家子弟教育研究(1684－1895)》,(國立臺灣師範大學／教育學院／教育學系／碩士論文,2002年),頁4。

初來自嶺南的客家先民在臺墾殖,將潮州人民對韓文公的信仰,引到六堆的內埔,而興建昌黎祠主祀韓愈,追思感念韓愈在潮州擔任刺史,為當地人民興利除弊,使人民能安居樂業,因此緬懷韓愈的德澤,期勉後代子孫不要忘記先賢創業的艱辛勞苦和對後代子孫的福蔭德澤,進而教導子孫要培養報本反始與不數典忘祖的美德。

(二)傳承儒家崇文重教的道統

《禮記‧王制》說:「樂正崇四術,立四教。順先王,詩、書、禮、樂以造士。」可見古代聖明君王以詩、書、禮、樂四種經學,來教育學子,化育人民,以規範國民的道德意識和行為。韓愈發揚儒家學說,排斥佛老思想。在文學史上主張文以載道,繼承舊道統,建立新儒學,其儒學思想與文學業績成就極大,而他所提倡的中唐「古文運動」,則見之於復興孔孟思想的實際行動「古文運動」風潮,波及了唐代社會的各個方面,深遠地影響了後世千百年一次的復興孔孟儒學的活動。在中國文化思想史上,韓愈是復興孔孟儒學的倡導者和奠基者,這個文學革新運動首倡於中唐,大盛於宋代,繼而延續至明、清兩代,至民國初年,形成了中華民族傳統的文化思想。韓愈在《進學解》一文中勉勵學子:「業精於勤,荒於嬉;行成於思,毀於隨。」樹立了進德修業、指導後學,獎掖後進的圭臬。昌黎祠位於屏東縣內埔鄉,是全臺灣唯一主祀韓愈的寺廟,有別於一般臺灣民間宗教信仰祭拜各種神明的寺廟,昌黎祠建築古樸素雅,類似孔廟,具有特殊濃厚的文教氣息,清初來自嶺南的客家先民在臺墾殖,將潮州人民對韓文公的信仰,引到六堆的內埔,而興建昌黎祠主祀韓愈,並做為民間書院,延師講學教育子弟,充分表現

客家族群尊崇儒家道統、重視文教的特性。

（三）發揚六推晴耕雨讀的家風

客家先民，從唐山以赤手空拳飄洋過海到臺灣，進入窮鄉僻壤墾殖荒地，為穩定家族命脈而吃苦耐勞。由於遷移過程中經過千辛萬苦，內憂外患，輾轉漂泊歷經艱困，所到之處地瘠民貧，飽受謀生的艱困，因而養成了「勤儉奮鬥、刻苦耐勞」之精神，並且以「一等人忠臣孝子，二件事耕讀傳家。」的諺語，來教導子孫們要認真讀書。客家人具有比較重視教育的族群特質，傳統的理想生活境界是「晴耕雨讀」、「孝友傳家」，客家人的傳統觀念，認為讀書才能識理、明志，才能有出息。客家諺語上也說：「養子毋讀書，像人畜條豬。」他們體認到因為家庭環境的困窘，使得自己無法就學的痛苦。並且認為一輩子的血汗，全部都要灌注在靠天吃飯的農地上，如果遇到天時不佳的蟲荒水旱，收成不好往往會影響全家的生計。因此一生辛勞的代價，都寄託在子孫的身上，即使再辛苦，也要咬緊牙關，鼓勵孩子要趁年輕，努力讀書，否則就像養一條豬一樣，只知飽食終日而無所事事，將來對國家社會毫無幫助。並且常常以諺語：「人爭一口氣，樹爭一層皮。」勉勵子女忍氣不如爭氣，就像樹爭脫一層皮一樣，才能夠昂首向上生長，所以人也要爭一口氣，力爭上游，認真讀書，以改善自己未來的命運，進而開創光明的未來。客家人是個遷徙的族群，由於長期生活在困苦的環境中，深知要改變現狀，最好的辦法就是讀書，求取功名以出人頭地。

（四）推廣客家傳統民俗的技藝

一莊一俗是客家人耳熟能詳的話語，所謂俗就是民俗，從先民遺留

下的文化資料，可以進一步了解各鄉鎮的風俗是什麼？臺灣客家民俗除了傳統的節慶外，更有獨特應景的節慶美食，例如、屏東韓愈文化祭文公粄的製作體驗，將紅豆餡包入粄皮，再壓入粄印後取出，文公粄就完成了，簡單的動作，連不曾做過的朋友都能簡單上手，主辦單位表示韓愈祭活動周邊「文公粄製作體驗」，讓大小朋友動手做。韓愈文化祭的文公粄，不但好吃，而且有金榜題名、步步高升的意涵。打嘴鼓比賽中，臺上表演的小學生，個子雖然不高，但膽量、氣勢卻很高，說著一口流利的客語，互相打嘴鼓，一來一往，相當逗趣！[31]敬字惜紙崇文教踩街活動，客家人敬重文明，重要的表徵就是「敬惜字紙」的舊習；在傳統客家人心目中，造字不易，文字是聖神的化身，因此寫有文字的紙張不能隨便丟棄，所以每逢初一、十五，都會有些老人自動到村中收集字紙，集中收到專門燒字紙的「聖蹟亭」或「惜字亭」中焚燒。在韓愈文化祭當中，大家都穿著藍衫參加盛會，現場洋溢著溫馨的客家風味。走訪昌黎祠，文化祭所舉辦的各項活動，見證了六堆人客家鄉親緬懷韓愈的德政，延續著客家崇文重教的傳統文化，令人敬佩。

五、結語

《大學》有句話說：「自天子以至於庶人，壹是皆以修身為本。」客家人受儒家思想的影響，強調倫理道德是修身養性為人處事的根本，「忠信孝悌」是中國傳統倫理道德的核心內容。在人倫關係上，客家人

---

31 屏東韓愈文化祭六堆客家文化傳承基石，2018－10－17。
https://www.hakkatv.org.tw/news-detail/1624274361883737

要求子孫敬祖睦宗、孝順父母、兄友弟恭；在社會上，客家人要求子孫忠誠信實、與人和睦相處、能謙和忍讓；在品德操守上，客家人要求子孫清廉自持、淡泊名利，不貪戀富貴，並且敬愛自然萬物，這就是「忠信孝悌」的表現。因為客家人長期的顛沛流離，使他們更加深刻的體會到家園的可愛、鄉土的芬芳。把儒家孔孟之道尊為聖賢之道，視三綱五常為為人處世的是非標準。在客家人的意識中最重「忠、孝、節、義」，把不忠、不孝、不仁和失節視為大逆不道。[32]客家人具有比較重視教育的族群特質，一般宗族譜牒均表現出強烈的崇儒文化，要求族人以儒家的處事原則為立身之道，強調宗族的教育要造就知書達禮、忠孝雙全的後代子孫。客家人傳統的理想生活境界是「晴耕雨讀」、「孝友傳家」，客家人的傳統觀念，認為讀書才能識理、明志，才能有出息，因此勉勵每位客家子孫都要身體力行之。

德國著名哲學家尼采（Nietzsche，1844－1900）說：「生活的意義，便是把人生中各種遭遇化為火光。」客家人與韓愈結善緣，關鍵的因素是韓愈諫迎佛骨觸犯憲宗，於元和十四年（819年）被貶為潮州刺史，在短暫的八個月時間，為潮州居民興利除弊，關心農桑，改善人民的生活，讓嶺南百姓與當地客家族群深為感念，其中「延師興學」影響當地最大，更是被後人所傳頌敬仰的功德。清初來自嶺南的客家先民在臺墾殖，將潮州人民對韓文公的信仰，牽引到六堆的內埔，而興建昌黎祠主祀韓愈，並做為民間書院，延師講學教育子弟，充分表現客家族群尊崇

32　南山：〈論客家文化意識〉，原載《客家民俗》1986 年第三、四期。

儒家道統重視文教的特性，更反映出客家人的的崇祖文化。客家文化是以「耕讀傳家」為核心主軸而發展，於是在性格上，客家人勤勞節儉、刻苦耐勞；在人倫關係上，客家人敬祖睦宗、長幼有序；在社會意識上，客家人團結、要求與人和睦相處、能忍讓；在品德操守上，要求人品氣節更勝於富貴，並且敬愛自然萬物。歲月悠悠，內埔昌黎祠興建至今已有 221 年的歷史，後代子孫應該要飲水思源，並常懷感恩的心，來發揚韓愈勤政愛民之德範。

徵引文獻

一、古籍部分（依《四庫全書》分類法）
1. 漢・鄭玄注、唐・孔穎達正義：《禮記正義》，臺北：藝文印書館，1998年。
2. 漢・鄭玄注、唐・賈公彥疏：《儀禮注疏》，臺北：藝文印書館，1998年。
3. 漢・許慎撰，徐鉉校定：《說文解字附檢字》，北京：中華書局，2004年。
4. 宋・朱熹：《四書章句集注》，臺北：鵝湖出版社，1998年。
5. 清・王先謙：《荀子集解》，臺北：世界書局，1991年。

二、現代專著（依姓氏筆劃排序）
1. 呂大防等撰：《韓文公廟碑》，北京，中華書局2006年。
2. 柯萬成編：《屏東內埔昌黎祠沿革志》，屏東：內埔昌黎祠管理委員會，2002年。
3. 黃得時：《臺灣的孔廟》，臺中縣：臺灣省政府，1981年。
4. 盧德嘉編：《鳳山縣采訪冊》，臺北：成文出版社，1983年
5. 劉正一編：《六堆天后宮沿革志》，屏東：內埔昌黎祠管理委員會，2005年。
6. 鍾桂蘭、古福祥纂修：《屏東縣志》，臺北：成文出版社，1983年。
7. 羅香林：《客家研究導論》，臺北市：南天書局，1992年7月臺灣一版。
8. 謝淑熙：《臺灣客家禮俗文化新探索》，臺北：萬卷樓圖書公司，2019年5月初版一刷。

三、期刊論文（依姓氏筆劃排序）
1. 南山：〈論客家文化意識〉，原載《客家民俗》1986年第三、四期。

2. 張德銳：〈文以載道的理學先驅韓愈傳略——兼論對教師專業的啟示〉，《臺灣教育評論月刊》，2022，11（5），頁 97－98。
3. 蔡文婷：〈臺灣民俗筆記〉，《光華畫報》2002 年 11 月，第 27 卷第 11 期，頁 80。
4. 黃旭賢、李勝雄：〈六堆客家祭典儀式之身體文化——以韓愈文化祭為例〉，2012 第五屆運動科學暨休閒遊憩管理學術研討會論文集，頁 23－24。
5. 吳應文、林松友、吳煬和、蔡明坤、王淑慧、陳麗娜：〈屏東昌黎祠韓愈祭文化活動之研究〉，美和科技大學九十九年度教師產學合作計畫結案報告書。2010 年 2 月－2010 年 11 月，頁 16。

四、學位論文（依年代排序）

1. 江淑美：《清代臺灣客家子弟教育研究（1684－1895）》。國立臺灣師範大學教育學系碩士論文，2002 年。
2. 邱春美：《六堆客家古典文學研究》，輔仁大學中國文學研究所博士論文，2005 年。
3. 陳佩君：《六堆屏東內埔昌黎祠及其客家文化之研究》，國立雲林科技大學漢學資料整理研究所碩士班碩士論文，2008 年，未出版，雲林縣。
4. 黃慧貞：《屏東客家人的祈福還願風俗研究》，國立屏東科技大學客家文化產業研究所碩士論文，2015 年。

五、網路資源

1. 紊：客（四縣）／文史作者：邱一帆。
   https://language.moe.gov.tw/readminke/閱讀閩客電子報 031 期（客）.pdf
2. 佾舞維基百科。https://zh.wikipedia.org/zh-tw/%E4%BD%BE%E8%88%9E
3. 張廖家廟〈客家文化、客家禮俗與儀典〉。

www.chang-liao.url.tw/100years_lista_05.html
4. 潘建志：韓愈文化祭版印金榜符受歡迎。2020年10月26日，屏東報導。https://tw.news.yahoo.com/
5. 屏縣韓愈文化祭金榜符限量放送。2011－09－27
   https://www.epochtimes.com/b5/11/9/27/n3385157.htm
6. 屏東韓愈文化祭六堆客家文化傳承基石。2018－10－17
   https://www.hakkatv.org.tw/news-detail/1624274361883737

第六章　臺灣三山國王廟客家信仰禮俗的文化意涵——以屏東九如三山國王廟為例 [1]

一、前言

《禮記‧祭統》說：「凡治人之道，莫急於禮；禮有五經，莫重於祭。」[2] 所謂五禮，是指吉禮、嘉禮、賓禮、軍禮、凶禮，涵蓋了政治制度、社會制度、社會習俗、宗教儀式，日常生活規範等層面。吉禮，為祭祀的禮儀，分為祭天神、祭地祇和祭人鬼三個方面。它是文化傳統的代表，內容苞蘊宏富，也是傳承中華文化道統的原動力。客家人數千年來，歷經朝代的更迭、自然環境的發展、社會結構的變遷，仍能堅守傳統的信仰禮俗，崇敬祖先聖賢，祭祀天地神明與列祖列宗，大家胼手胝足團結相親，滋養生息以繁衍子孫。《禮記‧大傳》也說：「親親故尊祖，尊祖故敬宗，敬宗故收族，收族故宗廟嚴，宗廟嚴故重社稷，重社稷故愛百姓。」[3] 說明祭祀禮儀之功能，在發揮人們仁民愛物的天性，由親愛親人，推而上之，及於尊重先祖，由尊重先祖擴而充之，至於尊敬宗族，繼而團結族人，推衍至社會國家，使得人人能安居樂業。

客家人以對天地祖先聖賢的祭祀來代替宗教，客家社會中眾多的神明，其中能夠為眾人所共同崇信的就是三山國王廟，三山國王是客家

---

1 本文初稿刊載於《世界客家雜誌》雙月刊第 50 期（臺北：世界客家雜誌有限公司，2025 年 3 月），頁 56。

2 漢‧鄭玄注、唐‧孔穎達疏：《禮記正義‧祭統》（臺北：藝文印書館，1998 年）卷 49，頁 830。

3 漢‧鄭玄注、唐‧孔穎達疏：《禮記正義‧大傳》卷 34，頁 622。

移民的守護神,供奉潮州揭陽縣的三座名山:獨山、明山、巾山,尊為三山國王,這種山嶽信仰是一種出於古代自然崇拜的遺風。[4]因為屢屢顯靈,護國庇民,唐、宋、元、明、清歷代朝廷送有賜封。凡有水旱疾疫災難求解者,無不應驗,地方奉為福神。與潮州、毗鄰的大埔、豐順、揭西等縣的客家,也普遍接受三山國王信仰。這個區域性的神靈,更為離鄉背井的客家遊子視為守護神。本論文以臺灣三山國王廟所蘊涵客家信仰禮俗的文化意涵為探析主軸,首先透過文獻史料的搜集、考證資料,概述臺灣三山國王廟沿革概況,其次探究臺灣屏東九如三山國王廟的源流、內容、特色及其意義,進而闡述三山國王廟信仰祀禮俗所蘊涵儒家文化的意涵,並期望藉著相關內容的研究與文獻探討,使年輕的一代能夠飲水思源,瞭解臺灣客家傳統信仰禮俗的教化意義。

二、臺灣地區三山國王廟沿革概況

三山國王廟是祭祀廣東省潮州巾山、明山、獨山的神明,三山所在之地是廣東潮汕地區,古稱「潮州府」地帶,或概稱之為「粵東」地區。這邊是客家人、閩南人(潮州人)交叉共存的區域,因此信仰與族群文化也就呈現共生相容的關係。客家住區多山區環境,對大自然的崇拜較普遍,「山神」崇拜自然是容易形成的一大祭祀圈。[5]茲敘述臺灣地區三山國王廟沿革概況,如下:

(一)依據《永樂大典》之記載

三山國王信仰的創製,一如其他神祇,有其造神的過程,這一類型

---

[4] 陳運棟著:《客家人》,(臺北:聯亞出版,1983年4月),頁379。
[5] 黃子堯:〈族群、歷史與文化變遷——臺灣客家三山國王信仰的探討與論述〉,(行政院客家委員會獎助客家學術研究計畫,2004年12月30日),頁6。

的研究,大多以詮釋學的進路來進行三山國王造神運動的相關典籍、文獻的論述,由於三山國王的史料,元代以前只留下唐初陳元光的〈祀潮州三山神題壁〉以及中唐元和年間韓愈的〈祭界石神文〉。〈祀潮州三山神題壁〉雖為最早提及「三山神」的文獻紀錄,但內容上實為敘事抒情的詩三首,〈祭界石神文〉則為韓愈任潮州刺史時之祭文,二文篇幅與內容短小,史料價值相當有限。因此目前學者討論造神的過程,皆以元代翰林國史院編修官劉希孟所撰〈潮州路明貺三山國王廟記〉為文本。[6]

這是第一篇有系統的闡述三山國王神信仰創生與演化的文獻記載。

(二)依據「霖田都三山國王顯靈史蹟」之記載

三山國王,原來是有三個山的山神,因為顯靈,有過了庇民獲國的功績,而被朝廷封為護國公王的。這三座山,一名為「巾山」,一名為「明山」,一名為「獨山」,簡稱為「巾明獨」三山,同是在廣東省潮州府揭陽縣霖田都一處地方,即今之揭陽縣屬河婆地方,河婆為霖田都內一個市鎮,以商業繁盛,人口集中,位於三山附近,故今人多通稱河婆即為國王發跡的所在。[7]

三山國王為粵東地方的守護神,所奉祀的神祇為巾山、明山、獨山,原是潮州府揭陽縣霖田都河婆墟(今廣東揭陽市揭陽縣河婆鎮)附近的三座山,經過神格化產生的自然崇拜,而成為粵東地方的守護神;崇拜三山國王的信徒是跨族群與方言界限的,至少有三種人崇拜三山國王:

---

6 姚廣孝、解縉等撰:《永樂大典》卷 5345,13 蕭,潮州府 3,文章(北京:中華書局,1986),頁 2479。
7 林秀芳:《民間信仰與文化資產之研究:以麟洛王爺奶奶回娘家活動為例》,(屏東教育大學文化創意產業學系碩士論文,2113 年),頁 23。

一是當地的少數民族,也就是一般人通稱的「畬族」;二是潮汕福佬語系的「福佬人」;三是「客家人」。在粵東當地甚至流傳一種看法,認為三山國王最早是畬族人的自然崇拜,再漸漸推廣給潮汕人,最後連客家人也接受這種山神崇拜信仰。[8]由此可知,三山國王廟的創建有悠久的歷史。

(三) 三山國王廟為客家移民臺灣的守護神

臺灣人的先祖,決定移墾臺灣,就要選擇作為移墾地守護神,對客家人而言,大部份都選擇三山國、觀音娘、媽祖婆等三神香火或神像帶來,或在家奉祀,或在臺灣的墾地建立寺廟奉祀,祈求賜予保佑,成為移民的精神支持力量。茲依據學者的研究,敘述如下:

三山國王:為客家移民的信仰神明,供奉潮州揭陽縣的三座名山－獨山、明山、巾山,尊為三山國王,這種山嶽信仰是一種出於古代自然崇拜的遺風。早期的客家先人冒險偷渡來臺,處在「瘴」、「癘」及各種熱帶傳染病盛行的窮山惡水間,能夠發揮他們大無畏的勇氣,衝冒瘴癘的侵襲,披荊斬棘,以啟山林,化鹿場為良田,因此先民們攜「三山國王」神像或香火來臺,祈求山神庇祐墾殖平安。[9]

明末清初年間,由於內陸人口的膨脹,以及戰亂的因素,臺灣客家先民輾轉遷徙到廣東中部以及沿海地區,有些更飄洋過海至臺灣北部的桃、竹、苗地區,以及南部的高雄、屏東一帶墾殖荒地。〈渡臺悲歌〉是客家先民流傳至今的文學代表作,歌詞寫道:「臺灣本係福建省,一

---

8 李國銘:〈三山國王與毆駱人〉,(《屏東文獻》第1期,2000年),頁3。
9 黃子堯:〈族群、歷史與文化變遷——臺灣客家三山國王信仰的探討與論述〉,頁14-15。

半漳州一半泉。一半廣東人居住,一半生番併熟番,生番住在山林內,專殺人頭帶入山。」臺灣原住民的出草馘首的兇殘惡習,因為「三山國王」是「山神」,「山神」定能夠制伏「山中之生番」的聯想之下,先民只有求助於能顯耀神威,保護黎民的三山國王為守護神了。

(四)臺灣目前有 224 座三山國王廟

據統計目前臺灣有 224 座三山國王廟,三山國王信仰的起源,眾說紛紜。有人認為三山國王的正統性,主要來自於韓愈的祭祀和宋代皇帝的加封。從宋代開始,韓愈在潮州地區已被塑造成為一個在邊遠蠻荒地區教化作育百姓的先驅。影響所及,大陸各地充滿韓江、韓山、韓木、韓祠、以及其他一系列充滿神話色彩的傳說,都被當地士大夫當作教化已開,漸成「海濱鄒魯」的文化證據。所以《韓昌黎集》中〈潮州祭神文〉五首之一的〈祭界石神文〉也就被呈獻到三山國王座下,這一聯繫使三山國王有了文化上的依據。[10]民間信仰傳統,增進客家族群之間的融合,更推動整個社區的發展。

時至今日(2004 年),臺灣三山國王廟可以統計如下:臺北縣 16、宜蘭縣 40、桃園縣 5、新竹縣 17、苗栗縣 4、臺中縣 14、彰化縣 34、南投縣 4、雲林縣 10、嘉義縣 13、臺南縣 1、高雄縣 11、屏東縣 32、臺東縣 1、花蓮縣 2、基隆市 1、臺中市 2、臺南市 1、臺北市 12、高雄市 4,合計 224 座三山國王廟,三山國王廟數目之多與奉祭範圍之普遍,幾乎涵蓋臺灣之三分之一鄉鎮地區,佔客家莊之大半,難怪被視為最具代表

---

10 湯天賜:〈關於客家人的信仰〉,許素娥訪談記錄與整理,(苗栗縣:公館鄉,2007 年 11 月 19 日)。

性的客家信仰。[11]根據客委會調查宜蘭客家人口數約 3 萬 5 千人,主要分布在冬山鄉,其中 200 多年歷史的蘭陽大興振安宮,更是全縣最大供奉三山國王的廟宇。臺灣全島主祀三山國王大廟共有兩百二十四座,其中有潮汕人參與始建的就有一百六十座,佔百分之七十,由此證明三山國王不是客家人的獨特信仰,為潮州府籍的鄉土神信仰,是當地潮汕人、客家人的共同信仰盛況,就能察知客家人移墾臺灣的大概情形。

三、屏東九如三山國王廟的源流與發展

「土地崇拜」的傳統,存在於世界上各個民族的文化體系中,其所呈顯的深層意義,即是一種「人與土地」的關係;或即「人與自然」的關係。[12]三山國王信仰在臺灣有一部分與原鄉的情況相同,與原鄉共享了某些信仰文化傳統,但更多的是在臺灣已經有在地化、土著化的現象,亦即臺灣的三山國王信仰除了承載來自粵東的大傳統之外,在移墾社會的歷史背景下,已經發展出深具區域特色的小傳統。本文以全臺歷史最悠久,也是保存最完整的屏東九如三山國王廟為研究的主軸,茲闡述其歷史源流與興建發展,如下:

(一)歷史源流

九如三山國王廟位於屏東縣九如鄉九明村仁愛街 174 號,為屏東平原重要的信仰中心。創建歷史可追溯至清朝初期,是當地粵籍文化信仰的代表。九如三山國王廟興建於清乾隆 43 年(1774 年),至今約

---

11 黃子堯:〈族群、歷史與文化變遷——臺灣客家三山國王信仰的探討與論述〉,行政院客家委員會獎助客家學術研究計畫(2004,12 月 30 日),頁 16-17。

12 張二文:《美濃土地伯公信仰之研究》,(臺南:臺南大學臺灣文化研究所碩士論文,2004 年)。

有二百多年歷史，為全臺歷史最悠久的三山國王廟，也是保存最完整的廟宇，目前已被核定為三級古蹟。九塊厝是河洛式的地名，鄰近的客家人依舊稱之為「九間屋」。

1.三山國王廟與屏東縣九如鄉的淵源

根據重修《臺灣省通志》的記載

> 據傳明朝晚年，北方被滿清占領，人心惶惶。清兵屠城第七日夜裡，霖田三山國王廟虔誠許姓信徒受夢暗示：「漢人災難，天意難違，你醒後，先帶三王金身渡海赴臺，安置何地，再行指示，不過行前，必須到霖田三山國王廟告明。」次日許先生醒後便找有意來臺拓荒的黃姓商人，五月抵臺灣屏東九塊厝，許、黃二人就聽到福王被清兵追殺的消息。許黃二人借空地，把三山國王金身安頓在茅草小屋內，定時燒香膜拜。計劃建廟談何容易，於是決定回大陸募款，因某些原因未再來臺灣。清乾隆三十九年（1774）本部落眾信徒集資購買三山國王廟地擴建後殿，並立石碑界為記，興建廟宇歷四年至乾隆戊戌年葭日完竣，橫扁為記，即乾隆四十三年（1777）十二月，可見民眾敬神之誠，令人敬佩。自嘉慶元年（1796）夏日，由監生賴安伸等五十九人集資購買田園作為廟產。清嘉慶十二年（1807）因水患而重建於武洛溪北岸，清朝同治五年，第一次重修廟宇，至民國七十一年（1982）三月多次維修整建，期間幸蒙庄民傾囊捐獻，雖曾遭諸多困境，仍能得到熱心人士再接再厲興建，完竣巍峨堂皇之廟宇。[13]

---

13 瞿海源編：《重修臺灣省通志卷三住民志‧宗教篇》，（南投市：省文獻會，1992

有句俗諺說:「有三山國王廟的地方,必定有客家人;沒有三山國王廟的地方,未必是沒有客家人。」屏東縣九如鄉(舊名:九塊厝)的「三山國王廟」,廟裡最老的匾額及碑文是乾隆三十九年(1774年),另有一個嘉慶丁卯年的香爐,本廟主祀三王,香火十分興旺。獨尊單一神明,這種現象在其他三山國王廟宇十分常見,先民在各地墾拓的歷史,自有明顯的例證來展現對信仰的虔誠。過去,三山國王主要是客家人所奉祀,但現今福佬人也奉祀,這也是族群文化交融的例證。

2.九如鄉九塊厝的三山國王廟

屏東縣九如鄉九塊厝的三山國王廟嘉慶元年(1796)三山國王廟發生大水,大水沖壞了九塊厝的三山國王廟,還同時沖壞了九塊庄,於是九塊厝的居民攜帶了三山國王廟的金身,橫渡武洛溪,逃到武洛溪的北岸,嘉慶十二年(1807)重起爐灶,地名依舊取名為九塊厝。[14]

九如三山國王廟建廟沿革,概述如下[15]:

於清乾隆43年(1777年)建廟完竣
清嘉慶十二年(1807年)因水患而重建於武洛溪北岸
第一次重修為清同治五年(1867年)

年),頁1322。
14 簡炯仁:《屏東平原的開發與族群關係》,(屏東,屏東縣立文化中心,1997年),頁156-157。
15 黃輝陽:屏東縣九如鄉三山國王廟調查研究規劃2003年,頁3-9。九塊厝三山國王廟管理委員會(2002年):《三山國王聖蹟史錄》,頁12-15。九塊厝三山國王廟(1986年):《三山國王聖蹟史錄》,頁12。

第二次重修為昭和四年（1929 年）

第三次重修為民國七十一年（1982 年）

第四次重修為民國七十三年（1984 年）

第五次重修為民國一百零二年（2013 年）

綜合上述，可知康熙中期，來自大陸的漢移民日益增多，而當時的移民習慣，是將原來在家中奉祀的神像或香灰，一同攜帶來臺，一來撫慰思鄉之情，成為海外開墾的精神支柱；二來藉由神明的保佑，克服渡海路途險惡不明的心理畏懼。[16]

九如鄉九塊厝的三山國王廟的興建歷史，經過水患的沖毀，當地居民同心協力，排除萬難，重新建造，又經過五次的重修與整建，才有今日巍峨的三山國王廟，香火鼎盛，供後人的祭拜，令人油然而生創業維艱的感慨，後代子孫一定要飲水思源，讓先民的信仰文化能夠源遠流長。

（二）建築格式

廟裡最老的匾額及碑文是乾隆三十九年（1774 年），另有一個嘉慶丁卯年的香爐，本廟主祀三王，香火十分興旺。獨尊單一神明這種現象在其他三山國王廟宇十分常見，先民在各地墾拓的歷史自有明顯的例證來展現對信仰的虔誠。其次，來自於粵東客家原鄉的三山國王信仰，最初是一種自然崇拜，但後來的傳說卻予以人格化，深入客家地區的故事也有具有當地族群的印記，讓人深深感念。[17]根據《鳳山縣采訪冊》記載：

---

16 林秀芳：《民間信仰與文化資產之研究：以麟洛王爺奶奶回娘家活動為例》，頁 27。
17 黃子堯：〈族群、歷史與文化變遷——臺灣客家三山國王信仰的探討與論述〉，行政院客家委員會獎助客家學術研究計畫，2004 年 12 月 30 日，頁 59–60。

三山國王，一在九塊厝莊，縣東北三十里，屋十一間，乾隆四十三年陳慶祥募建。立面飾材或屋面整修、屋脊、牆體木構架仍保留日治時期重建之原貌，為全臺歷史最悠久之三山國王廟。[18]

九如三山國王廟牌樓面上橫楣之木雕裝飾主要取自於《三國演義》、《薛丁山征西》、《四遊記》、《說唐演義》等，裝飾題材豐富，為日治時期廟宇重要的裝飾題材，同時也代表當時民間工匠慣用的裝飾題材。[19]根據文獻資料記載：

> 全臺「三山國王廟」中以九塊厝「三山國王廟」神明（王爺公）歷史最悠久，且擁有「十三庄」結盟的廟宇地位。三山國王廟建築格式以閩南官式，建造風格獨特，文化藝術及裝飾，廟宇的平面空間，除了廣闊廟埕採三進、二內埕、二過水、二廂房、二房廟亭獨特配置格局。三山國王廟正殿主祀神三山國王，後設觀音殿奉祀觀音菩薩、神農氏，觀音殿左側奉祀註生娘娘，右側是王爺奶奶，後殿兩側廂房供奉文昌帝君魁星以及開基建廟歷屆貢獻信眾神位。[20]

九如鄉九塊厝三山國王廟左右護龍於日昭和 2 年（1927 年）重修時增建之，以閩南瓦與白灰壁為主，左右護龍與古蹟本體的山川殿、拜亭、正殿、後殿在建構上息息相關，因此於民國 101 年（2012 年）登

---

18 《鳳山縣采訪冊》：中國哲學學電子書計劃
https://ctext.org/wiki.pl?if=gb&chapter=459348。頁 457。
19 蔡佳純：〈屏東縣九如三山國王廟木雕裝飾題材研究〉，（屏東：屏東科技大學農村規劃系碩士論文，2005 年）。
20 九如三山國王廟，臺灣宗教文化資產。
https://taiwangods.moi.gov.tw/html/cultural/3_0011.aspx?i=141

錄為歷史建築,讓九如三山國王廟的整體空間風貌更為完整。[21]主祀三山國王原為廣東東部興盛的民間信仰,以明山、獨山、巾山(巾山又稱中山、福山)等三山之山神為神祇。正殿的木雕裝飾為廟宇藝術之精華所在。九如三山國王廟除了是九如的信仰中心,更是見證歷史的重要文化資產,深具歷史意義。

(三) 慶典活動

三山國王廟中的大王爺於清朝嘉慶 24 年(1819 年)與麟洛鄉一位姑娘徐秀桃(王爺奶)「人神聯姻」的傳奇,每年農曆元月十六日王爺奶奶都要回娘家,三山國王廟每年宗教盛事「王爺奶奶回娘家」為全臺三山國王廟所獨有,極富有歷史意義及文化價值,這項民俗文化活動已深入鄉間永續舉行。

根據三山國王廟「三山國王廟聖蹟史錄」資料記載:

> 清嘉慶二十四年(1819),三山國王出巡治麟洛溪橋上,適有徐秀桃與客家婦女在溪邊洗服……見一位身著黃袍又騎白馬……徐曰「若配得上郎君,我願足矣」,……不久,有個木盒從上游漂至徐女面前,徐女頗覺有異,及拾而視之,木盒內置有訂聘之物。就取其中戒指試掛……嗣後漸漸不思茶飯,全身枯瘦,不久成神……時在清朝嘉慶年間,緣此九塊厝與麟洛鄉締結琴晉之盟,兩鄉信徒認知至深,每逢王爺千秋或有麟洛鄉的神明誕辰,兩方互相慶祝,沿襲至今,且本廟每逢王爺奶神誕,農曆一月十六日舉行王爺奶繞境巡視男孫,又稱鬧花燈,是隆重的慶祝大典。[22]

---

21 同上註。
22 林秀芳:《民間信仰與文化資產之研究:以麟洛王爺奶奶回娘家活動為例》,頁 43。

屏東九如鄉的三山國王廟，有一項承襲上百年的傳統習俗「王爺奶奶回娘家」，每年「王爺奶奶回娘家」的活動，約從元月三十一日開始，由九如的三山國王廟出發，經過屏東到麟洛，最後在二月五日返回九如，氣派的神轎、熱鬧的宋江陣、金獅班等，熱鬧的排場沿途可見。藉著這個一連六天的繞境活動，居民信徒除了祈求平安順利外，也趁機宣揚這個全臺獨一無二的習俗典故，吸引全臺民眾共襄盛舉。這是臺灣三山國王信仰發揚的另一大場面。[23]以歷史的視角來看，客家信仰的形成、變遷是有歷史因素的，這裡面代表著文化演變的因素，當一些自然因素、社會因素的介入，使得信仰觀念要入境隨俗，就要跟隨時間做調整。[24]此傳說名為「王爺奶奶回娘家」：

> 九塊厝（福佬聚落）與麟洛（客家聚落）竟能維持密切的關係，簡炯仁認為這是因為「王爺奶」的祀奉，使九塊厝與麟洛結下親家的關係。根據這個「王爺奶」的傳說故事，至今九如鄉（即九塊厝地區）有承襲上百年傳統的「王爺奶奶回娘家」的遶境活動。[25]

學者認為這種習俗是兩地客家人聯盟的方式，導致同處在隘寮溪流域上下游的不是客語聚落，亦會參與到該廟的拜祭活動，如同治五年（1866年）該廟重修時，便還有前堆麟洛庄，右堆大路關、東振新、下武洛等客家聚落共同參與，後來六堆諸多清後期建立的三山國王廟，

---

[23] 黃子堯：〈族群、歷史與文化變遷——臺灣客家三山國王信仰的探討與論述〉，行政院客家委員會獎助客家學術研究計畫，2004年12月30日，頁59－60。
[24] 黃子堯：〈族群、歷史與文化變遷——臺灣客家三山國王信仰的探討與論述〉，頁59－60。
[25] 簡炯仁：〈由九如三山國王廟兩塊失而復得的石碑論屏東縣九如鄉九如聚落的開發〉，頁120－122；黃子堯：《臺灣客家與三山國王信仰》，頁137－138；邱彥貴：〈王爺奶，轉妹家〉，《客家文化季刊》第6期（2003年12月），頁20－22。

包括佳冬、新埤、內埔、萬巒、高樹等地,都有廟宇號稱由此分香,顯示出其統合策略成功。過去麟洛與九如間有河川橫隔,麟洛人搭竹筏時如遇到九如人經營之渡口,只要表明是麟洛人即可免費搭乘。還有一句用來表示兩地感情的諺語:「麟洛母舅,九如親家。」閩南人移入九如後拜三山國王,並將相關習俗延續。[26]可見麟洛與九如居民的親密程度。

綜合上述,可知九如三山國王廟創建歷史可追溯至清朝初期,是當地粵籍文化信仰的代表,也是屏東平原重要之信仰中心。民間的通神儀式,連結了人神之間的心靈交流與溝通,臺灣人的民間信仰,包含神聖與世俗交替的特性,宗教的力量就是要信徒有所依歸,信徒如果感應到神明的保佑或靈驗的神蹟,會使村民視其為神蹟。[27]每年過年前,九如鄉三山國王廟的大王爺夫人會回到麟洛鄉的老家暫住幾日,並且繞境保佑合境平安的祭典儀式,稱作「九如王爺奶轉後頭」,是九如、麟洛的當地特色節慶活動。從三山國王的迎神、打醮、遶境、祭品、祭文等自然崇拜遺風的祭儀,可以觀察臺灣宗教節慶的禮教習俗、風土民情與狂歡精神。[28]每年農曆一月十六日定期舉辦「王爺奶奶回娘家」活動亦為全臺獨具地方特色之民俗祭典,它見證了九如的開發,更是鄉民的精神寄託。發展至今,以屏東九如三山國王廟夫人崇拜最是隆重。

---

26 九如三山國王廟介紹臺灣民俗宗教推廣。
https://www.17baibai.com.tw/temple/index/793
27 林秀芳:《民間信仰與文化資產之研究:以麟洛王爺奶奶回娘家活動為例》,屏東教育大學文化創意產業學系碩士論文 2013 年,頁 51。
28 趙世瑜:《狂歡與日常:明清以來的廟會與民間社會》(北京:三聯書店出版社,2002)。

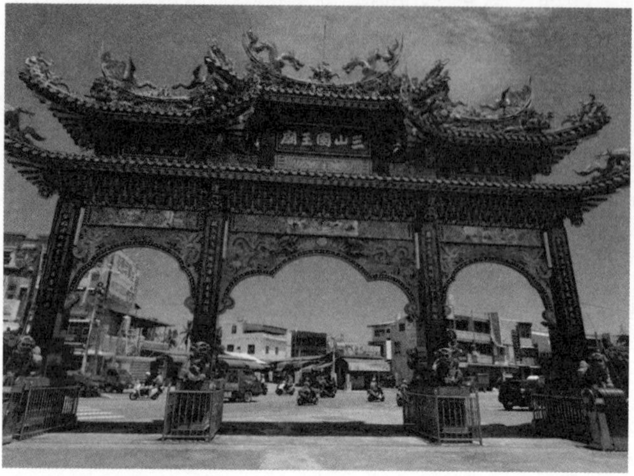
三山國王廟

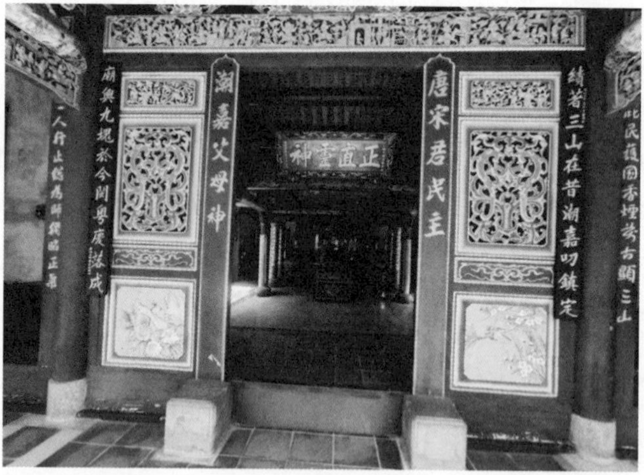
正直靈神
唐宋君民主
潮嘉父母神
續著三山在昔潮嘉叨鎮定

以上三張照片由屏東高工戴貴立老師拍攝提供。

四、屏東九如三山國王廟信仰禮俗的文化意涵

　　三山國王信仰是地域性相當鮮明的一種信仰，民俗事象的產生與發展都不會是孤立存在，任何一座三山國王廟，都有關於該廟的歷史、傳說、典故等，這些故事都承載著臺灣本地獨特的歷史淵源，透過對歷史民俗文化事象與地域社會的研究，臺灣客家民間宗教的圖像愈見清晰，這應當是三山國王信仰研究最大的啟示。[29]茲敘述屏東九如三山國王廟信仰禮俗的文化意涵，如下：

（一）傳承儒家傳統文化

　　客家鄉親原本居住在大陸中原一帶，至明末清初年間，由於內陸人

---

29 杜立偉：〈臺灣三山國王信仰研究述評〉，《臺灣文獻》第五十九卷第三期，頁163。

口的膨漲,以及戰亂的因素,輾轉遷徙到廣東中部以及沿海地區,有些更飄洋過海至臺灣北部的桃、竹、苗地區,以及南部的高雄、屏東一帶墾殖荒地。臺灣客家人的信仰禮俗表現在許多不同的生活面向上,如祖先崇拜、神靈信仰、歲時祭儀、生命禮俗等。這些信仰行為,正反映了民眾敬天、崇祖、感恩、福報的內心祈願以及對於現世生活的期望。祭拜三山國王,目的是教人通過修心重德達到生命層次的昇華。《周易・賁卦・象傳》說:「聖人觀乎天文,以察時變,觀乎人文,以化成天下。」[30]《周易》的這番話,說明觀察天文的動向,可以察知時序的變化,體察人類的文明,可以推行人倫教化。在中華傳統文化中,國君祭祀自己的祖先(太廟)和天地(社稷壇),祈禱風調雨順。上行下效具有教化功能。每逢年節,民眾都會去祭拜三山國王,表達對神明的感恩之情。可見儒家所推動的禮俗教育,教育之對象為個人,教化之對象則為全國人民;教育以培育才德兼備的個人為宗旨,教化則以化行俗美、社會清明為目標,從個人的誠意、正心、修身做起,到教化全國人民,達到善群而致天下太平為終止,可見儒家積善成德的道德觀,意義極為深遠。也就是荀子所說的:「積善成德,而神明自得,聖心備焉」[31](《荀子・勸學篇》)強調人們可以經由修身養性和積累善行,自然就會達到像聖人一樣崇高的道德境界。

---

30 魏・王弼、晉・韓康伯注、唐・孔穎達正義:《周易・賁卦・象傳》(臺北:藝文印書館,1998 年)卷 3,頁 62。
31 清・王先謙:《荀子集解・禮論》,(臺北:藝文印書館,1946 年),頁 113。

(二) 落實社會教化責任

　　三山國王廟中的大王爺於清朝嘉慶 24 年（1819 年）與麟洛鄉一位姑娘徐秀桃（王爺奶）「人神聯姻」的傳奇，每年農曆元月十六日王爺奶奶都要回娘家，三山國王廟每年宗教盛事「王爺奶奶回娘家」為全臺三山國王廟所獨有，極富有歷史意義及文化價值，這項民俗文化活動已深入鄉間永續舉行。孔子說：「安上治民，莫善於禮。」[32]（《禮記・經解》），可見禮與人生的關係密切不可，更是人們安身立命的圭臬。古禮原於風俗民情，最可考見當時社會現狀，追溯我國的禮制，是起源於對天地神明與祖先崇敬的祭拜儀式。《禮記・祭統》也說：「凡治人之道，莫急於禮；禮有五經，莫重於祭。」[33]強調祭禮的重要。數千年來，歷經朝代的更迭、社會結構的變遷，客家傳統的信仰禮俗，無論是禮儀形式與行禮內容，多遵循傳統禮制，不僅具有教孝感恩、報本反始的意涵，也是傳承儒家文化道統的原動力。我們追思祖先，不僅見到臺灣傳統客家祭典文化「宗廟之美，百官之富」的堂奧，更了解到傳統信仰禮俗與先民的生活經驗相輔相成，具有發皇歷史，綿延民族命脈的功能。客家人以對天地、祖先、聖賢的祭祀來代替宗教，完成人生尋求精神寄託的偉大使命，這在世界文化史上，是一個獨特的創制。由此可見，客家傳統信仰祀禮俗所蘊涵儒家文化的意涵，並富有濃厚的教化意義。

(三) 凝聚族群和諧力量

　　客家祖先──「唐山過臺灣」的艱辛過程，不但塑造了臺灣客家人

---

[32] 漢・鄭玄注、唐・孔穎達：《十三經注疏・禮記正義・疏》，頁 846。
[33] 漢・鄭玄注、唐・孔穎達疏：《禮記正義・祭統》卷 49，頁 830。

的內聚力,也開啟了臺灣客家的新視野:面對臺灣多樣化的自然山川與多元、險惡的族群處境,必須更加落實因地制宜的「移民本色」,因而得以全然不同於中國原鄉的方式,打造了風貌殊異的客家新故鄉。臺灣客家先民因地制宜之生存智慧,漸漸發展出來臺先祖未曾想像的客家新風貌。在臺灣南部的研究還發現「王爺奶」維繫著閩客聚落的和諧與安定的例子。道光十二年張丙之亂,六堆的李受藉機騷擾下淡水溪東岸的福佬聚落,屏東平原閩客關係急速惡化,但九塊厝(福佬聚落)與麟洛(客家聚落)竟能維持密切的關係,這是因為「王爺奶」的祀奉,使九塊厝與麟洛結下親家的關係。根據這個「王爺奶」的傳說故事,至今九如鄉(即九塊厝地區)有承襲上百年傳統的「王爺奶奶回娘家」的遶境活動。[34]可見臺灣客家先民特別重視從祖籍傳過來的神靈,除了保平安之外,是皆有追遠報本之意,而不敢忘其先德也。[35]宗教信仰在文化上,是重要的的指標,早期的先民對於宗教信仰相當虔誠,日子很苦不好過,飄洋過海的來到臺灣,在未開墾的土地上奮鬥,只求和子孫親人過著無災無難安穩的日子,因此宗教信仰就成為撫慰心靈的寄託,是迎向未來的希望,更是凝聚族群和諧力量的原動力。

(四)促進鄉里產業發展

屏東九如鄉「王爺奶奶回娘家」遶境進香活動具有推動本土社會文化發展、展現文化歷史軌跡、帶動地方經濟產業起飛的功能。隨著社會

---

[34] 簡炯仁:〈由九如三山國王廟兩塊失而復得的石碑論屏東縣九如鄉九如聚落的開發〉,頁 120-122。
[35] 連橫:《臺灣通史》〈宗教志〉,卷22。

型態的轉變,可發現傳統的宗教活動,已由傳統的科儀與民俗陣頭中,融入了現代的生活風貌,在文化本體精神延續的基礎下,藉由世俗化與生活化的象徵行為,表達遶境進香此龐大文化資產的意涵。[36]在九如鄉或麟洛鄉,王爺奶奶成為村莊孩童的守護神,無論在麟洛鄉「王爺奶奶回娘家」供居民膜拜,或遶境賜平安,或在九如鄉「王爺奶奶誕辰」的巡男丁活動中,王爺奶奶就像守護孩童的意識指標般,兩百多年來鄉里藉著活動拉近彼此間的情感,且歷經時間的考驗,仍保留至今,其蘊含的文化背景或產業效益實不容忽視。[37]九如三山國王廟興建於清乾隆39年(1774年),至今約有二百多年歷史,為全臺歷史最悠久的三山國王廟,每年農曆一月十六日定期舉辦「王爺奶奶回娘家」活動亦為全臺獨具地方特色之民俗祭典,早期由客家人奉祀,如今成為福佬人的信仰所在,是九塊厝社區地緣關係最重要的標誌和象徵,它見證了九如的開發,更是鄉民的精神寄託。

五、結語

客家人承繼儒家的人文傳統,在長期遷徙中,把中原漢族的宗法觀念,宗族傳統帶到他們的顛沛生活中。「三山國王」是客家族群的主要信仰神祇,原為廣東潮州、惠州、和梅州的鄉土神,後來被視為客家人的守護神,客家子民的心靈寄託。臺灣人的先祖,決定移墾臺灣,就要選擇作為移墾地守護神。從三山國王的迎神、打醮、遶境、祭品、祭文

---

36 黃俊嘉:〈文化慶典之文化涵構與商品鏈互動關係研究——以大甲媽祖遶境進香活動為例〉,朝陽科技大學建築及都市設計研究所碩士論文2005年,頁101。
37 林秀芳:《民間信仰與文化資產之研究:以麟洛王爺奶奶回娘家活動為例》,頁37。

等自然崇拜遺風的祭儀,觀察臺灣宗教節慶的禮教習俗、風土民情與狂歡精神。[38]宗教信仰的目的,是真、善、美,勸人為善和從善,增進世界的美好,大家都是為了更好的生活與環境前來,帶著虔誠的心邁向更好的未來,在大前提之下,是無分族群一起努力的,這也消彌了萬事的衝突。《周易‧坤卦‧文言》說:「積善之家,必有餘慶;積不善之家,必有餘殃。」[39]表明不管人們行善或是作惡,其吉凶禍福均是自己日積月累的行為所鑄成,這是儒家「積善成德」的觀點。如果人人行事都能誠信正直,抬頭無愧於天,低頭無愧於人,那整個世間就充滿了溫馨和諧了。

本研究結合歷史學和傳統禮儀的研究方法,透過文獻史料的搜集、考證資料,來探究屏東九如三山國王廟信仰禮俗的各種風貌,進而闡述客家人傳統信仰禮俗所蘊涵儒家文化的意涵。禮俗文化是人類在歷史的過程中發展出來的,是歷史經驗的沉澱與留存。客家文化是移民文化,不斷面臨新的挑戰,在新舊文化的兼容並蓄下,展現出客家人「崇本報先,啟裕後昆」的文化觀。[40]中華傳統信仰禮俗文化極重祭祀,祭祀最初源於人們對於天地的敬畏、感恩和誠敬。祭天地、祭神明、祭祖是天地陰陽二氣交互感應的表徵,感念天地的化育,感謝神明的庇佑,使得風調雨順,物阜民豐;感恩先祖篳路藍縷開創家業的德澤,彰顯了人神

---

38 趙世瑜:《狂歡與日常:明清以來的廟會與民間社會》(北京:三聯書店出版社,2002年)。
39 魏‧王弼、晉‧韓康伯注‧唐‧孔穎達正義:《周易‧坤卦‧文言》卷1,頁20。
40 廖開順著:〈論河洛文化的根性精神及客家文化的根性精神〉,(收錄於《歷史月刊》第244期,2008年5月),頁55。

與人倫的關係,這些儀式也是禮俗文化的開端。盱衡臺灣的社會現況,客家文化隨著族群遷移而傳播,在臺灣地區落地生根,尤其在喪祭禮儀方面,幾百年來仍舊保有中原古風。[41]先民們在這塊土地上披荊斬棘所流的血汗,灌溉了臺灣的沃野,潤澤了臺灣純樸的鄉土文化。因此大家應該以感懷感恩的心,感謝祖先的庇佑,讓我們能享受如此多的福澤。人人要知福、惜福,讓客家人傳統的信仰禮俗文化,能夠永續發展,綿延至千年萬代。

---

41 葉國杏:《客家喪祭三獻禮及其教育意涵之研究》(臺北:國立臺灣師範大學教育研究所碩士論文,2004年8月)。

徵引文獻

一、古籍部分（依《四庫全書》分類法）

1. 魏・王弼、晉・韓康伯注、唐・孔穎達正義：《周易正義》，臺北：藝文印書館，1998年。
2. 漢・鄭玄注、唐・孔穎達正義：《禮記正義》，臺北：藝文印書館，1998年。
3. 宋・朱熹：《四書章句集注》，臺北：鵝湖出版社，1998年。
4. 明・姚廣孝、解縉等撰：《永樂大典》，北京：中華書局，1986年。
5. 清・王先謙撰：《荀子集解》，臺北：藝文印書館，1993年。
6. 清・陳文達：《臺灣縣志》，臺灣文獻叢刊第103種，臺北：臺灣銀行經濟研究室，1961年。

二、現代專著（依姓氏筆劃排序）

1. 林國平：《閩臺民間信仰源流》，福建師範大學文學院百年學術論叢第七輯第三冊，臺北：萬卷樓圖書公司，2022年。
2. 陳運棟：《客家人》，臺北：聯亞出版，1983年4月。
3. 連橫：《臺灣通史》，臺北：眾文圖書公司，1978年。
4. 趙世瑜：《狂歡與日常：明清以來的廟會與民間社會》，北京：三聯書店出版社，2002年。
5. 瞿海源：《重修臺灣省通志》，南投市：省文獻會，1992年。
6. 劉還月：《臺灣的客家族群與信仰》，臺北：常民文化出版，1999年。
7. 謝淑熙：《臺灣客家禮俗文化新探索》，臺北：萬卷樓圖書公司，2019年。

三、期刊論文（依姓氏筆劃排序）

1. 李國銘：〈三山國王與甌駱人〉，《屏東文獻》第1期，2000年，頁3。
2. 杜立偉：〈臺灣三山國王信仰研究述評〉，《臺灣文獻》第五十九卷第三期，頁163。
3. 湯天賜：〈關於客家人的信仰〉，許素娥訪談記錄與整理，苗栗縣：公館鄉，2007年11月19日。
4. 簡炯仁：〈由九如三山國王廟兩塊失而復得的石碑論屏東縣九如鄉九如聚落的開發〉，頁120－122。
5. 黃子堯：〈族群、歷史與文化變遷——臺灣客家三山國王信仰的探討與論述〉，行政院客家委員會獎助客家學術研究計畫，2004年12月30日，頁59－60。
6. 黃輝陽：〈屏東縣九如鄉三山國王廟調查研究規劃〉，2003年，頁3－9。
7. 黃輝陽：〈九塊厝三山國王廟管理委員會《三山國王聖蹟史錄》〉，2002年，頁12－15。
8. 黃輝陽：〈九塊厝三山國王廟《三山國王聖蹟史錄》〉，1986年，頁12。
9. 廖開順：〈論河洛文化的根性精神及客家文化的根性精神〉，收錄於《歷史月刊》第244期，2008年5月，頁55。

四、學位論文（依年代排序）

1. 葉國杏：《客家喪祭三獻禮及其教育意涵之研究》，臺北：國立臺灣師範大學教育研究所碩士論文，2004年。
2. 張二文：《美濃土地伯公信仰之研究》，臺南：臺南大學臺灣文化研究所碩士論文，2004年。
3. 黃俊嘉：《文化慶典之文化涵構與商品鏈互動關係研究——以大甲媽祖

遶境進香活動為例》,臺中:朝陽科技大學建築及都市設計研究所碩士論文,2005 年。
4.蔡佳純:《屏東縣九如三山國王廟木雕裝飾題材研究》,屏東:屏東科技大學農村規劃系碩士論文,2005 年。
5.林秀芳:《民間信仰與文化資產之研究:以麟洛王爺奶奶回娘家活動為例》,屏東:屏東教育大學文化創意產業學系碩士論文 2013 年。

五、網路資源

1.九如三山國王廟介紹,臺灣民俗宗教推廣
   https://www.17baibai.com.tw/temple/index/793
2.九如三山國王廟,臺灣宗教文化資產
   https://taiwangods.moi.gov.tw/html/cultural/3_0011.aspx?i=14

第二編、禮俗文化

第七章　從《周易・節卦》探析客家人勤儉持家的文化意涵 [1]

一、前言

《周易》為群經之首，萬法之源，在中國學術思想史上有極重要的地位。《周易・繫辭上傳》云：「子曰：聖人立象以盡意，設卦以盡情偽，繫辭焉以盡其言，變而通之以盡利，鼓之舞之以盡神。」[2]此節引孔子（BC551－479）語，說明聖人設立卦象、爻象，以表達其心意與構思，使人因其象而會其意。《周易》以自然現象的變化，「推天道以明人事」，提出了可以規勸警戒世人的行為準則，並逐漸形成對中國文化影響深遠的易學傳統。《周易》六十四卦是在講天道、人事相會通的道理。《周易・節卦》是《易經》六十四卦的第六十卦，水澤節（節卦）萬物有節。這個卦象是異卦（下兌上坎）相疊。兌為澤，坎為水。澤有水而流有限，多必溢於澤外。因此要有節度，故稱節。《節》卦是談節制自己行動的卦。此卦有些從上卦《渙》卦而來的意思。任何事物皆有一個有盛有衰的過程，也有一個有行有止的過程，在一定的時候必須適當節制一下自己的行動，這將會是極有益處的，此卦就是從各方面來。可見《周易》包羅萬象，是中華智慧的源泉，先秦諸子的思想也多受《周易》的啟發和影響。

---

1 本文初稿刊載於《世界客家雜誌》雙月刊第 42 期（臺北：世界客家雜誌有限公司，2023 年 11 月），頁 54。
2 魏・王弼、晉・韓康伯注、唐・孔穎達正義：《周易正義・繫辭上》卷 7，頁 158。

客家人是中華民族中重要的支系,近一千年來五次大遷徙[3],從中原向外播徙,到如今已繁衍發展到一億二千多萬人口,分佈在海內外各國和地區。客家人不論走到那裏,都承續中華民族的優秀文化和傳統美德,為中華民族的發展,為居住地的振興做出了重大貢獻。客家人因自身的顛沛流離,在時時為客、處處為客的窘境中,痛切地體驗到故土的可貴,因而與漢民族其他民系相比,愛國愛鄉情懷顯得特別強烈。「逢山必有客」客家族群因山居食材取得不易與惜福的生活觀,對得來不易的食物,也格外珍惜,因此客家人對食材的美味,注重易保存,且能夠與其他食材搭配,反映出客家人節儉的本質。本論文以探析臺灣地區客家人勤儉持家的生活習性為主軸,略述《周易‧節卦》的內容意涵,《周易》節卦的核心思想是講節度的,主要表現在修身齊家、為政治國等層面;同時節卦也包含節儉的思想,這主要是財用等日常生活層面。天地有節度才能常新,國家有節度才能安穩,個人有節度才能完美。進而闡釋當今臺灣客家人勤儉持家的文化意涵,強調「節儉」從個人之修身養性、為人處世、進德修業,進而家庭倫理之規範,擴及安邦定國之指南。

二、《周易‧節卦》旨意述略

　　《周易‧說卦傳》云:「昔者聖人之作《易》也,將以順性命之理。是以立天之道,曰陰與陽;立地之道,曰柔與剛;立人之道,曰仁與義。」[4]此處明確指出聖人創作《周易》的時候,是要用它來順合萬物的性質和自然命運的變化規律。節卦是《易經》六十四卦的第六十卦。《周易‧

---

[3] 羅香林:《客家研究導論》第二章〈客家研究導論〉「客家運動五期說」,(臺北:南天書局,1992年),頁45–62。
[4] 引自魏‧王弼、晉‧韓康伯注、唐‧孔穎達正義:《周易正義‧說卦》卷9,頁182。

雜卦傳》:「節,止也。」[5]《易經》的節主要取節止、節制、制約之義。孔穎達引《象傳》:「節以制度」及《雜卦》:「節者制度之名。節,止之義,制事有節,其道乃亨。」朱熹:「節,有限而止也,為卦下兌上坎,澤上有水,其容有限,故為節,節固自有亨道矣。」[6]強調天地有節度才能常新,國家有節度才能安穩,個人有節度才能完美。茲略述《周易·節卦》的內容旨意如下:

(一) 居中守正

《周易·節卦》:「彖曰:說以行險。當位以節。中正以通。」[7]

上述引文,指出一個人立身行事,以愉悅的身心,立足在恰當的位置上,以適當的節制約束自我,因為是中正平和無所偏倚,所以左右逢源能夠處事順遂。《節卦》上卦是代表水的坎卦、下卦是代表澤的兌卦,所以通稱為「水澤節」。《周易·象傳》云:「澤上有水,節。君子以制數度,議德行。」「安節『之亨』,呈上道也。『甘節』之吉,居位中也。『苦節貞凶』,其道窮也。」[8]這是說,澤上有水,《節卦》之象,君子效此,當創建制度,斟酌德行之準則。一國之君有感於此卦的旨意,因此制定規章制度,詳細考評候選人的道德品行,選賢與能,為國舉才。

(二) 謹言慎行

《周易·節卦》:「象曰:澤上有水。節。君子以制度數。議德

---
5 引自魏·王弼、晉·韓康伯注、唐·孔穎達正義:《周易正義·雜卦》卷9,頁189。
6 引自魏·王弼、晉·韓康伯注、唐·孔穎達正義:《周易正義·節卦》卷6,頁132。
7 引自魏·王弼、晉·韓康伯注、唐·孔穎達正義:《周易正義·節卦》卷6,頁132。
8 引自魏·王弼、晉·韓康伯注、唐·孔穎達正義:《周易正義·節卦》卷6,頁132。

行。……初九，不出戶庭，无咎。」[9]

上述引文,「不出戶庭，无咎」，引孔子註解，強調慎密：「亂之所生也，則言語以為階。君不密則失臣，臣不密則失身，幾事不密則害成，是以君子慎密而不出也。」動亂之所以產生，是以言語作為階梯。君王如果不慎密，那麼就會失去臣子。為人臣者如果不能慎密，那麼就會亡身。幾微關鍵之事如果不慎密，就會妨害成就，所以君子慎密而不出。《周易‧繫辭傳上》云：「言行者，君子之樞機。樞機之發，榮辱之主也。」[10]說明君王言行舉止均須合禮合宜，敬謹恭敬，不可以輕浮躁進，為人君者，發號施令，豈能不慎？彰顯人生於世，在為人處事上要謹言慎行，以提升自己的人際關係。

（三）生活節儉

《周易‧節卦》：「天地節而四時成。節以制度。不傷財。不害民。」[11]

上述引文，說明天地遵循運行規則所以形成四季，國家立定規章制度作為施政準則，那麼就不會浪費財務，又不傷害百姓。宇宙天地有了節制，才使得春夏秋冬四季井然有序。古代聖人效法天地的節德，建立制度規範，使人們不傷財、不害民。《周易‧節卦》的卦象是包蘊宏富的，蘊含著為人處世與安邦定國、施政理財等內容，除了具有節度的核心概念，還具有在日常生活中特別是財用上應該節儉的意涵。《周易‧

---

9 引自魏‧王弼、晉‧韓康伯注、唐‧孔穎達正義：《周易正義‧節卦》卷6，頁132。
10 魏‧王弼、晉‧韓康伯注、唐‧孔穎達正義：《周易正義‧繫辭傳上》卷7，頁151。
11 魏‧王弼、晉‧韓康伯注、唐‧孔穎達正義：《周易正義‧節卦》卷6，頁132。

否卦‧象傳》:「君子以儉德辟難」也是講節儉的卦象,並把節儉看作為一種道德來看。這種觀點成為後世司馬光〈訓儉示康〉:「儉,德之共也;侈,惡之大也。」的思想淵源。

綜合上述,可知《周易》就是以清明深邃的智慧,仰觀俯察,上明天文,中通人事,下知地理,以掌握天地間偶然性的現象,以及必然性的規律。凡事有節制才能亨通,節的根本目的就是維持恰如其分的中庸之道。因此,《周易‧繫辭上傳》云:「知周乎萬物,而道濟天下(第四章)。」[12]《易經》內涵天道的普遍至理,以及萬物變化之規律,致能匡濟天下,誠為中肯之論。這也是《周易‧賁卦‧象傳》之「觀乎天文,以察時變;觀乎人文,以化成天下」之積極人文精神所在。《周易》論理往往從天之道說起,然後落到人間世之上,引領讀者在現實生活中,應該發揮人類仁義禮智的善性,創造出光明燦爛的人生。

三、臺灣傳統客家人勤儉持家的生活特質

客家人安身立命的憑藉是什麼?就是堅忍、勤儉、吃苦、耐勞的人生哲學。客家人堪稱為最懂得環保的族群,從先民們的生活作息與飲食習慣,就可以了解箇中真味。從節儉的向度來觀察,他們愛惜資源與物力,不糟蹋任何可以食用的東西,例如:酸菜、覆菜、蘿蔔乾、梅干菜……等,因為應景新鮮的青菜吃不完,就把它醃製起來,不但收藏較久,也可以節省物資,而不會暴殄天物。平日也將洗米的水、洗菜的水、洗衣服的水,留下來洗碗、澆菜澆花。可見先民生活簡樸,省吃儉用,不浪費任何可以利用的資源。茲述臺灣傳統客家人勤儉持

---

[12] 魏‧王弼、晉‧韓康伯注、唐‧孔穎達正義:《周易正義‧繫辭傳上》卷7,頁147。

家的生活特質如下:

(一)粗菜淡飯的飲食觀

　　客家人如何運用天然資源,就地取材、靠山吃山所形塑出獨特的飲食哲學。「逢山必有客」客家族群因山居食材取得不易與惜福的生活觀,研發出各種醬料名菜,除了下飯、易保存外,也盡情利用生活周遭取得的菜蔬水果,隨著年節、四季盛產的山林產物的變化,從菜餚到點心零食,從主食到粄類,創造出客家多元的吃食文化。[13]「鹹、香、肥」一直是傳統客家菜的特色,為了讓菜餚不易腐壞,因此客家人在烹調食物時,習慣加多一點鹽,使菜餚鹹一點,並且可以補充因為勞動時所排出大流的汗,所需要的鹽分。例如、客家人常用的食材:梅干菜、酸菜、覆菜、金桔醬、醬冬瓜、蘿蔔乾、筍乾、豆豉、鹹豬肉等,都是用大量的鹽去醃製的;「香」就是用蔥、薑、蒜泥加上豬油或花生油去爆香,使得青菜更加爽口,例如、鵝腸炒韭菜、薑絲炒大腸,或者用魷魚乾、肉絲、豆腐乾炒蔥的客家小炒;「肥」就是用肥肉來伴煮各種菜餚,例如、梅干扣肉、筍乾炒爌肉、客家封肉等,都是令人齒頰留香的美食。[14]身為客家子弟,感念先民的苦心孤詣,讓我們能夠徜徉在客家美食的天地中,品嚐到如此香甜可口的家鄉味食物,心中洋溢著滿滿的溫馨與濃濃的感激。

(二)自然簡樸的服飾觀

　　傳統客家服飾多以棉、麻為之,絲綢料只用於外出應酬的正裝。從

---

13 文字來源:參閱「客家美食嘉年華」。http://www.ihakka.net/2006food/index.htm
14 文字來源:參閱「客家美食嘉年華」。http://www.ihakka.net/2006food/index.htm

傳世的客家禮服中可以發現，客家婦女的傳統服飾不論在形態、用色、材質，都呈現簡單、樸實、少束縛性的風貌。客家婦女必須穿著質地堅牢的棉布衫褲，因為棉布便宜、舒適又耐洗、耐磨、耐穿，才禁得起客家婦女終日勞動穿用，並節省置裝費用。「穿褲裝、維持天足」也是必須的，因為穿褲裝、維持天足才能夠活動自如，才可能讓客家婦女「耕田力役，無異男子」，成為「客家家庭的支柱」[15]。所以不論是田野訪談所聞，或文獻史料上的描述，「簡單樸實」四個字幾乎可以說是人們在描述客家傳統服飾特色最常使用的形容詞。客家文獻所強調的：「客家婦女向不纏足，身體碩健，而運動自由，且無施脂粉及插花朵者。這亦其獨特的民俗特色」[16]，由這些文獻資料所述，更能夠彰顯傳統客家服飾的特色。即使有能力做綢緞衣衫的客家人，仍不厭其煩地在外觀看不到的地方，像是反折袖的內層、大襟衫的內襟、襖的襯裡布，剪接其他便宜的布料或是用零星碎布拼拼湊湊，以節省綢緞的用量，極盡節約之作法，與「稍有能力便喜歡穿綢緞」的閩南人[17]，正好形成強烈的對比。所以不論是田野訪談所聞，或文獻史料上的描述，「簡單樸實」四個字，已經成為人們在描述客家傳統服飾特色，最常使用的形容詞。這樣的特色，不僅與我們印象中刻苦耐勞、勤勞節儉客家婦女形象頗為相襯，還和昔日客家人的社會、歷史脈絡整合、互動，創造出更饒富意義的文化內涵。

---

15 羅香林：《客家研究導論》（臺北，南天書局，1992 年），頁 241。
16 劉佐泉：《客家歷史與傳統文化》，（開封：河南大學出版社，1991 年），頁 128。
17 國立歷史博物館編輯委員會編：《國立歷史博物館珍藏臺灣早期民間服飾》，（臺北：國立歷史博物館，1995 年），頁 8。

（三）聚族而居的居住觀

　　自從羅香林指出客家人是中國中原正統的漢人經過多次的南遷定居，從而建構了客家人的祖先來自中原的說法，最注重我國傳統的家庭倫理觀念，因此在建築上也表現得很特別。客家傳統的建築都是採取圍壟的合院形式，圍龍屋分佈於以粵東嘉應州為中心的客家人居住區域，因為渡臺第一代客家人大都來自此地區，所以圍龍屋與臺灣客家建築似乎有直接而密切的關係。臺灣客家建築繼承了中國原鄉粵東圍龍屋的建築形態，而典型的粵東建築雖沒有如五鳳樓的四、五層或兩、三層之建築，但是確實是「三堂兩橫式」的合院建築與五鳳樓幾乎採相同的平面配置。分佈在桃園縣、新竹縣、苗栗縣一帶的北部客家建築。[18]這種傳統建築形式，孕育於農業社會的傳統文化精神，家庭是農業的生產團體，在大家庭制度下，世代相襲，都以務農為業，往往世世代代都群居在一幢建築裡。家庭的生活秩序，就以傳統的宗法觀念來進行；這個宗法觀念，簡單的說就是長幼有序。在建築的形式上，客家傳統的建築，都是採取圍壟的合院形式，以房子的中軸及最高的一間，為整個建築的最尊長地位。在家庭裡，便是正廳或祖、父母房。……假如是三合院，正廳面對的那一面大門和圍牆，中間還是個院子。這個院子是全家的活動中心，休閒、曬穀、宴會、孩童遊戲都在這塊園地上。[19]由此可見，客家建築，除了講求平時的攻防思考之外，更在建材、彩繪、空間架構、對稱均勻的美感、落落大方的整體方面細加琢磨，還要配上陰陽五行的

---

18 黃蘭翔：〈關於臺灣客家建築的根源及其型態的特徵〉，《臺大文史哲學報》第 74 期，2011 年 05 月），頁 238－239。
19 陳運棟編：《客家人》，（臺北：聯亞出版社，1978 年），頁 343－344。

氣勢，成為富有地方特色和民族感情的藝術。[20]

四、臺灣傳統客家人勤儉持家的文化意涵

　　涂敏恆的〈客家本色〉歌謠，訴說客家祖先來臺時是身上沒有半毛錢，白手起家，努力打拼開山種田，而且一代傳一代，節儉辛苦也不會埋怨，也希望這種吃苦耐勞的精神會一直傳承下去，在客家家族裡，也強調了不要忘了祖先的辛苦、不要忘了祖先的教誨、更不要忘了做個堂堂正正守本分的客家人。可見臺灣客家先民因地制宜之生存智慧，漸漸發展出來臺先祖未曾想像的客家新風貌。茲述臺灣傳統客家人勤儉持家的文化內涵，如下：

（一）忠孝傳家的倫理道德

　　客家人數千年來，歷經朝代的更迭、自然環境的發展、社會結構的變遷，仍能堅守傳統的信仰禮俗，尊祖敬宗，祭祀天地神明與列祖列宗，大家胼手胝足團結相親，滋養生息以繁衍子孫。客家人以對天地祖先聖賢的祭祀來代替宗教，而這祭祀活動，最主要的目的是，向土地伯公為首的諸神明祈求並感謝其保佑居民風調雨順，牲畜平安、農作豐收，並祈求祖先庇佑子孫闔家平安、吉祥如意。孔子說：「祭如在，祭神如神在。」(《論語‧八佾》)；《禮記‧大傳》也說：「親親故尊祖，尊祖故敬宗，敬宗故收族，收族故宗廟嚴，宗廟嚴故重社稷，重社稷故愛百姓。」[21]說明祭祀禮儀之功能，在發揮人們仁民愛物的

---

20 鍾榮富：《高雄客家行腳》，（高雄：高雄市政府客家事務委員會，2006 年 11 月）。
　　https://chakcg.kcg.gov.tw/cp.aspx?n=AE93F169E2CDEF7E
21 引自漢‧鄭玄注、唐‧孔穎達疏：《禮記正義》（臺北：藝文印書館，1998 年），卷 34，頁 622。

天性,由親愛親人,推而上之,及於尊重先祖,由尊重先祖擴而充之,至於尊敬宗族,繼而團結族人,推衍至社會國家,使得人人能安居樂業。客家先民,從唐山以赤手空拳飄洋過海到臺灣,進入窮鄉僻壤墾殖荒地,為穩定家族命脈而吃苦耐勞。由於遷移過程中經過千辛萬苦,內憂外患,輾轉漂泊歷經艱困,所到之處地瘠民貧,飽受謀生的艱困,因而養成了「勤儉奮鬥、刻苦耐勞」之精神,並且以「耕讀傳家久,詩書繼世長」的理念,來教導子孫們要認真讀書。有許多客家諺語就表達了這種意義,如「有子不讀書,不如養大豬」、「不讀書有眼無珠」等[22];客家人珍惜文字,尊重有知識的讀書人,敬重文明,成了歷代相傳的古風。客家人是個遷徙的族群,由於長期生活在困苦的環境中,深知要改變現狀,最好的辦法就是讀書,求取功名以出人頭地。臺灣客家人在戰後六十年來,能夠憑其對教育的重視,以較高的教育成就來改善其社經地位,即是最好的寫照。

(二) 天人合一的儒學思想

客家文化是「中國傳統文化的活化石」,中國傳統文化的核心價值就是儒家文化,客家人的許多關念和民俗是和儒家文化一脈相承的。儒家文化提倡「天人合一」的天人觀,這種「天人合一」的觀念在客家文學、客家飲食、客家建築、客家民間信仰等諸方面都得到了典型的體現,反映了客家人在傳統社會追求人與自然和諧,協調人與人、人與社會關係方面的生存智慧。[23]客家傳統飲食知識中的飲食習慣的季節性和「冷

---

22 南山:〈論客家文化意識〉,原載《客家民俗》,1986 年第三、四期。
23 宋德劍:〈天人合一的天人觀──儒家生態文明的視野下的客家文化〉,第五屆儒學國際學術研討會論文。

熱」的分類,呈現了「天人合一」的思想,客家人在不同的季節有不同的季節性食物。「逢山必有客」客家族群因山居食材取得不易,節儉與惜福的生活觀,研發出各種醬料名菜,除了下飯、易保存外,也盡情利用生活周遭取得的菜蔬水果,隨著年節、四季盛產的山林產物的變化,從菜餚到點心零食,從主食到粄類,創造出客家多元的吃食文化。

客家文化是以「耕讀傳家」為核心主軸而發展,客家人敬祖睦宗、長幼有序;在社會意識上,客家人團結、要求與人和睦相處、能忍讓;在品德操守上,要求人品氣節更勝於富貴,並且敬愛自然萬物。客家人的忠義與晴耕雨讀[24]的風範,可以用下述飲食諺語:「食飽、著燒、求壽年」來充分表達。這是客家人自我期許,自我要求的生活境界,也是客家人用以勉勵子弟的座右銘,無非是希望每個客家子弟都能學習農夫勤勞耕種,經過春耕夏耘的努力,才有秋收冬藏的成果。「積善之家,必有餘慶」〈《易經・坤卦・文言》〉[25],經常積德行善,就會有福壽綿長,值得慶賀的事,降臨到我們身上。這是值得每一位客家子弟,念茲在茲的客家傳統精神。

(三) 勤勞節儉的客家風範

客家人安身立命的憑藉是什麼?就是堅忍、勤儉、吃苦、耐勞的人

---

24 邱春美撰:《六堆客家古典文學研究》:「六堆客家人自古即傳承祖先「晴耕雨讀」的遺訓,文風極盛。在清雍正年間即在內埔(後堆)建造全臺唯一的韓文公廟(昌黎祠)來祭祀;據《鳳山縣采訪冊》記載,清統治期間,鳳山縣屬的舉人有二十八人,六堆士子考中舉人就有二十人、而考中進士的有四人,六堆士子中占有進士三人;其他考上秀才、貢生等更不勝其數,成績十分優異。」(輔仁大學中國文學研究所博士論文,2005 年 1 月)
25 魏・王弼、晉・韓康伯注,唐・孔穎達正義:《周易正義・坤卦》卷 1,頁 20。

生哲學。客家飲食諺語說:「一餐儉一口,一年儉一斗」、「食毋窮,著(穿)毋窮,無劃無算一世窮」。客家人堪稱為最懂得環保的族群,從先民們的生活作息與飲食習慣,就可以了解箇中真味。在家裡,客家婦女都是精打細算,柴米油鹽,不肯稍多花費,因此有「有油毋點兩盞火,免得無油打暗摸」的說法。他們愛惜資源與物力,不糟蹋任何可以食用的東西,例如:酸菜、覆菜、蘿蔔乾、梅干菜……等,因為應景新鮮的青菜吃不完,就把它醃製起來,不但收藏較久,也可以節省物資,而不會暴殄天物。平日也將洗米的水、洗菜的水、洗衣服的水,留下來洗碗、澆菜澆花。可見先民生活簡樸,省吃儉用,不浪費任何可以利用的資源。

客家諺語說:「但留方寸地,留與子孫耕。」先民世代以務農為業,每天早出晚歸,耕田又耕園,做到兩頭烏。所以常常勉勵子孫做事要腳踏實地,做人要光明磊落,並且心存善念來待人接物。人們的心田,猶如農人種植的田地,要經過插秧、播種、除草、施肥等工作,才有豐收的一刻到來。客家飲食諺語說:「盲到冬節先挼圓,三十暗晡喊無錢」意在勸人平時生活要節儉,凡事不可操之過急。客家諺語又說:「樹頭若企乎正,不怕樹尾做風颱。」說明上樑不正,下樑歪的意涵。因此為人長輩,要以身作則,教導子孫做人要循規蹈矩,去做好自己份內的工作,不要妄想一步登天,如此吃苦耐勞,盡忠職守,才可以開創璀璨光明的未來。可見先民用善知識引導子孫向光明的人生邁進,使他們在潛移默化中,能夠牢記庭訓,將來長大做個俯仰無愧、堂堂正正的客家人。

五、結語

《顏氏家訓》在開宗明義〈序致〉篇上說:「夫聖賢之書,教人

誠孝,慎言檢跡,立身揚名,亦已備矣。」[26]肯定了聖賢典籍的教化功能。中國歷代典籍,同時能被儒家、道家奉為經典,力行不輟,歷久不衰,實非《周易》一書莫屬。儒家將其提昇至十三經之首,下則足以修身養性,上則足以治國平天下。[27]。《周易》以自然現象的變化,「推天道以明人事」,提出了可以規勸警戒世人的行為準則,並逐漸形成對中國文化影響深遠的易學傳統。孔子的易學觀,由早期的卜筮政教,轉變成德義哲學,對安輔世道人心裨益良多。《周易‧節卦》說:「甘節,吉;安節,亨;苦節,貞兇,悔亡」[28],說明節儉的態度有不同的境界,假如我們節儉的時候能夠甘之如飴,那是大吉的。《周易‧否卦‧象傳》也說:「君子以儉德辟難」,把節儉視為一種優良的傳統道德,所以司馬光在〈訓儉示康〉中強調:「儉,德之共也;侈,惡之大也。」可見中國人自古以「勤儉、節約」為美德,並鼓勵大家應以合理、節約的方法,運用地球上的資源,才可以讓天地萬物生生不息,得到永續的發展。

　　印度著名詩人泰戈爾(Rabindranath Tagore,1861－1941)的一首詩:「生命是永恆不斷的創造,因為在它內部蘊含著過剩的精力,它不斷流溢,越出時間和空間的界限,它不停地追求,以形形色色的自我表現的形式表現出來。」這首詩說明人類的歷史文明,是先民們以有恆不斷的毅力,堅定不移的心志,綿延民族命脈,為千年萬代的

---

26 北齊‧顏之推撰、王利器集解:《顏氏家訓集解》,(臺北:明文書局,1990 年 3 月),頁 19。
27 黃錦煌:〈從周易乾坤兩卦看人生〉,(臺北:《中華技術學院學報》26 期,2003 年 4 月 1 日),頁 329。
28 引自魏‧王弼、晉‧韓康伯注、唐‧孔穎達正義:《周易正義‧節卦》卷 6,頁 133。

子孫開闢出美麗的家園。在客家人的文化中，充分表現出濃厚的移墾社會痕跡，刻苦耐勞、遵守祖訓，探究生命本源，報本追遠，承續傳統文化與風俗，因而形成客家民族特有的民族性。客家諺語上說：「食水愛念水源頭，食果子愛拜樹頭」，表現了客家人飲水思源，受人滴水之恩，當湧泉以報，人有恩於我，當感恩圖報。先民們辛勤的耕耘，豐足我們的衣食；先民們在這塊土地上披荊斬棘所流的血汗，灌溉了臺灣的沃野，潤澤了臺灣客家純樸的文化。因此大家應心懷感恩，感謝祖先的庇佑，讓我們能享受如此多的福澤。人人要知福、惜福，來發揚光大吃苦耐勞的客家精神，使客家人的生命力，能夠在有情天地中永續發展，綿延至千年萬代。

徵引文獻

一、古籍部分（依《四庫全書》分類法）
1. 魏・王弼、晉・韓康伯注、唐・孔穎達正義：《周易正義》，臺北：藝文印書館，1998年。
2. 漢・鄭玄注、唐・孔穎達正義：《禮記正義》，臺北：藝文印書館，1998年。
3. 北齊・顏之推撰、王利器集解：《顏氏家訓集解》，臺北：明文書局，1990年。

二、現代專著（依作者姓氏筆劃排序）
1. 陳運棟：《客家人》，臺北：聯亞出版社，1978年。
2. 劉佐泉：《客家歷史與傳統文化》，開封：河南大學出版社，1991年。
3. 羅香林：《客家研究導論》，臺北，南天書局，1992年。

三、期刊論文（依作者姓氏筆劃排序）
1. 宋德劍：〈天人合的天人觀——儒家生態文明一的視野下的客家文化〉，第五屆儒學國際學術研討會論文，2017年7月6日。
2. 南山：〈論客家文化意識〉，原載《客家民俗》1986年第三、四期。
3. 黃蘭翔：〈關於臺灣客家建築的根源及其型態的特徵〉，臺北：《臺大文史哲學報》第74期，2011年05月，頁238－239。
4. 黃錦煌：〈從周易乾坤兩卦看人生〉，臺北：《中華技術學院學報》第26期，2003年4月1日，頁329。

四、學位論文（依年代排序）
1. 邱春美：《六堆客家古典文學研究》，輔仁大學中國文學研究所博士論文，2005年。

五、數位資源
1. 「客家美食嘉年華」。http://www.ihakka.net/2006food/index.htm。
2. 鍾榮富：《高雄客家行腳》，（高雄：高雄市政府客家事務委員會，2006年11月）。https://chakcg.kcg.gov.tw/cp.aspx?n=AE93F169E2CDEF7E

第八章　從《禮記・冠義》論臺灣客家成年禮儀的文化意涵[1]

一、前言

　　我國傳統之禮制，可以分類為吉、凶、軍、賓、嘉五禮。依據現代學術的分類，古代的禮包含有政治制度、社會制度、社會習俗、宗教儀式，日常生活規範等層面，它是傳統文化的代表，內容苞蘊宏富。《禮記集解》引呂大臨（1046－1092）說：「冠、昏、射、鄉、燕、聘，天下之達禮也。《儀禮》所載謂之禮者，禮之經也；《禮記》所載謂之義者，訓是經之義也。先王制禮，其本出於君臣長幼尊卑之間，其詳見於儀章度數周旋曲折之際，皆義理之所當然。」[2]由此可知，我國古代禮的內涵廣闊，從禮的字義上來說，有「宜乎履行」、「合乎道理」、「體乎人情」三種。[3]《禮記・冠義》說：「成人之者，將責成人禮焉也。責成人禮焉者，將責為人子、為人弟、為人臣、為人少者之禮行焉。將責四者之行於人，其禮可不重歟？」[4]可見冠禮，可以培育人具有恭、儉、莊、敬的美德，這是為人處世、立身於世的根本。維繫人倫關係的禮制，雖然會隨著作時代的變遷而改異，但是某些必須共同遵守的行為準則和道德規範，卻不會隨著朝代的更迭而改弦易轍，仍然

---

[1] 本文初稿刊載於《世界客家雜誌》雙月刊第 39 期（臺北：世界客家雜誌有限公司，2023 年 05 月），頁 64。
[2] 高明：《禮學新探》，（香港：香港中文大學，1963 年），頁 66。
[3] 高明：《高明孔學論叢》，（臺北：黎明文化事業公司，1978 年 7 月初版），頁 179。
[4] 漢・鄭玄注、唐・孔穎達疏：《禮記正義》（臺北：藝文印書館，1998 年）卷 61，頁 998。

是人人必須遵守且力行的。

　　《禮記・郊特牲》說：「禮之所尊，尊其義也。失其義，陳其數，祝史之事也。」[5]說明時有轉移，事有變革，只是墨守古代的禮制儀式，對現代人而言是窒礙難行的，自當斟酌損益。雖然禮之繁文縟節文不可行於後世，而其蘊涵的義理，卻是古今相同，放諸四海而皆準。冠禮是倫理社會秩序中另一項重要的起源，強調作為一個「成人」應該具備行禮的實踐能力。冠禮的儀式，從外在服裝的完備，轉化為對自我道德的規範；透過冠禮儀式進行的過程，了解成人應學習的社會生活，以及應承擔的責任與義務，以彰顯和諧的人際關係。《禮記・冠義》說：「凡人之所以為人者，禮義也。禮義之始，在於正容體、齊顏色、順辭令。容體正，顏色齊，辭令順，而後禮義備。以正君臣、親父子、和長幼。君臣正，父子親，長幼和，而後禮義立。」[6]說明從個人之修身養性、為人處世、進德修業，進而家庭倫理之規範，擴及生命禮儀之指南，可作為人民砥礪學行之座右銘。本文以探析臺灣客家地區成年禮儀為主軸，略述臺灣客家地區成年禮儀的沿革，列舉臺灣客家地區成年禮的發展現況，進而闡釋當今臺灣客家成年禮的文化意涵，強調作為一個「成人」應該具備行禮的實踐能力，進而砥礪個人的品德修養，完成敦睦家族的重責大任。

二、臺灣客家地區成年禮儀的沿革

　　宋代司馬光（1019－1086）《書儀》記載：「男子年十二至二十皆可

5　漢・鄭玄注、唐・孔穎達疏：《禮記正義》卷26，頁504。
6　漢・鄭玄注、唐・孔穎達疏：《禮記正義》卷61，頁998。

冠。」[7]和朱熹（1130－1200）《家禮》，對男子冠禮年齡，均採取寬泛的認定，未嘗拘執二十家冠的古制。[8]我國傳統成年禮行於祖廟、男冠女笄的古禮，源自先秦《儀禮・士冠禮》、《禮記・冠義》、唐《開元禮》、宋《政和禮》、明清以來《文公家禮》一脈相承。[9]而做十六歲，是臺灣早期閩、客地區具有代表性的成年禮俗。冠禮俗化與重視個人心理轉換的特徵，導致其在後代逐漸沒落，並於清代後在華東一帶興起類似於冠禮的上頭禮，其中廣東潮州出花園、福建泉州做十六歲與七娘媽信仰隨著臺灣早期閩粵移民而帶至臺灣。[10]茲略述臺灣客家地區成年禮儀歷史沿革，如下：

（一）依據1754年（清乾隆十九年）《福州府志》即載：

近世於冠禮鮮能行者，郡中惟一二禮法之家偶一舉行。民間則男女年十六延巫設醮，告成人於神，謂之做出幼，是失禮愈遠也。[11]

（二）依據1835年（清道光十五年）《龍巖州志》載：

冠禮久不行。俗於男子十六歲時，父兄具香燭、茶果，告於祖廟，責以成人，謂之「出童子」，於古人命冠之意庶幾近之。鄉民或延道士誦經祈禱，則陋矣。

---

7 宋・司馬光《書儀》；《景文淵閣四庫全書本》（臺北：臺灣商務印書館）冊142，頁467。
8 彭美玲：〈臺俗「做十六歲」之淵源及其成因試探〉，《臺大中文學報》第11期，1999年5月），頁382。
9 彭美玲：〈臺俗「做十六歲」之淵源及其成因試探〉，頁376。
10 翁靖淳：《臺灣閩客族群「做十六歲」成年禮習俗研究》，（國立高雄師範大學國文學系碩士論文，2019年）。
11 1923年《平潭縣志》所載同。

由上述引文，可知閩地區所謂的「出幼」、「出童子」都是指十六歲的成年禮俗。

（三）依據 1920 年《臺灣通史》記述：

> 成人之禮，男冠女笄，臺灣多以婚時行之。唯富厚之家，子女年達十六歲者，七夕之日，祀神祭祖，父師字之，戚友賀之，以紙製一亭，祀織女，以介景福。[12]

由上述引文，可以看到連橫明白表示「唯」富厚之家做十六歲。連橫即為臺南府城人，其家距離五條港甚近，若此俗起源於五條港之工人，很有可能順帶一提風俗之起源。臺南此習俗盛行，起源清治時期於五條港工作的苦力，做十六歲的起源有多種說法，大致上是襲用泉州舊俗，並與七夕習俗結合，由於做十六歲習俗在臺南經過長期演變，已與其他地區成年禮有顯著不同，成為特色文化。[13]可見十六歲的成年禮俗，隨著時代的變遷而有所改異。

（四）依據 1950－1960 年《臺灣省通誌考》記述：

> 臺民崇信神佛，以為子女成長有賴於註生娘娘、七娘媽、媽祖、觀音、床母之護佑，顧奉之為呵護神。周晬，依各神明誕辰，由父母報之赴廟求神佑。以一紅絲繩穿以錢幣或銀鎖，當神前懸兒頸上，以示受神之庇護者，是謂「捾絭」。自後，每年循例敬神，

---

12 連橫：《臺灣通史》卷 23〈風俗志・冠婚〉，中國哲學書電子化計劃。
https://ctext.org/wiki.pl?if=gb&chapter=841885
13 維基百科：〈做十六歲〉。https://zh.wikipedia.org/zh-tw/

並以新頸繩換舊頸繩,稱曰「換絭」。迨年十六。認其已達成人之年,仍依各呵護神誕辰,由父母攜兒赴廟謝神,去頸絭,稱曰「脫絭」。[14]

由上述引文,可知臺俗「做十六歲」經常與地方上的祭祀圈密切結合,將子女的成長與幸福寄望於神祇,因此以絭為信物。古禮男子二十加冠,女子十五加筓,不僅行禮的象徵物件,採用不同的服飾,男女成年的歲數也不一致。[15]可見,在儀物的運用和兩性的處理方式上,臺俗與古禮顯然不同。

(五)依據1957－1980年《臺北市志》記述:

十六歲為成年。是日參拜寺廟,拜謝注生娘娘之庇護,並除去隨身佩帶之捾絭。

綜合上述,可確定「做十六歲」,堪稱臺灣傳統成年禮的主要形式,他別具地方特色,相較於源自《儀禮・士冠禮》、《禮記・冠義》,古代貴族男子二十歲時,要舉行冠禮時,要注意各項儀節,行冠禮的過程、陳設、儀式及行禮時所致辭,在觀念和作法上截然不同。臺灣傳統成年禮的儀式,多在農曆七月七日舉行,並於當日舉行祭祀七娘媽、鑽轎底,甚至封街遊行等盛大典禮。為了文化保存,臺南市政府將做十六歲成年禮列為市定民俗,給予做十六歲法定身分展現政府對文化傳統的重視。

---

14 1954－959《基隆縣志》所敘略同。
15 彭美玲:〈臺俗「做十六歲」之淵源及其成因試探〉,頁368。

然而做十六歲並不是僅行於臺南地區,亦不是臺灣唯一的成年禮。[16]可見做十六歲,是臺灣早期閩、客地區具有代表性的成年禮儀。

三、臺灣客家地區成年禮的發展現況

臺灣客家作「做十六歲」的傳統成年禮,隨著時代的變遷而有變革。只是墨守古代的禮制儀式,對現代人而言是窒礙難行的,自當斟酌損益。雖然禮之繁文縟節文不可行於後世,而其蘊涵的義理,卻是古今相同,放諸四海而皆準。茲舉臺灣南、北二個客家地區成年禮儀的發展現況,說明如下:

(一) 北市客家成年禮循古禮儀式搭配挑擔闖關

根據客家新聞報導,2022年8月20日臺北市舉辦了一場成年禮,深植「客家」文化的活動,由臺北市中正區公所,以及臺北市客家文化基金會合辦,當日一共有50對,成年禮生及家長來共同參與,活動以客家文化及古禮為主軸,採「行加冠禮」、「奉茶」、「繫智慧巾」等儀式進行,更有闖關活動讓禮生挑擔闖關,體驗客家祖先開墾山林,披荊斬棘開創家園的辛勞。茲述北市客家成年禮儀式進行,如下[17]:

> 父母幫孩子戴上冠禮頭圈,為這場客家的成年禮儀式揭開序幕,子女也拿起客家擂茶,奉茶給父母表達養育之恩,緊接著更為孩子掛上智慧巾,代表父母對成年子女的期望與祝福,最後相互擁

---

16 維基百科:〈做十六歲〉。https://zh.wikipedia.org/zh-tw/
17 北市客家成年禮,循古禮儀式搭配挑擔闖關。
https://n.yam.com/Article/20220820649476

抱，場面溫馨感人。

成年禮禮生卓同學：「感謝我的爸爸媽媽，這18年來給我的照顧還有陪伴，然後第二個就是希望，自己能夠脫胎換骨，成為一個新的自己，然後勇敢邁向未來的日子。」

成年禮禮生洪同學：「參加這個儀式之後，就會感覺這裡好像真的是大人的感覺，需要去承擔一份不一樣的責任，不能像以前一樣就是嬉嬉鬧鬧。」

　　由上述引文，可知主辦單位用心良苦，透過成年禮的形式，告知即將成年的年輕客家子弟，應該飲水思源，感恩感謝父母養育的深恩大德。這些禮生，都要挑擔或是拿著鋤頭來闖關，就是要緬懷客家先民飄洋過海，篳路藍縷來臺灣辛苦打拚的精神，體驗客家先民流血流汗的辛勤耕耘，為後代子孫開闢了安身立命的鄉土家園。一枝草、一點露的耕讀精神，讓客家文化的薪火能夠永遠傳承下去。臺北市客委會池婉宜主任秘書說：「客家人來臺灣的時候真的很辛苦，靠自己去找水，還有就是開山打林，那所以今年我們就把，我們客家人開山打林的硬頸精神，融入到在這次成年禮的活動裡面。」[18]的確，藉著成年禮的儀式，在長輩的見證及祝福下，教育這些禮生能勇於承擔責任，學習開始獨當一面，邁向光明嶄新的人生旅程。

（二）屏東六堆客園客家成年禮

　　根據客家新聞報導，2015年7月11日客委會六堆客家文化園區

---

18 北市客家成年禮循古禮儀式搭配挑擔闖關。
　　https://n.yam.com/Article/20220820649476

舉辦別具特色的「客家成年禮」活動，藉由傳統莊重儀式及現代版挑戰考驗過程，讓近百名的青年學員體驗客家生活文化及崇天敬地精神。勉勵年青朋友經由「客家成年禮」的洗禮，邁向成熟人生的另一階段。茲述屏東客家成年禮儀式進行如下[19]：

客家成年禮活動區分「耐力大考驗－客家新鐵人三項闖關」、「孝親奉茶」、「加冕授證儀式」三階段活動。首先，學員們需共同完成定向越野、挑擔過障礙、插秧等三項「客家精神」考驗活動；接著換上六堆園區特別準備的客家服飾，通過「成長門」及「盤花淨身」，期許學員成為一個不忘本、信守倫理並擁抱希望的人。然後向父母、長輩奉茶表達感謝，另藉由長者祈勉祝福的儀式給予勉勵，最後主委劉慶中頒發智慧巾及紀念手錶，希望透過隆重的加冕儀式，讓學員承擔責任迎接成年。主辦單位也表示，全程參加客家成年禮活動的學生，除可以獲得一只成年禮紀念手錶外，還會頒發成年證書與公共服務證明書，成為六堆客家文化園區的青年志工，增加公共服務參與的機會。

由上述引文，可知成年禮的活動，可以讓青年學員了解當地鄉土民情與人文歷史，並學習客家先民吃苦耐勞、艱苦奮鬥、勇於開拓、不斷進取的精神。最後的加冕授證儀式，融入客家傳統禮教，有過成長門、盤花淨身、跪奉父母茶、披智慧巾、加冕祝福、頒發純手工精心設計的陶板證書等，活動代言人朱俐靜並獻唱祝福，為活動畫下圓滿句點。客

---

19 客家文化發展中心。http://thcdc.hakka.gov.tw/wSite/mp?mp=1

委會主委劉慶中表示:「客家的未來是青年,要如何吸引客家青年投入傳承客家的事業,是客委會未來最重要的任務。」有鑑於此,特別在暑假辦理「客家成年禮」活動,讓十六至二十歲之年輕人可以參與豐富多元的客家文化體驗活動,並經由活動認識客家歷史、習俗、節慶、藝文及倫理等,讓年輕人得以更認識客家及認同客家文化。[20]由此可知,「客家成年禮」是意義深遠的活動,具有啟迪教化的作用。

四、臺灣客家地區成年禮的文化意涵

中國古代禮學不僅有精深博大的理論和有條不紊的體系,並且具有踐履篤行的特質。孔子(BC551－479)勉勵兒子孔鯉說:「不學禮,無以立。」(《論語・季氏篇》)[21]足證學禮、行禮是每個人立身處事、經邦濟世的基石。臺灣客家地區成年禮儀是對客家年輕子孫的教育準則,在傳承與實踐中,每個族群的子弟都要了解成年禮儀的教育意涵,學習先賢事跡,能夠以此典範,砥礪年輕學子的品德修養,進而敦睦家族。茲闡述臺灣客家地區成年禮的文化意涵,如下:

(一)傳承勤儉刻苦風範

客家人安身立命的憑藉是什麼?就是堅忍、勤儉、吃苦、耐勞的人生哲學。勤儉治家的觀念是客家人傳承久遠的家訓,勤儉觀中首先是強調要辛勤創業,同時在家庭經濟生活中,以「量入為出」為勤儉治家之道。客家文化是以「耕田讀史」為核心主軸而發展,

---

20 客家文化發展中心。http://thcdc.hakka.gov.tw/wSite/mp?mp=1
21 魏・何晏注、宋・邢昺疏:《論語注疏》,(臺北:藝文印書館,1997年初版),頁150。

這項文化特質，顯然與客家人長期遷徙有著密切的關係，於是在性格上，客家人勤勞節儉、刻苦耐勞；在人倫關係上，客家人敬祖睦宗、長幼有序；在社會意識上，客家人團結、要求與人和睦相處、能忍讓；在品德操守上，要求人品氣節更勝於富貴，並且敬愛自然萬物。這是值得每一位客家子弟，念茲在茲的偉大精神。客家人因自身的顛沛流離，在時時為客、處處為客的窘境中，深切地體會到故土的可貴。

客家諺語說：「但留方寸地，留與子孫耕。」先民世代以務農為業，每天早出晚歸，耕田又耕園，做到兩頭烏。所以常常勉勵子孫做事要腳踏實地，做人要光明磊落，並且心存善念來待人接物。人們的心田，猶如農人種植的田地，要經過插秧、播種、除草、施肥等工作，才有豐收的一刻到來。因此，教導子孫要好好耕耘心田，讓這塊善心福地，不要受到紅塵的污染，要永遠保持赤子之心，更不可以做傷天害理的壞事，讓心靈的天空更寬廣亮麗。在客家諺語中，反映客家人愛鄉情懷的內容俯拾皆是：「樹高不離土，葉落仍歸根」，這是對家鄉的深情。在客家人的文化中，充分表現出濃厚的移墾社會痕跡，刻苦耐勞、遵守祖訓，探究生命本源，承續傳統文化與風俗，因而形成客家民族特有的民族性。

（二）宣揚始祖創業精神

客家鄉親原本居住在大陸中原一帶，由於內陸人口的膨漲，以及戰亂的因素，輾轉遷徙到廣東中部以及沿海地區，有些更飄洋過海至臺灣北部的桃、竹、苗地區，以及南部的高雄、屏東一帶墾殖

荒地。目前全臺灣約有四百多萬人,起初先民都是依山而居,赤手空拳來開創自己的家園,以種植稻田、茶樹維生,所以養成吃苦耐勞、委曲求全的精神。他們流血流汗的辛勤耕耘,為後代子孫開闢了安身立命的鄉土家園;一枝草、一點露的耕讀精神,讓客家文化的薪火能夠永遠傳承下去。客家人因自身的顛沛流離,在時時為客、處處為客的窘境中,最為痛切地體驗到故土的可貴,因而與漢民族其他民系相比,愛國愛鄉情懷顯得特別強烈。

　　客家文化是以「耕讀傳家」為核心主軸而發展,客家人敬祖睦宗、長幼有序;在社會意識上,客家人團結、要求與人和睦相處、能忍讓;在品德操守上,要求人品氣節更勝於富貴,並且敬愛自然萬物。客家人的忠義與晴耕雨讀 [22]的風範,可以用下述飲食諺語:「食飽、著燒、求壽年」來充分表達。這是客家人自我期許,自我要求的生活境界,也是客家人用以勉勵子弟的座右銘,無非是希望每個客家子弟都能學習農夫勤勞耕種,經過春耕夏耘的努力,才有秋收冬藏的成果。「積善之家,必有餘慶」(《易經‧坤卦‧文言》),經常積德行善,就會有福壽綿長,值得慶賀的事,降臨到我們身上。這是值得每一位客家子弟,念茲在茲的客家傳統精神。

---

22 邱春美撰:《六堆客家古典文學研究》:「六堆客家人自古即傳承祖先『晴耕雨讀』的遺訓,文風極盛。在清雍正年間即在內埔(後堆)建造全臺唯一的韓文公廟(昌黎祠)來祭祀;據《鳳山縣采訪冊》記載,清統治期間,鳳山縣屬的舉人有二十八人,六堆士子考中舉人就有二十人、而考中進士的有四人,六堆士子中占有進士三人;其他考上秀才、貢生等更不勝其數,成績十分優異。」(輔仁大學中國文學研究所博士論文,2005 年 1 月)

（三）涵養敦品勵學情操

《禮記・曲禮》說：「禮，不踰節，不侵侮，不好狎。修身踐言，謂之善行；行修言道，禮之質也。」[23]說明禮的本質，在於教導青年學子謹言慎行，敦品勵學，懂得尊師敬長，做個循規蹈矩的好青年。可見，禮是立身之大道，修己之準則。《禮記・冠義》說：「故孝弟忠順之行立，而後可以為人；可以為人，而後可以治人也。故聖王重禮。故曰：冠者，禮之始也，嘉事之重者也。」[24]說明一個人做到了對父母孝順，對兄長友愛，對君王忠誠，對長輩順從，這是成人應該修養的優良品德，所以古代聖王很重視冠禮。

客家先民，從唐山以赤手空拳飄洋過海到臺灣，進入窮鄉僻壤墾殖荒地，為穩定家族命脈，因而養成了「勤儉奮鬥、刻苦耐勞」之精神，並且以「耕讀傳家久，詩書繼世長」的理念，來教導子孫們要認真讀書。客家人長期的顛沛流離，使他們更加深刻的體會到故園的可愛、鄉土的芬芳，從而益發眷戀中原故土。把孔孟之道尊為聖賢之道，視三綱五常視為處世為人的是非標準。在客家人的意識中最重「忠、孝、節、義」，把不忠、不孝、不仁和失節視為大逆不道。這些都集中反映為客家文化意識中對為人處世的道德觀念和價值觀念。[25]可見，客家人具有比較重視教育的族群特質，傳統的理想生活境界是「晴耕雨讀」、「孝友傳家」，客

---

23 漢・鄭玄注、唐・孔穎達疏：《禮記正義》卷1，頁14。
24 漢・鄭玄注、唐・孔穎達疏：《禮記正義》卷61，頁998。
25 南山：〈論客家文化意識〉，原載《客家民俗》，1986年第三、四期。

家人的傳統觀念，認為讀書才能識理、明志，才能有出息。

五、臺灣客家地區成年禮儀對現代教育的啟示

　　禮教，乃是人生安身立命的要道，更是推展人文教育的基石。《孝經‧廣要道章》上說：「安上治民，莫善於禮；移風易俗，莫善於樂。」[26]彰顯學禮、行禮是每個人立身處事、經邦濟世的基石。所以荀子說：「禮者，謹於治生死者也。生，人之始也，死，人之終也，終始俱善，人道畢矣。故君子敬始而慎終，終始如一，是君子之道，禮義之文也。」[27]（《荀子‧禮論》）現代人如果能夠玩味其中義涵，躬行踐履，定能滌盡暴戾氣燄，使社會風氣日趨祥和。茲述臺灣客家地區成年禮儀對現代教育的啟示，如下：

（一）生命教育之體現

　　文化的傳承，胥賴教育。良好的教育環境，是學生身心成長的樂園。學校教育是家庭教育的延伸，也是莘莘學子學習各種知識，培育健全人格，發展良好人際關係的重要場所。在擾攘的紅塵裡，父母對子女付出的關愛，是無怨無悔的偉大情懷。為人父母的茹苦含辛，換來子女的茁壯成長。屏東地區客家成年禮「孝親奉茶」的儀式，讓參與成年禮的學員，要感恩感謝父母生育、養育、教育的辛勞，期勉學員成為一個感恩圖報、信守倫理並擁抱希望的人。《周易‧序卦傳》記載：「有天地然後有萬物，有萬物然後有男女，有男女然後有夫婦，有夫婦然後有父子，

---

26 唐‧元宗明皇帝注、宋‧邢昺疏：《孝經‧廣要道章》（臺北：藝文印書館，1998年）卷6，頁43。
27 清‧王先謙：《荀子集解‧禮論》，頁599-560。

有父子然後有君臣,有君臣然後有上下,有上下然後禮義有所錯。」[28]說明中國之倫理制度,建立於父子血緣親情,而導源於夫婦之結合,以家庭倫理制度為基礎,然後推展於社會國家,而維繫此種倫常關係的原動力,就是禮教。可見,禮教是維繫民族命脈之磐石,凝聚宗族之根本,更是端正社會風氣之指針。

(二)家庭倫理之規範

孝,是天地的常道,是人民行為的準則。在擾攘的紅塵裡,父母對子女付出的關愛,是無怨無悔的偉大情懷。為人父母的茹苦含辛,換來子女的茁壯成長。臺北市成年禮禮生卓同學說:「感謝我的爸爸媽媽,這十八年來給我的照顧還有陪伴,然後第二個就是希望,自己能夠脫胎換骨,成為一個新的自己,然後勇敢邁向未來的日子。」這的確是感人肺腑的話語。儒家思想的重點是以道德為依歸,所以孔子說:「夫孝,德之本也,教之所由生也。」[29]孝,是天地的常道,是人民行為的準則。儒家認為孝道是各種道德的根本,從孝順父母開始,到治國安邦,從君主到平民都離不開孝道。因此《禮記・冠義》說:「故孝弟忠順之行立,而后可以為人,可以為人,而后可以治人也。」[30]強調從個人之修身養性、為人處世、進德修業,進而家庭倫理之規範,擴及生命禮儀之指南,乃至移風易俗,教化人民,可作為人民砥礪學行之座右銘。

---

28 見魏・何晏注,宋邢昺疏:《論語注疏》(1815 年阮元刻本),(臺北:藝文印書館,1997 年)頁 188。
29 唐・玄宗注、北宋・邢昺疏:《孝經注疏》卷 1,頁 10。
30 漢・鄭玄注、唐・孔穎達疏:《禮記正義》卷 61,頁 998。

（三）禮教思想之闡揚

二十而冠，始學禮，冠禮的儀式：外在服裝的完備、強化內化對自我的規範、透過冠禮的儀式。了解儀式進行的過程，彰顯人際關係。學生經由成年禮的洗禮，領悟到生命的成長、智慧的成熟乃至悟境的提升、生命意義的持續開展，需經過千錘百鍊，所謂：「能受天磨方鐵漢，不遭人嫉是庸才。」在遇到挫折與苦難時，可以學習以平和之氣，接受挫折之挑戰，所謂：「忍一步則海闊天空，讓三分則風清雲淡」，並且記取教訓，以忍耐來磨練自己的心性；以經典名言增長自己的智慧，進而開拓自己的人際關係。《禮記・經解》也說：「故禮之教化也微，其止邪也於未形，使人日徙善遠罪而不自知也，是以先王隆之也。」[31]說明禮是影響社會人心的一種美德，在禮教潛移默化的影響中，讓人們消除邪惡的念頭。在禮教的薰陶下，日益趨向善良，遠離罪惡，因此，古代的聖王都很重視冠禮。可見禮教能順應自然的變化與人事的變遷，領導群眾循規蹈矩，共謀社會國家的長治久安。

五、結論

美國教育家杜威（John Dewey，1859－1952）說：「教育即生活」強調學習是生活的體驗，道德實踐的表徵。成長中的青少年，其人格與行為的發展，是現代社會特性的反映。人們藉由生命禮儀，彰顯生命中成長的喜悅、傳承任重道遠的使命，建構起傳統的社會秩序，成為約定俗成大家應共同遵守的法則。展閱歷史的篇卷，可知一般人的

---

31 漢・鄭玄注、唐・孔穎達正義：《禮記正義》卷50，頁847。

生命禮儀，原本是豐富而多采的，自出生開始，歷經婚嫁、生子，甚至於到了生命的結局時刻，幾乎每一個生命的重要關卡，我們都是藉著各種的禮儀來處理，讓人在面對生命的重要歷程，要完成某些事務的時候，可以奉禮遵行，不會無所適從。儒家將冠禮定位於「禮儀之始」，給予它極高的文化地位。《禮記‧內則》記載：「二十而冠，始學禮，可以衣裘帛，舞大夏，惇行孝弟，博學不教，內而不出。」[32]說明我國古代男子到了二十歲，舉行加冠禮，就要開始學習五禮，已經成年了，就要篤行孝悌之道，廣泛地學習各種知識，虛心求教，積善成德，以增進自我的人文素養與專業知能。

孔子說：「人能弘道，非道弘人。」（《論語‧衛靈公篇》），中國文化所以能持續五千年而不墜者，是因為我們的祖先發明人類共生存共進化的真理「道德與禮教」。《禮記‧冠義》從個人的修身養性擴及齊家、治國，乃至移風易俗，教化人民，可說是無所不至。《禮記》是先聖先賢累積生活經驗與智慧，並且筆之於書，歷代相傳，以迄於今，可作為各級學校推展生命教育之圭臬。在循序漸進中，引領學生去體現生命教育的三個領域：終極關懷與實踐、倫理思考與反省、人格統整與靈性發展。[33]可見生命禮儀的傳承，植根於血緣的宗法社會，立足於人倫道德之間，雖然歷經二千多年時代洪流的洗禮，落實在人

---

32 漢‧鄭玄注、唐‧孔穎達疏：《禮記正義‧內則》卷28，頁538。
33 孫效智：〈高中生命教育選修課程規劃理念與展望〉，（周大觀文教基金會與彰化師大主辦：高中「生死關懷」新設課程教學研討會，2004年5月22日－23日），頁109－114。

間世中,仍是經世致用,永恆不移。自天子以至於庶人,未有無禮而不危者,足證禮教厥功甚偉。在因應未來更具開放性與多元化的社會發展趨勢,我們應該重視傳統禮教的時代性,禮教是維繫民族命脈之磐石,更是端正社會風氣之指針,而在字裡行間所蘊含的的文化意涵,值得客家年輕學子努力鑽研並且身體力行之。

徵引文獻

一、古籍部分（依《四庫全書》分類法）
1. 魏・王弼、晉・韓康伯注、唐・孔穎達正義：《周易正義》，臺北：藝文印書，1998年。
2. 漢・鄭玄注、唐・孔穎達正義：《禮記正義》，臺北：藝文印書館，1998年。
3. 魏・何晏集解、宋・邢昺正義：《論語注疏》，臺北：藝文印書館，1998年。
4. 東漢・趙岐注、舊題宋・孫奭疏：《孟子注疏》，臺北：藝文印書館，1998年。
5. 宋・朱熹：《四書章句集注》，臺北：鵝湖出版社，1998年。
6. 宋・司馬光：《書儀》（景文淵閣四庫全書本），臺北：臺灣商務印書館，冊142。
7. 唐・元宗明皇帝注、宋・邢昺疏：《孝經注疏》，臺北：藝文印書館，1998年。
8. 清・王先謙：《荀子集解》，臺北：藝文印書館，1946年。

二、現代專著（依作者姓氏筆劃排序）
1. 高明：《禮學新探》，香港：香港中文大學，1963年。
2. 高明：《孔學管窺》，臺北：廣文書局，1972年。

三、期刊論文（依作者姓氏筆劃排序）
1. 江美華：〈從《禮記・冠義》論儒家成人禮的意義〉，(《鵝湖學誌：中國哲學及西方思想研究》32期，2004年6月)，頁143-172。
2. 南山：〈論客家文化意識〉，《客家民俗》，1986年第三、四期。
3. 孫效智：〈高中生命教育選修課程規劃理念與展望〉，(周大觀文教基金會與彰化師大主辦：高中「生死關懷」新設課程教學研討會，2004年5月22日-23日)，頁109-114。
4. 彭美玲：〈臺俗「做十六歲」之淵源及其成因試探〉,(《臺大中文學報》

第 11 期，1999 年 5 月），頁 382。

四、學位論文（依年代排序）

1. 邱春美：《六堆客家古典文學研究》，輔仁大學中國文學研究所博士論文，2005 年 1 月。
2. 翁靖淳：《臺灣閩客族群「做十六歲」成年禮習俗研究》，國立高雄師範大學國文學系碩士論文，2019 年。

五、網路資源

1. 連橫：《臺灣通史》卷 23〈風俗志‧冠婚〉，中國哲學書電子化計劃。
   https://ctext.org/wiki.pl?if=gb&chapter=841885
2. 北市客家成年禮循古禮儀式搭配挑擔闖關。
   https://n.yam.com/Article/20220820649476
3. 維基百科：〈做十六歲〉。
   https://zh.wikipedia.org/zh-tw/
4. 客家文化發展中心。
   http://thcdc.hakka.gov.tw/wSite/mp?mp=1

第九章 從儒家的禮教思想探溯臺灣客家禮俗的文化義涵 [1]

一、前言

周公制禮作樂，為人民定倫常及日常生活的軌道；孔子加以發揚光大，並點醒其價值，指導青年學子精神生活之途徑，完成「化民成俗」、「為生民立命」的大德業，使人民有道揆法守。[2]展閱儒家古籍如：《論語》、《孟子》、《荀子》、《禮記》中的禮教思想，歷經朝代的更迭，依然是彰顯倫常之道，使人民得以安身立命之圭臬。《禮記‧坊記》說：「禮者，因人之情，而為之節文，以為民坊者也。」禮是順應著人的常情而制定的禮節儀文，作為人民品德的規範，因此，只要人人懂得克己復禮之道，定能化暴戾為祥和，使社會風氣更加淳厚，人心更加善良。儒家教育學生的宗旨，是教導學生修己治人之方與經邦濟世之道，從古籍經典中，學習先聖先賢的嘉言懿行，可以砥礪德性，增長見聞。人生活在大千世界裏，就得學習社會生活的規範。

孔子所說的「禮」，包蘊宏富，從宗教祭典到古代成規儀文，甚至一切文化的代名詞。如：「生，事之以禮；死，葬之以禮，祭之以禮。」（《論語‧為政篇》）從父母在世時，為人子女冬溫夏清、昏定晨省，克盡孝道；到父母離開人世，依照世俗的禮節安葬與祭祀父母，

---

[1] 本文初稿刊載於《世界客家雜誌》雙月刊第43期（臺北：世界客家雜誌有限公司，2024年01月），頁63。

[2] 牟宗三：《中國哲學的特質》〈第十二講：作為宗教的儒教〉（臺北：臺灣學生書局，1994年），頁98。

這也就是《禮記・禮運》上所說:「禮義也者,人之大端也,所以講信修睦,而固人之肌膚之會、筋骸之束也。所以養生送死、事鬼神之大端也。」說明禮義是每個人立身處世的基石,人類以禮義為推動道德的原動力,使人人能講信修睦,更維繫了良好的人倫關係,使人們養生送死都合乎禮節。《孟子》說:「君子所以異於人者,以其存心也,君子以仁存心,以禮存心,仁者愛人,有禮者敬人。」(《孟子・離婁篇下》)說明君子經常省思自己的德業修養,言行一致,以一顆真誠之心待人接物,久而久之,自然與人和睦相處,受到眾人的敬愛。可見,儒家注重道德教育,崇尚教育的倫理價值。「仁」道,以提昇自我的德性生命,這就是孔子所說:「仁遠乎哉?我欲仁,斯仁至矣。」(《論語・述而篇》)的表徵。

二、臺灣客家禮俗文化之特質

客家人重視祖先與宗族意識,認為祖先是每個人的血緣生命與文化淵源。《荀子・禮論》上說:「禮,有三本:天地者,生之本也;先祖者,類之本也;君師者,治之本也。」客家人相信天地創生萬物,是一切生命之始,而祖先則是我們生命的淵源。所以祖宗的恩德,是可以和天地相提並論的。祭祀天地和祖先,同樣是客家人「報本返始」、「慎終追遠」的精神。客家人受儒家思想影響,強調倫理道德,舉凡姓氏家族聚居之地,必設置宗祠。走訪客家宗祠,宗祠內的神牌、堂號對聯及祭祀祖先的活動,見證了祖先創業維艱的辛勞,也烙印了後代子孫崇敬宗祖的印記。歷代的祖先和生育、養育、教育我們的父母,都是我們生命的根源,血濃於水,代代相傳,不斷的往前追溯,就可以彰顯現出歷史綿延不斷的傳承精神。茲述臺灣客家禮俗之文化特質,如下:

(一) 敬天法祖

　　儒家所談的禮不但通於道德，也通於宗教，包括了祭祀之禮，也是孝道的延伸與擴大。儒家以「報本返始，守護常道」為天職。同時肯定天地是宇宙生命的本始，祖先是個體生命的本始，聖賢是文化生命的本始，所以主三祭以返本。[3]儒家的三祭之禮－祭天地、祭祖先、祭聖賢，證實了儒家的宗教性，通過三祭之禮，可以使人的生命與宇宙相通，與祖先相通，與聖賢相通。可見禮之本義，包含對天地、個人祖先、民族祖先之崇拜皈依之宗教意識。《論語・為政》說：「生，事之以禮；死，葬之以禮，祭之以禮。」從父母在世時，為人子女冬溫夏凊、昏定晨省，克盡孝道；到父母離開人世依照世俗的禮節安葬他們、祭祀他們，這也就是《禮記・禮運》上所說：「禮義也者，人之大端也，所以講信修睦，而固人之肌膚之會、筋骸之束也。所以養生送死、事鬼神之大端也。」[4]說明禮義是每個人立身處世的基石，人類以禮義為推動道德的原動力，它使人人能講信修睦更維繫了人類良好的人倫關係，使人們養生送死都合乎禮節。

　　傳統客家人祖先崇祀的文化，注重宗祠之建造，以供奉祖先牌位，緬懷祖先功德，不忘本源，慎終追遠、奉行孝道、感恩報德、祈求祖先賜福與庇祐及延續血緣等特色。客家人舉行宗祠祭祀的時間，較為普遍的是春、秋二季的祭祀。目前臺灣客家祭典所採行的「三獻禮」，簡而言之，是推選數位主祭者向神明行三跪九叩禮，並以三獻牲禮（酒、肉

---

[3] 蔡仁厚：《儒學的常與變》肆、〈中國現代化的綱領與層次〉，頁73。
[4] 清・孫希旦：《禮記集解》：「肌膚筋骸四者聚，而為身有禮，則莊敬日強。惰慢邪僻之氣，無自而入，而肌膚之會，筋骸之束，自此固矣。講信修睦而見於事者，無不誠。固人肌膚筋骸而動於身者，無不莊。以明，則養生送死，以幽，則事鬼神，亦惟禮義為大端緒也。」頁303。

等供品),再讀祭文、燒金紙等表達尊祖敬宗的祭祀儀禮。「三獻禮」多用於敬神祭祖的時候,特別是客家人,其在拜神祭祖時多會舉行「三獻禮」這樣隆重的儀禮。[5]而這祭祀活動,最主要的目的是,向土地伯公為首的諸神明祈求並感謝其保佑居民風調雨順、牲畜平安、農作豐收,並祈求祖先庇佑子孫闔家平安、吉祥如意。孔子說:「祭如在,祭神如神在。」(《論語・八佾》);《禮記・大傳》也說:「親親故尊祖,尊祖故敬宗,敬宗故收族,收族故宗廟嚴,宗廟嚴故重社稷,重社稷故愛百姓。」說明祭祀禮儀之功能,在發揮人們仁民愛物的天性,由親愛親人,推而上之,及於尊重先祖,由尊重先祖擴而充之,至於尊敬宗族,繼而團結族人,推衍至社會國家,使得人人能安居樂業。

(二)教孝感恩

孔子說:「弟子入則孝,出則悌,謹而信,汎愛眾,而親仁。行有餘力,則以學文。」(《論語・學而》)由此可知,孝順父母,敬愛兄長,是行仁的基本要件。而「汎愛眾」,是最終的目標。《禮記・冠義》上說:「凡人之所以為人者,禮義也。禮義之始,在於正容體、齊顏色、順辭令。容體正,顏色齊,辭令順,而后禮義備。以正君臣、親父子、和長幼。君臣正,父子親,長幼和,而后禮義立。」說明了先王制定禮義,成為人民行為的規範。其本出於君臣、父子、長幼尊卑之間,其詳見於儀章度數、周旋曲折之際,使人民的言行舉止,能循規蹈矩,態度端莊合宜,說話恭順有禮,進而使「父子有親、君臣有義、長幼有序、夫婦有別、朋友有信。」五倫齊備,如此禮義的基礎才算建立好。《禮記・坊記》說:「禮者,因人之情,而為之節文,

---

5 張廖家廟〈客家文化、客家禮俗與儀典〉。
www.chang-liao.url.tw/100years_lista_05.html

以為民坊者也。」禮是順應著人的常情而制定的禮節儀文，用作人民的規範，因此只要人人懂得克己復禮之道，定能化暴戾為祥和，使社會風氣更加淳厚，人心更加善良。

　　客家人受儒家思想的影響，強調倫理道德是修身養性為人處事的根本。「忠信孝悌」是中國傳統倫理道德的核心內容。在人倫關係上，客家人要求子孫敬祖睦宗、孝順父母、兄友弟恭；在社會上，客家人要求子孫忠誠信實，與人和睦相處、能謙和忍讓；在品德操守上，客家人要求子孫清廉自持、淡泊名利，不貪戀富貴，並且敬愛自然萬物，這就是「忠信孝悌」的表現。因為客家人長期的顛沛流離，使他們更加深刻的體會到家園的可愛、鄉土的芬芳。把儒家孔孟之道尊為聖賢之道，視三綱五常為為人處世的是非標準。在客家人的意識中最重「忠、孝、節、義」，把不忠、不孝、不仁和失節視為大逆不道。[6]客家人具有比較重視教育的族群特質，一般宗族譜牒均表現出強烈的崇儒文化，要求族人以儒家的處事原則為立身之道，強調宗族的教育要造就知書達禮、忠孝雙全的後代子孫。客家人傳統的理想生活境界是「晴耕雨讀」、「孝友傳家」，客家人的傳統觀念，認為讀書才能識理、明志，才能有出息。客家族群每逢春、秋兩祭，整個家族子孫集合在祠堂或祖塔前，以豐盛牲醴、粢盛菓品，於堂前行隆重三獻大禮祭拜祖先，充分展現慎終追遠、報本返始、教孝感恩之文化意涵。

（三）敬慎重正

　　中華民族自古以來就重視家庭和睦、重視親情倫理。《禮記・昏義》說：「敬慎重正而後親之，禮之大體，而所以成男女之別，而立夫婦之

6　南山：〈論客家文化意識〉，原載《客家民俗》，1986年第三、四期。

義也。男女有別,而後夫婦有義;夫婦有義,而後父子有親;父子有親,而後君臣有正。故曰:昏禮者,禮之本也。」[7]《禮記・昏義》一篇闡述了古人對婚禮的重視,婚禮是結合兩個姓氏之間的歡好,對上事奉宗廟、對下延續後嗣的事,因此君子重視婚禮。《禮記・郊特牲》說:「夫婚禮,萬世之始也。取於異姓,所以附遠厚別也。」[8]說明經過敬謹隆重而光明正大的婚禮,夫妻才能相親相愛,同時形成男女之間的區別,建立起夫妻之間正當的道義。夫妻依禮結合,相互尊重而後有情義產生,而後產生父子間的親情,父子有親情,然後君臣之間才能各安其位。所以《禮記・禮運》說:「何謂人義,父慈、子孝、兄良、弟弟、夫義、婦聽、長惠、幼順、君仁、臣忠十者,謂之人義。」[9]唯有人與人彼此相愛,纔能達到父子相愛,不失父慈子孝之道;兄弟相愛,不失兄友弟恭之道;夫婦相愛,不失夫義婦聽之道;君臣相愛,不失君仁臣忠之道;朋友之間,不失守信之道,彰顯出五倫或五常,是相對的人際關係。由此可知,婚禮是所有禮的根本。結婚是人生的大事,具有事奉宗廟、生兒育女、傳宗接代的神聖任務。

　　客家人移民臺灣,始自三百多年前的明末清初時期,臺灣客家人的傳統婚姻方式仍是遵從「父母之命,媒妁之言」的古訓,男婚女嫁,明媒正娶,以「生兒育女,傳宗接代」為己任,並傳承儒家「同姓、近親不婚」的習俗。結婚儀典是客家人重視的生命禮俗,源始於中原漢族的客家民系,生活習俗傳承了中華文化傳統;對個人而言「結婚」不僅是「合二姓之好」攜手共創人生美好未來的嶄新開始,更是「上以事宗廟,而下以繼後世」深具承先啟後、繁衍後代的家族大事。並遵循《禮記・

---

[7] 漢・鄭玄注、唐・孔穎達疏:《禮記正義・昏義》卷61,頁1000。
[8] 漢・鄭玄注、唐・孔穎達疏:《禮記正義・郊特牲》卷26,頁505。
[9] 漢・鄭玄注、唐・孔穎達疏:《禮記正義・禮運》卷22,頁431。

昏義》中所說:「納采、問名、納吉、納徵、請期」這五個步驟,都要慎重其事。「納采」是婚禮的第一步,男方中意某家姑娘時,就會派遣媒人通知女方家長,傳達求婚之意,如果經過女方初步同意,就會送雁至女家,表示正式接受男方采擇之禮。納采後,由媒人請教女方父親與母親姓名、女方的名字與出生年月日等,以便卜其婚配的吉凶。「問名」之後,男方將女子的生庚八字置於廟堂前求神問卜,若卜出的吉兆,則遣媒人執雁告知女方,表示婚事大抵已定,因此納吉相當於正式訂約。經過納徵禮後,男家具備婚期吉日書及禮物往告女家,以請求完婚的確定日期。古代新婿通常於黃昏時,親往女家迎接新婦回來。新娘入宅後,婚禮告一段落。每逢男方的使者到來時,女方家長都是在廟裡準備筵席,招待來訪的賓客。進入廟門,賓主揖讓升階登堂,在廟堂上聽使者傳達男方家長的意見。之所以這樣做,就是為了表示對婚禮的敬慎重正。

三、臺灣客家禮俗之文化義涵

《禮記・祭統》上說:「凡治人之道,莫急於禮。禮有五經,莫重於祭。夫祭者,非物自外至者也,自中出生於心也;心怵而奉之以禮。是故,唯賢者能盡祭之義。」說明祭祀鬼神之禮是發自人們內心的感念,也就是孝心的表現,這種回歸於生命根源「報本返始」的精神,是儒家極為深遠懿美的生命的表現。[10] 詳細考察夏、商、周三代禮制的損益變革,可知從古至今,都是根據人情的實際需要制訂國家各種禮制,而仁義道德就是透過人的情性,經緯萬端,引領人民向善去惡的根源。由上述可見,禮的內在基礎是仁,是義,人的生命要安頓於仁,要經由「禮門」而進入道德理性的價值世界,要由「義路」

---

10 蔡仁厚《孔子的生命境界──儒學的反思與開展》,貳、〈詩、禮、樂與文化生命〉,頁27。

而走上人生的康莊正途。[11]足證禮義是待人處世的基本要件,值得大家重視。茲述臺灣客家禮俗之文化義涵如下:

(一)倫常道德的體現

孔子很重視倫理道德,所謂倫理,就是孟子所說的五倫:「父子有親、君臣有義、夫婦有別,長幼有序。」(《孟子・滕文公上》)這五種倫常道德,必須藉由禮教才能做得好,必須合禮才能名如其分,說明禮是調和人類倫理親情及社會道德的重要橋樑。就孝道而言,必須「生,事之以禮。死,葬之以禮;祭之以禮。」(《論語・為政篇》)說明為人子女事奉父母,要冬溫夏清、昏定晨省,使父母衣食無虞,身體健康快樂;對於喪葬、祭祀的事,要不違背禮節,盡到哀戚之情與虔誠之敬意,才算合乎孝道的真諦。為人子女者應當對父母盡孝,但如何的表現才算盡孝?曾子說:「慎終追遠,民德歸厚矣。」(《論語・學而篇》)「慎終」的意思,就是為人子女要以敬慎的心情,去辦理父母的喪事;「追遠」,就是後代子孫要以不忘本的心情,去祭拜歷代的祖先。不管是喪葬或祭祖,都是思念父母恩德,追懷祖先德澤的孝道表現。

歷代的祖先和生育、養育、教育我們的父母,都是我們生命的根源,血濃於水,代代相傳,不斷的往前追溯,就可以彰顯現出歷史傳續,綿延不斷的精神。祭祖掃墳,可以讓後代的子孫了解,我們的生命是生生不息的,是上承祖先的命脈而來,還要一代代的傳承下去,如果自己不努力進德修業,將愧對祖先的創業維艱?將何以承續香火為子孫開創基業?因此「慎終追遠」的喪禮祭禮,正蘊含有移風易俗的教化作用。所以孔子說:「祭如在,祭神如神在。子曰:「吾不與祭,如不祭。」(《論語・八佾》);「林放問禮之本。子曰:『大哉問!禮,與其奢也,寧儉;

---

11 蔡仁厚:《孔子的生命境界——儒學的反思與開展》,貳、〈詩、禮、樂與文化生命〉,頁29。

喪,與其易也,寧戚。」(《論語‧八佾》)由上述可知,孔子認為祭禮重在誠敬,喪禮重在內心的哀思,可見祭禮與喪禮所重視的是禮的本,那個本便是仁。祭祀天地和祖先,同樣是客家人「報本返始」、「慎終追遠」的精神。客家人最重視宗族倫理觀念因此勤修族譜,在住宅正廳門楣上標示堂號,堂號內供奉祖先牌位之外,多不祭祀其他神位,並告誡子孫:「寧賣祖宗田,不忘祖宗言,寧賣祖宗坑,不忘祖宗聲。」,以表示要飲水思源,不可以忘本。

(二)美善人格的彰顯

孔子說:「禮者,因人之情,而為之節文,以為民坊者也。」(《禮記‧坊記》)可見禮是順應人的常情而制定的節文,用作為人民言談舉止的規範。而禮的節文,為末,其根本在仁。禮的內在基礎就是「仁」、是「義」;說明人的生命要安頓於仁義之中,才能進入道德理性的理想世界,進而培養美善的人格。至於樂教方面,荀子說:「樂者,聖人所樂也。而可以善民心,其感人深,其移風易俗。故先王導之以禮樂,而民和睦。」(《荀子‧樂論》)表示音樂不但可以陶冶人的心性,並且可以作為修養品德的樞機,更可以作為人類和睦相處的原動力,足見音樂教化是淨化社會人心的根本。古時禮樂合一,二者互為表裡,它是推動人文教化的二個重要指標。禮教是善的根源,樂教是美的基石,可見孔子以美善合一為禮樂教化的最高目標,也是君子人格圓滿的呈現。

客家諺語說:「但留方寸地,留與子孫耕。」先民世代以務農為業,每天早出晚歸,耕田又耕圃,做到兩頭烏。所以常常勉勵子孫做事要腳踏實地,做人要光明磊落,並且心存善念來待人接物。人們的心田,猶如農人種植的田地,要經過插秧、播種、除草、施肥等工作,才有豐收的一刻到來。因此人人要好好耕耘心田,讓這塊善心福地,不要受到紅

塵的污染，要永遠保持赤子之心，更不可以做傷天害理的壞事，讓心靈的天空更寬廣亮麗。客家諺語說：「為老不尊，教壞子孫。」又說：「樹頭若企乎正，不怕樹尾做風颱。」這些諺語說明上樑不正，下樑歪的意涵。因此為人長輩，要以身作則，教導子孫做人要循規蹈矩，謹守本份，不可以為非作歹。並且規勸子孫做事要心存善念，頭頂青天，腳踏實地，去做好自己份內的工作，不要妄想一步登天，如此吃苦耐勞，盡忠職守，才可以開創璀璨光明的未來。可見先民用善知識引導子孫向光明的人生邁進，使他們在潛移默化中，能夠牢記庭訓，將來長大做個俯仰無愧、堂堂正正的客家人。

（三）人文關懷的落實

在《論語》書中，孔子要求弟子們「學禮」、「好禮」、「知禮」、「復禮」、「約之以禮」、「立於禮」。那麼孔子所謂的「禮」，究竟是指些什麼呢？我國傳統之禮制，可以分類為吉、凶、軍、賓、嘉五禮。[12]依據現代學術的分類，古代的禮包含有政治制度、社會制度、社會習俗、宗教儀式，日常生活規範等層面，它是文化傳統的代表，內容苞蘊宏富。從禮的字義上來說，有「宜乎履行」，「合乎道理」、「體乎人情」三種。禮教，可以培育人具有恭、儉、莊、敬的美德，這是為人處世、立身於世的根本。維繫人倫關係的禮制，雖然會隨著作時代的變遷而改異，但是某些必須共同遵守的行為準則和道德規範，卻不會隨著朝代的更迭而改弦易轍，仍然是人人必須遵守的。

禮在孔子思想裏是貫通修己與治人的二個面向，修己是治人之基

---

12 高明：《高明孔學論叢》：「孔子所論，吉禮為詳，凶禮次之；吉禮以祭祀為主，凶禮以喪葬為主，軍、賓、嘉禮僅略及之，可知孔子所重在喪、祭也。」（臺北：黎明文化事業公司，民67年7月初版），頁179。

石,在於確立每個人要如何扮演好自己的角色?每個人的角色恰如其分,便是正名[13]。孔子說:「名不正,則言不順;言不順,則事不成;事不成,則禮樂不興;禮樂不興,則刑罰不中;刑罰不中,則民無所措手足。」(《論語・子路篇》)說明正名的依據就是禮,有子曾說:「禮之用,和為貴;先王之道,斯為美,小大由之。有所不行,知和而和,不以禮節之,亦不可行也。」(《論語・學而篇》)禮以導正人倫秩序為基礎,以整體社會和諧為目標,禮之運用,以從容合節為可貴。人一生下來便是社會一分子,不可以離群而索居,因此立足於社會,必得學習禮。《周易・坤卦・文言》說:「積善之家,必有餘慶;積不善之家,必有餘殃。」[14]說明不論人們行善或是作惡,其吉凶禍福均是自己日積月累的行為所鑄成,這是儒家「積善成德」的觀點。如果人人行事都能誠信正直,做事光明磊落無愧於天,待人誠信無愧於人,那整個人世間就充滿了溫馨和諧的風氣。

　　《大學》上說:「自天子以至於庶人,壹是皆以修身為本。」,客家人受儒家思想的影響,強調倫理道德是修身養性為人處事的根本。「忠信孝悌」是中國傳統倫理道德的核心內容。在人倫關係上,客家人要求子孫敬祖睦宗、孝順父母、兄友弟恭;在社會上,客家人要求子孫忠誠信實,與人和睦相處、能謙和忍讓;在品德操守上,客家人要求子孫清廉自持、淡泊名利,不貪戀富貴,並且敬愛自然萬物,這就是「忠信孝悌」的表現。因為客家人長期的顛沛流離,使他們更加深刻的體會到家園的可愛、鄉土的芬芳。把儒家孔孟之道尊為聖賢之道,視三綱五常為為人處世的是非標準。在客家人的意識中最重「忠、孝、節、義」,把

---

13 林義正:《孔子學說探微》,〈論孔子的道德評價標準〉,(臺北:東大圖書司,76年9月),頁126。

14 魏・王弼、晉・韓康伯注、唐・孔穎達正義:《周易正義・坤卦・文言》,卷1,頁20。

不忠、不孝、不仁和失節視為大逆不道。[15]客家人具有比較重視教育的族群特質,一般宗族譜牒均表現出強烈的崇儒文化,要求族人以儒家的處事原則為立身之道,強調宗族的教育要造就知書達禮、忠孝雙全的後代子孫。客家人傳統的理想生活境界是「晴耕雨讀」、「孝友傳家」,客家人的傳統觀念,認為讀書才能識理、明志,才能有出息。

四、結語

《周易‧賁卦‧彖傳》說:「觀乎天文,以察時變,觀乎人文,以化成天下。」[16]說明觀察天文的動向,可以察知時序的變化,體察人類的文明,可以推行人倫教化。孔子所推動的禮教,教育之對象為個人,教化之對象則為全國人民;教育以培育才德兼備的個人為宗旨,教化則以化行俗美、社會清明為目標,從個人的誠意、正心、修身做起,到教化全國人民,達到善群而致天下太平為終止,可見儒家的禮教思想,意義極為深遠。在《論語》書中,孔子要求弟子們「學禮」、「好禮」、「知禮」、「復禮」、「立於禮」。我國傳統之禮制,可以分類為吉、凶、軍、賓、嘉五禮。[17]依據現代學術的分類,古代的禮包含政治制度、社會制度、社會習俗、宗教儀式,日常生活規範等層面,它是文化傳統的代表,內容苞蘊宏富。從禮的字義上來說,有「宜乎履行」,「合乎道理」,「體乎人情」三種。[18]禮教,可以培育人具有恭、儉、莊、敬的美德,這是

---

15 南山:〈論客家文化意識〉,原載《客家民俗》,1986 年第三、四期。
16 宋‧程頤:《易程傳》:「天文謂日月星晨之錯列,寒暑陰陽之代變,觀其運行,以察四時之遷改也。人文人理之倫序,觀人文以教化天下,天(一無天字)下(一無天字),成其禮俗,乃聖人用賁之道也。」(臺北:世界書局,1986 年),頁 197。
17 高明:《高明孔學論叢》:「孔子所論,吉禮為詳,凶禮次之;吉禮以祭祀為主,凶禮以喪葬為主,軍、賓、嘉禮僅略及之,可知孔子所重在喪、祭也。」(臺北:黎明文化事業公司,民國 67 年 7 月初版),頁 179。
18 高明:《高明孔學論叢》,頁 179。

為人處世、立身於世的根本。維繫人倫關係的禮制,雖然會隨著作時代的變遷而改異,但是某些必須共同遵守的行為準則和道德規範,卻不會隨著朝代的更迭而改弦易轍,仍然是人人必須遵守的。所以孔子說:「禮者,因人之情,而為之節文,以為民坊者也。」(《禮記・坊記》)可見禮是順應人的常情而制定的節文,用作為人民言談舉止的規範。禮的內在基礎就是「仁」、是「義」;說明人的生命要安頓於仁義之中,才能進入道德理性的理想世界,進而培養美善的人格。

從大陸播遷到臺灣的客家先民,不但帶來客家的語言與風俗習性,同時,大多還帶上祖宗香火牌位。舉凡姓氏家族聚居之地,必設置宗祠。客家人重視祖先與宗族意識,因為祖先是每個人的血緣生命與文化淵源。客家人因自身的顛沛流離,在時時為客、處處為客的窘境中,深切地體會到故土的可貴,在客家諺語中,反映客家人愛鄉情懷的內容俯拾皆是:「樹高不離土,葉落仍歸根」,這是對家鄉的深情。在客家人的文化中,充分表現出濃厚的移墾社會痕跡,因而形成刻苦耐勞、遵守祖訓,承續傳統文化與風俗特有的民族性。客家人認為生命是可貴的,祭祀祖先,是一種非常肅穆的傳統。並告誡子孫要飲水思源,不可以忘本。客家人大都掛起祖先的堂號,視為光榮的標記。客家文化是以「耕讀傳家」為核心主軸而發展,於是在性格上,客家人勤勞節儉、刻苦耐勞;在人倫關係上,客家人敬祖睦宗、長幼有序;在社會意識上,客家人團結、要求與人和睦相處、能忍讓;在品德操守上,要求人品氣節更勝於富貴,並且敬愛自然萬物。這是值得每一位客家子弟,念茲在茲的偉大精神。

徵引文獻

一、古籍部分（依《四庫全書》分類法）
1. 魏・王弼、晉・韓康伯注、唐・孔穎達正義：《周易正義》，臺北：藝文印書館，1998年。
2. 宋・朱熹：《四書章句集注》，臺北：鵝湖出版社，1998年。
3. 宋・程頤：《易程傳》，臺北：世界書局，1986年。

二、現代專著（依作者姓氏筆劃排序）
1. 吳密察監修：《臺灣史小事典》，臺北：遠流出版社，2012年四版。
2. 陳運棟編：《臺灣的客家禮俗》，臺原出版社，1990年。
3. 羅香林：《客家研究導論》，臺北：南天書局，1992年7月臺灣一版。
4. 謝淑熙：《臺灣客家禮俗文化新探索》，臺北：萬卷樓圖書公司，2019年5月初版一刷。
5. 何石松、劉醇鑫編：《現代客語實用彙編》，臺北市：北市客委會，2002年。

三、期刊論文（依作者姓氏筆劃排序）
1. 何石松：〈從客語詞彙看客家文化之內涵〉，《客家語言文字與教育研討會論文集》，臺北市民政局，1999年。
2. 林銘嶢：〈從帶有雞、猴的客家俗諺探觸客家人生活思想內涵〉，全球客家經貿平臺，2007年8月12日。
3. 林曉平：〈客家文化特質探析〉，收錄入羅勇、林曉平、鍾俊昆主編：《客家文化特質與客家精神研究》，哈爾濱：黑龍江人民出版社，2006年3月第一次印刷。
4. 南山：〈論客家文化意識〉，《客家民俗》，1986年第三、四期。

四、網路資源
1. 文史資料——唐山過臺。
   https://blog.xuite.net/hhcjuliet/journal/8697596
2. 維基百科：涂敏恆。
   https://zh.wikipedia.org/wiki/%E6%B6%82%E6%95%8F%E6%81%86
3. 臺灣文學網〈臺灣俗諺〉。臺灣文學網址：
   web.pu.edu.tw/~chinese/txt/epaper/94epaper.../a01.htm
4. 行政院客家委員會。
   www.ihakka.net/hv2010/january/process.html

第三編、藝術文化

第十章 走過竹林一甲子——臺灣竹學專家呂錦明博士[1]

　　呂錦明博士 1935 年出生於新竹郡關西庄坪林分校的教員宿舍，父親是位卓越的教育家，母親是位賢淑的客家婦女。在良好家庭教育的栽培下，學業成績一直很優秀。畢業於臺灣省立臺中農學院森林系（臺中農學院 1961 年升格為「臺灣省立中興大學」，1971 年改制為「國立中興大學」）1967 年以優異的成績考上日本文部省獎學金留學九州大學，1977 年再以國科會獎學金出國進修，1980 年獲得九州大學農學博士學位。自大學畢業服兵役後至屆齡退休止，均在林業試驗所服務。呂錦明博士是外子的二舅，筆者有幸能拜讀呂博士 2024 年 4 月剛出版的新書《臺灣竹指南》，是繼《臺灣竹圖鑑》之後，另一本鑽研竹子的巨著。呂博士從 1979 年踏入竹子的世界之後，不斷研究與觀察的豐碩成果，堪稱走過竹林一甲子，展閱全書，猶如見到竹子殿堂「宗廟之美，百官之富」的盛況，令人大開眼界。

---

1 本文初稿刊載於《世界客家雜誌》雙月刊第 47 期（臺北：世界客家雜誌有限公司，2024 年 9 月），頁 4。

呂博士拍攝於臺北植物園。

呂博士與夫人合影於臺北植物園。

呂博士與夫人合影於臺南龍崎百竹園。

　　呂博士回首參加大學入學考試的經歷，如人飲水，冷暖自知。展閱臺灣大專聯考的歷史，中華民國政府遷臺初期，大學入學考試是由各校獨立辦理招生考試；每到暑假，考生必須分別前往各校應試，疲於奔命。

1954 年教育部部長張其昀主張聯合招生，責成當時四所公立大學——國立臺灣大學、臺灣省立師範學院、臺灣省立農學院、臺灣省立工學院——組成「大專聯招會」負責招生事宜，參與招生的學校包含大學及專科學校。呂博士陳述自己就像參加首次實施的大專聯合招生的白老鼠，在毫無適當規劃情況下，只訂定一個標準分數以上錄取臺大，那個分數以下，某個分數以上算是錄取分數，由其他 3 個學院（師範學院，臺中農學院，臺南工學院）去分。呂博士還算是幸運被分發到第二志願的學校，第一志願的系，臺中農學院森林系。當年森林系共收兩班 80 名學生，呂博士分發在甲班，當時的學校上課是指由教務處一位職員來點名，按照註冊時的順序排定的坐位點名，很多同學看到點名先生離開，趁老師轉身寫黑板就跳窗出去，準備重考！真是可歌可泣的年代，令人不堪回首憶當年啊！

　　呂博士娓娓暢述當年在農學院生活的四年期間，可說是相當幸運而且成果豐碩。原因是二年級以後，由於品學兼優，深受樹木學老師的青睞與照護。那年的暑假有樹木學實習，按照往例兩個星期的實習全期都是在惠蓀林場，可是那年卻改成惠蓀與林試所蓮華池分所各一個星期，呂博士被指名擔任伙食委員，與助教先行離開惠蓀，轉往在魚池鄉五城村的蓮華池分所，安排同學們的住宿與伙食問題。每天早上交代分所擔任採買的同仁購買的菜單，劉業經教授對我的表現非常滿意，實習結束那天，每一位同學都要拿幾天來採集的樹木標本檢查及問樹木名的口試，通過才能回家，我最後照例提標本給劉教授檢查口試，他說：「我知道你，你不必問了，你做的很好，也辛苦了，回去吧！」那年的暑假，劉教授另外組合「橫貫公路森林開道大隊」來申請參與青年救國

團的暑期活動，森林開道大隊有我們農學院的森林隊和又屏東農專組成的畜牧隊，劉教授又任命我為副隊長兼掌旗官，深感責任重大！我們的森林開道大隊在霧社工寮睡一晚後，第二天早上 9：00 開始出發，經達見、梨山、環山等地，經四季，最後在宜蘭解散各自回家。在梨山買了名產：梨山梨子，手上增加了一包水果，但是隊旗還是在我手上，咬緊牙關走完全程，最後一夜住在林務局羅東林管處招待所，退輔會派來擔任輔導的「旺旺叫」先生向劉教授及謝講師（是親房宏基嫂的哥哥）埋怨：「你們那個掌旗官一路上走路太快，我在大陸打游擊，急行軍也沒那麼快，講又講不聽，真是急死人。」謝講師回說：「他差一點沒有跑給你看，你沒看出他是飛毛腿。」

　　細說從前，往事歷歷，如在目前，令人莞爾。

　　呂博士陳述大學三年級時，業師劉老師在他的研究室前，親自把研究室的鑰匙交給我，並且說：「你可能要為寫畢業論文找資料，或是看書寫論文，都可以來利用這個房間，此時此刻內心雀躍不已，森林系三年級將近 80 位學生，只有我一個人能有這樣的榮幸，真的是謝天謝地！」二次大戰結束後，中國國民黨政府來臺接收臺灣，林業試驗所首任所長林渭訪先生是浙江人，與周至柔省主席同鄉，德國留學，我們二年級時候的 B 班的樹木學就是由他兼課來講授，他來臺擔任所長時，把他的四大金剛也帶來臺灣，劉教授是老二。1960 年 3 月在金門退伍，我以建設人員特考及格人員身份，被分發派到林試所，林所長就把我派配到林業推廣課服務，課長鄭宗元先生就是四大金剛中的老三。在競競業業的研究與林業推廣的優秀表現，升任林業試驗所生物系主任。

是麻竹集約經營栽培示範區的觀摩。右邊那張是呂夫人協助量測杉木萌芽更新根株萌芽狀態。（杉木萌芽更新是呂博士的博士論文）

與沖繩縣林業試驗場有合作契約，於該場50週年慶應邀致祝詞，次日往現場指導竹林整理。

下面那張照片，呂博士對面那位是指導教授：宮島寬博士，旁邊戴太陽眼鏡的張教授的太太張師母，同樣以宮島教授，為指導教授的博士學位授得者，當時臺灣得到宮島教授指導取得博士學位者有5位：臺博1號林文鎮學長，2號呂；3號方教授；4號臺大郭教授；5號張教授。林文鎮學長是農委會森林科科長，掌管學術研究計畫經費，對我又親如兄弟，他本想從東京大學拿博士，我想從學校對學位取得有關規則來看還是九大較東大合理，所以建議他考慮九大，所以他是九大1號，我禮讓他而為九大2號。

呂博士自 1979 年起從事竹類研究以來，對竹類生長之特性、經營管理之理念均有新的突破，尤以自 1985 年以來採集竹類種子以培育種子苗新生代之成果最為卓著，現仍設有麻及孟宗之造林木試驗地各二處，並以其優良種苗推廣林農，對竹林材料之更新極有貢獻。為推廣竹類栽培知識，呂博士經常應邀前往各地區農會講授竹節栽培經營，自 1993 年起參與農委會原住民農事推廣教育計畫，擔任桂竹林經營輔導。五年來，應邀講習授課，在山地鄉曾以「桂竹希望之旅」活動為成果展示的一部分，並參與「大北之頌」成果展示，對原住民山地部落經濟活動活性化，竹林生產力之提升貢獻良多。有關竹類之著述頗多，五年內出版竹類種子苗造林試驗論文二篇，宣導性文章三篇，參加國際性竹類研討會次（溪頭、菲律賓），同時為中華林學會出版《中華民國臺灣林業志》一書「竹林栽培」章之執筆人。有一句諺語：「花若盛開，蝴蝶自來。人若精彩，天自安排」可以說是呂博士對臺灣造林貢獻卓著的最佳詮釋，於 1998 年榮獲中華林學會褒獎—事業獎得獎人，實至名歸，可喜可賀，與有榮焉。

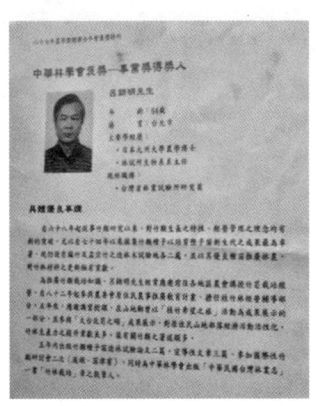

1998 年榮獲中華林學會褒獎——事業獎。

上面的照片是在花蓮縣光復鄉，帶領太巴塱村民前往他們的重要資源包籜矢竹林教導他們疏伐調整立竹密度的技術與作業法。下面的照片是光豐地區農會理事、監事主席以一幅【惠我筍農】贈送給我。

（包籜矢竹可有兩次收穫的事，陽明山上的包籜矢竹也一樣。和桂竹一樣，就是春筍和秋筍，秋筍就是俗稱的白露筍。）

呂博士在復興鄉上課解說竹林的經營。

呂博士在復興鄉上課解說竹林的經營。

在復興鄉講解的記錄，前排左邊是羅凱安教授，中間白襯衫戴帽子的先生是專程從美國回來的柯先生，應羅教授的邀請來聽呂博士講演的貴賓。

在復興鄉上課解說竹林經營，站立者是屏科大羅凱安教授。

廣島縣政府的技術人員酒井先生來臺灣參加日本廣島縣政府交流檢討會與呂博士與呂夫人合影留念。

廣島縣政府的技術人員酒井先生,因為該縣有一片杉木林,而那片杉木林種子來源就是臺灣,呂博士的博士論文就是研究杉木萌芽更新有關事項,因此到臺灣與我們林試所有合作研究關係,他這次來臺灣是預定到大湖一起研究育苗技術。因為合作研究關係,他們那片杉木林結實採到種子,與臺灣種子交換播種,他專程來臺就是要看他們寄來的種子發芽的情況!

同樣的樹,這叫做萌芽更新,通常一般闊葉樹種都會如此,而針葉樹種則不一定能如此,但是杉木就可以,所以中南部栽植杉木的業者利用這特性,於造林10年左右,胸徑約10公分時砍下,供建築現場當支柱非常便利。而主幹被砍掉後殘留的根株都會在不久以後萌芽新芽,把這些新芽加以適當處理,讓牠繼續生長,培育成1株或2株的主林木,這就是萌芽更新!

呂博士 2024 年 4 月出版的新書《臺灣竹指南》，由林務局和臺灣竹會負責編印。
呂博士參加世界竹會在新竹陽明交通大學召開的世界竹大會，林務局主辦人要求出版商把新書帶到現場分發給相關人士，獲得新書的人員請呂博士為新書簽名。

呂博士與手持《臺灣竹指南》新書的讀者合影留念。
站立者右邊第二位，身材最高人士是臺灣竹會現任理事長。

呂博士謙虛的說:「《臺灣竹指南》這本書的撰寫,可以說是自1979年踏入竹子的世界之後,多年來對於竹林觀察與研究的報告。書中借重過去多位竹類學者、專家的大作,來彌補作者研究之不足。感謝臺灣林文鎮博士的引領,讓他有機會踏入竹子充滿奇妙的世界;日本摯友渡邊政俊博士,竹類生態地理方面精闢的研究,增添本書的內涵;更感謝多年來提供試驗地的竹林地主,讓他能夠探究竹類的奧妙。也感謝向來協助試驗、調查、蒐集資料的工作伙伴。讓他能夠順利完成臺灣竹指南這本的撰寫。」由此可知,要完成一本巨著,誠如南朝劉勰《文心雕龍》所言:「積學以儲寶,酌理以富才。研閱以窮照,馴致以懌辭。」要積累深厚的學養,旁搜博覽,並且要行走萬里路,尋訪臺灣各地的竹林,經由團隊伙伴的協助,在天時、地利、人和三者具備的因素,集結成《臺灣竹指南》巨著。呂博士學有專精,畢生孜孜矻矻專注於竹子的研究。年近九十歲,仍好學不倦,將畢生研究的成果,付梓成書,嘉惠士林,令人敬佩。筆者有緣有幸,能夠介紹客家之光呂錦明博士的新書《臺灣竹指南》。從頭到尾通讀一遍,發現本書的優點,舉其要者,以供閱讀的參考。

一、條理分明

《大學》說:「物有本末,事有終始。知所先後,則近道矣。」展閱本書01入口的篇卷,就導引讀者先認識植竹類在植物分類學上的地位,進一步介紹禾本科的六亞科:稻亞科、蘆竹亞科、羊茅亞科、畫眉草亞科、黍亞科、竹亞科,竹子屬於竹亞科,包括:桂竹、麻竹、綠竹等。竹亞科的特性:絕大多數為多年生草本植物、莖幹會分枝、葉片多

具葉柄,葉柄與葉鞘之間有關節、葉鞘上緣有肩毛、花枝、花的基部或穎片與內稃之間無關節、種子通常為單一澱粉粒。02 從頭到腳竹子竹類特徵與名詞解說,更深入的解析,條理分明的陳述,讓讀者可以概略的知道竹子的基本知識。看完這些文字的介紹,可以提升對竹子的認識,並增長見聞。

二、圖文並茂

　　竹子曾是臺灣最貼近庶民生活的植物之一,展閱本書從封面到全書的篇章中,最吸引讀者的地方是圖文並茂。書的封面,映入眼簾的是綠色的摺頁,上面書寫的文字:「從買苗木到經營管理全都在這!從頭到腳了解竹子。竹和稻子、燕麥原來是同一類!長得像草原的林林、還有會攀爬的竹子,竹子的年齡不看竹節多寡和高度。」加上英文字:TAIWAN BAMBOO GUIDE。封底醒目的標題:「原來如此!臺灣運用竹來改善生活的歷史已上百年,竹建材是具潛力的生質能源。從 03 開始造一片林:從買苗木到經營管理,鉅細靡遺介紹臺灣竹的大小事。臺灣是稀有竹寶島」這些文字的敘述,頗具吸引力。04 介紹如何整治一片竹林?除了詳細解說經營管理的方法外,都附有臺灣各地種植竹子的彩色圖片,令人賞心悅目,更增加閱讀的興趣。

三、深入淺出

　　清代鄭板橋〈竹石詩〉:「咬定青山不放鬆,立根原在破岩中。千磨萬擊還堅勁,任爾東西南北風。」這是一首題畫詩,描寫竹子堅勁不折的精神。它深深地立在腳下的土地,不管風吹雨打,依然堅挺,這樣的

精神,是很多人的嚮往!展閱本書 05 全種竹筍可食用的篇卷,作者以深入淺出的筆法,描寫「每一種竹的筍都可以吃,只要處理得當,都是清脆鮮美的至高美味。以短節泰山竹為例,在收穫後,將筍體處理好,削切成習慣食用的大小,然後放入盆中,盛水至滿,接著以細水長流的活水浸泡 5、6 個小時後,撈起瀝乾包裝好,放入冰箱冷藏。做到這樣的前處理,後續無論是炒煮,都很美味。」看完這段文字介紹,令人不禁食指大動。蘇東坡說:「寧可食無肉,不可居無竹。」呂博士接著幽默的說:「若要不俗也不瘦,來碗竹筍東坡肉!」的確是一絕。將溫潤的竹子,融入在你我的生活中。從高風亮節的竹子,被古人譽為「梅、竹、蘭、菊」四君子之一,到餐桌上美味的佳餚,全書深入淺出的介紹,耐人尋味。

四、方法講求

英國生物學家達爾文(Darwin,1809－1882)曾說:「最有價值的知識是關於方法的知識。」的確,在資訊科技文明日新月異的時代,掌握住良好的資訊方法,也就是掌握住開啟新時代智慧的鑰匙。在本書中 04 介紹如何整治一片竹林?首先要確定你要種的是叢生性竹類?還是散生型竹類?叢生性竹類:指合軸叢生性竹類,亦即具直立型地下莖之竹類,取得方法有 6:分株法、平插法、直插法、種子育苗、枝插法、壓條法。散生型竹類:包括走出莖合稈叢生型、地下莖橫走側出合稈叢生型,及地下莖橫走側出單稈散生型等 3 類竹種,因為這 3 類竹種在生育形態上,都會逐年擴張範圍,取得方法有 4:以帶有母竹之地下莖栽植、地下莖不帶母竹、種子育苗、竹林內直接挖苗。可見,運用正確

的方法栽植竹子,可以收到事半功倍的效益。走過一片蓊鬱的竹林,除了視覺、聽覺的享受,更要感謝栽植竹林的辛苦農夫,讓我們能夠在叢林間享受竹子的洗禮。展閱書中有條不紊的介紹栽植竹子的方法,又增長更多見聞了。

透過呂博士《臺灣竹指南》一書融入專業知識和實務經驗相輔相成的導覽,讓我們見到臺灣各地竹林的美景,書中詳實的解說,讓我們能夠親身體驗栽植竹子、砍伐竹子的趣味、品嘗鮮美的竹筍,探訪臺灣各地搖曳生姿的竹林美景,品味竹子的知識饗宴,令人有不虛此行的美感。《紅樓夢》書中有句話說:「世事洞明皆學問,人情練達即文章」的確,透過廣泛閱讀,深入探討,可以增長見聞,提升對竹子的認知能力。感恩感謝敬愛的二舅,贈送我這本寶貴的畢生研究成果,以深入淺出的方式,再穿插相關的圖片,完整收錄89種臺灣竹,25種臺灣原生竹的圖鑑,讓讀者在賞心悅目之餘,更能體會竹林世界是無限寬廣,值得玩味。

德國著名哲學家尼采(Nietzsche,1844－1900)說:「生活的意義,便是把人生中各種遭遇化為火光。」年近九十高齡的呂博士是位博學鴻儒,秉持學者歡喜做,甘願受的精神,發揮無私的大愛,將畢生研究成果付梓成書。《臺灣竹指南》一書,介紹臺灣運用竹來改善生活的歷史已上百年,弘揚了臺灣竹的價值,嘉惠士林學子,實可喜可賀。呂博士這種仁智兼修的偉大襟懷,令人感佩,更是客家之光。於此向大家推薦這本體大思精的好書,也祝福呂博士身體健康快樂,繼續將所學傳授給青年學子。

第十一章　臺灣客家童謠的文化蘊涵——以涂敏恆創作童謠為例 [1]

一、前言

德國哲學家萊布尼茲（GottfriedWilhelmLeibniz，1646－1716）說：「語言是人類文化活動的紀念碑」。漢語是世界上詞語最豐富、最有表現力和生命力的語言之一。語言是文化的載體，文化是族群團體自我認同的核心所在，透過語言，可以了解族群的文化，發現族群的生活智慧、態度、哲學……。根據歷史的記載，客家人不停的遷徙，造就了客家人艱苦、勤儉的生活習性。客家人這種種生活習性，表現在語言裡，這類語句，包括客話成語、客家俗諺、客家歌謠等，一方面可以了解祖先的生活習性，一方面也是客家人的特色傳承。後代子孫或可領略到其中傳承文化、積極入世、可貫穿時空、化育民心、啟蒙教育、啟發智慧、通曉自然等功能。[2]可見客家方言與古漢語有密切的關係。客家童謠橫跨文學與音樂，文學界大部分研究念誦童謠，從文學、文字、修辭、章法著手；音樂界大部分研究歌唱童謠，從樂曲分析、和聲、創作手法、音樂學角度去分析。因此學界研究客家童謠是從它的教育功能上探討。[3]正說明了客家童謠的涵義是寬廣而多元的。

---

[1] 本文初稿刊載於《世界客家雜誌》雙月刊第41期（臺北：世界客家雜誌有限公司，2023年09月），頁54。

[2] 林銘娩：〈從帶有雞、猴的客家俗諺探觸客家人生活思想內涵〉，全球客家經貿平臺，2007年8月12日。

[3] 曾瑞媛：《臺灣客家童謠之發展研究（1991－2016）》，2017年11月，獲客家委員會106年度客家學術研究獎助，頁2。

朱介凡（1912－2011）在《中國諺語志》說：「在我的謠、諺比較研究上，不僅客家歌謠令人激賞，客家諺語的比興、義理、辭句之佳美，也是很獨特超絕的。這自與客家人的歷史傳統、文化素養、生活環境、社群性格大有關係。客家人之勤儉樸質，不在這浮華世界裡隨波逐流，屹然不移的定力，勇於開拓進取的精神，皆是今日社會極難能可貴的典型。」[4]足證客家歌謠與客家族群的生活息息相關，內涵非常豐富，是前人經驗的累積，也是前人智慧的表現，而且寓意深遠，充分展現出客家人的歷史文化、社會習慣、思想觀念、人生哲學、處世態度等，如果能讓後代客家子孫，透過對客家的歌謠的認識，藉由生動有趣的內容，而更進一步的去了解客家族群，相信對於客家語言及文化的傳承，是居功厥偉的。本論文主要以涂敏恆客家創作童謠為研究主軸，根據專家學者的研究，涂敏恆客家創作童謠共 75 首，內容包羅萬象。限於篇幅，僅綜合分類和歸納四類客家創作童謠，並各舉一首歌謠來加以分析詮釋，試圖從涂敏恆客家創作童謠來探求客家人的生活文化及思想內涵。

二、臺灣客家創作童謠溯源

「臺灣客家文學」是指生活在臺灣的客家人所創造的文學定義而言，書寫的範圍，可以略分為：「臺灣客家民間文學」及「臺灣客家創作文學」二大類。「臺灣客家童謠」原本是屬於臺灣客家民間通俗文學的歌謠類。[5]可見客家先民，傳承客家獨特的文化，將豐富的生活經驗，與客家族群勤儉樸實的特質，經由智慧的結晶，運用客家語言，寫成啟

---

[4] 朱介凡：〈為客家研究催生〉，原載於《臺灣新生報副刊》，1970 年 1 月 12 日；後收入氏著《文史論叢》（臺北：黎明文化事業公司，1981 年），頁 295－297。

[5] 彭瑞金：〈臺灣客家文學素描〉：「臺灣客家民間通俗文學的歌謠類：山歌詞、民謠、童謠、兒歌、勸世歌」，(《文學臺灣》第 76 期，2010 年 10 月)，頁 37－39。

人深省與教育意涵的民間通俗文學,這些作品,幾經社會的變遷、政治的更迭,仍是歷久不衰。

臺灣客家創作文學,根據羅肇錦教授的研究,傳統漢文文學包括:詩歌、散文、傳仔、山歌、民間故事、童謠、諺語、古漢文書……等。傳統漢文文學的時限,始自清代以來以漢字書寫流傳在臺灣客家族群的山歌、採茶戲文、童謠、諺語、民間故事……等等。這些具有獨特色彩的書寫內容,最能代表客家族群的特色。[6]「客家童謠」不是歌曲,也沒有歌譜,它是一首押韻(可以換韻)的文字,有節奏的律動美感,有高低的聲調變化,有趣味的故事內容。原本「客家童謠」普遍流傳於客家民間,但是因為社會環境的變遷,已經逐漸被忽視與遺忘,加上年代久遠,如今內容出入很大。[7]

綜合上述,可知傳統的客家童謠創作的年代很早,其所使用的語言文字平易近人,順口成章,表達的意思生動有趣,可以琅琅上口。臺灣客家創作文學,承繼了傳統的漢文化,又融合現代的新文化,與新的詞彙用語,使得臺灣客家創作文學的內容,展現新的風貌與獨特的客家特質,吟唱起來輕快活潑,讓人心情愉悅。

三、臺灣客家創作童謠意涵與類別

(一)童謠的意涵

《禮記‧樂記》說:「凡音之起,由人心生也,人心之動,物使之然也。感於物而動,故形於聲。聲相應,故生變,變成方,謂之音;比

---

[6] 羅肇錦:〈民間文學的選項與客家〉,(《客家文化月第一屆臺灣客家文學研討會論文集》,苗栗:苗栗縣文化局,2001 年 12 月),頁 28。
[7] 參如橋:〈臺灣客家歌謠差異性之研究〉,頁 342。

音而樂之，及干戚羽旄，謂之樂。」[8]由此可知，凡是聲音的發作，都是起源於人心的活動。我國古代典籍對於童謠的界說，不勝枚舉，茲簡述如下：

《詩經・園有桃》：心之憂矣、我歌且謠。

《爾雅・釋樂》：徒歌謂之謠。

《三國演義》第九回：「是夜有十數小兒於郊外作歌，風吹歌聲入帳。歌曰：『千里草，何青青！十日卜，不得生！』歌聲悲切。卓問李肅曰：『童謠主何吉凶？』肅曰：『亦只是言劉氏滅、董氏興之意。』」

綜上所述，可知童謠是適合兒童念誦吟唱的歌謠，不一定要諧律，順口而唱，天真活潑，充滿歡樂情趣的歌謠。童謠是孩子們的詩，從孩子們的心性、生活、童話世界意象，遊戲情趣，以及兒童語言的感受出發。[9]「童謠」，即民間童男女所唱的歌謠，就是指傳唱於兒童之口的沒有樂譜的歌謠。這是從字面上所下的定義。[10]朱介凡（1912－2011）在《中國兒歌》指出童謠具有八點特質說：「1.句式自由、2.結構奇變、3.比興特多、4.聲韻活潑、5.情趣深厚、6.意境清新、7.言語平白、8.順口成章。」明確的指出童謠，在遣詞造句上言語質樸、順口成章，在哼哼唱唱之間，就形成一首童謠。

---

8 漢・鄭玄注、唐・孔穎達正義：《禮記正義・樂記》卷37，頁662。
9 陳運棟編：《客家人》，（臺北：聯亞出版社，1978年），頁229。
10 曾瑞媛撰：臺灣客家童謠之發展研究（1991－2016），童謠釋名，頁16。

(二)臺灣客家童謠的類別

童謠的前身是「民謠」,民謠原本是成人的歌謠,所牽涉到的創作目的並非是為了兒童,也很少關涉兒童的生活,但經由兒童的傳唱,慢慢地就形成了童謠,童謠伴隨著人們長大,它應是人們對歌謠認識的肇端。李哲洋在〈臺灣童謠〉一文中說:

> 童謠當然指兒童之間流傳的歌謠,有的是唸的,有的是唱的,不論唸的或唱的,基本上是一種語言的節奏化;即兒童主要從節奏上獲得唸唱童謠的樂趣。[11]

由上述可知,童謠就是適合孩童念誦的歌謠,具有「潛移默化」和「寓教於樂」的功能。具律動美感的節奏,具高低變化的聲調,還有趣味豐富的故事內容,文學性高,是兒童教育的極佳啟蒙教材。

客家童謠的類別:可分成唸誦式與歌唱式童謠兩大類,唸誦式童謠(唸謠)為傳統的客家童謠,帶有各地腔調,並以帶有節奏的方式朗誦。客家傳統唸謠的種類,內容千變萬化,可略分為「敘事」、「逗趣」、「遊戲」三類,以混合句式最為常見,押韻單純。[12]例舉一首在客家地區常聽到的傳唱臺灣童謠〈月光光〉文本:

> 月光光,好種薑,薑畢目,好種竹,竹開花,好種瓜,瓜盲大,摘來賣,賣著三顯錢,拿去學打棉,棉線斷,學打磚,磚斷節,學打鐵,鐵生鹵,學犀刂豬,豬會走,學犀刂狗,狗會咬,學犀

---

[11] 李哲洋:〈臺灣童謠〉來自《雄獅美術月刊》(臺北市:雄獅圖書股份有限公司,1978年10月,第92期),頁139。
[12] 馮輝岳:《客家童謠大家唸》,頁16-25。

引鳥,鳥會飛,飛到奈?飛到榕樹下,拈著一個爛冬瓜,拿轉去,瀉到滿廳下。[13]

在李獻璋的《臺灣民間文學集》[14]書中所採集到的民間文學內容有一半為歌謠,在歌謠篇中分為民歌、童謠、謎語三部分,共錄有十三首〈月光光〉,佔其所集臺灣童謠的十分之一,在這其中以「月光光,秀才郎,騎白馬,過南塘」起興的童謠就佔了五首。[15]例如龍潭地區唱成:「月光光,秀才郎,騎白馬,過蓮塘,蓮塘背,種韭菜,韭菜花,結親家,親家門前一口塘,畜个鯉麻八尺長,長个拿來煮酒食,短个留來討夫娘。」[16]在客家民間文學的作品中,很喜歡假借月亮來借題發揮,延伸而來的作品具有相當的份量,「月亮」象徵母性,是體貼、溫柔、細膩與思念的託付,讓客家人賦予了旺盛又富足的想像力。〈月光光〉中出現堆積詞彙的用意,頗具有教導孩童認識動植物與相關事物的意義,是一種彷彿以母親的口吻對孩童寓教於樂的引導與應用,教化的功能很強。[17]

由於客家文化與語言的快速流失,於是一些有志之士開始將客家傳統唸謠譜上適合小孩演唱的曲調,讓客家傳統童謠有了新生命而繼續傳承下去,除舊詞配上新曲外,有以傳統唸謠為主再加以改編之創作童謠,也有詞曲皆為全新創作的客家創作童謠。例如、涂敏恆老師依「客家古謠」譜曲後,成為現今小朋友們傳唱的歌唱童謠,例舉一首「伯公

---

13 馮輝岳:《臺灣童謠大家唸》,(臺北:武陵出版社,1996),頁30-31。
14 李獻璋:《臺灣民間文學集》,(臺北:龍文再社,1989)。
15 黃彥菁:《臺灣客家童謠以〈月光光〉起興作品研究》,國立中央大學,客家語文研究所碩士論文,頁5。
16 陳運棟編:《客家人》,(臺北:聯亞出版社,1978年),頁233。
17 黃子堯:《客家民間文學》,(臺北:愛華出版社,2003),頁131-136。

伯婆」為例：

> 伯公伯婆，無㓾雞，無㓾鵝，㓾隻鴨仔像蝠婆。豬肉料，像楊桃，愛食你就食，毋食𠊎也無奈何。請你食酒傍田螺，酒嘎無摜著，轉去摜，做得無？

　　早期客家人大部分從事農耕，對土地特別依賴，耕種的收成是他們的主要收入來源，所以在插秧收割時，經常會去祭拜土地公，請求土地公保佑豐收。客家人稱土地公、土地婆為伯公、伯婆，逢年過節、初一十五或完工收成時，就會殺雞宰鵝答謝土地公，順便打打牙祭，也藉此滿足口腹之慾。這首童謠意思是：伯公伯婆在準備過年要拜土地公、土地婆的東西，但是沒有殺雞，也沒有殺鵝，但是殺了一隻小得像蝙蝠一樣的鴨子，還買了一塊像楊桃一樣小的豬肉，伯公伯婆沒辦法，只好和土地公、土地婆說：「要吃你就吃，不吃我也沒辦法。」整首童謠充滿開玩笑的意味，在天真的孩童口中念著玩，饒富興味。由上述可知近年來客家童謠的發展，可略窺時代的變遷及演進。

四、涂敏恆創作童謠內容析略

　　八十年代後期客家人逐漸重視客家童謠的原因，是受到「還我母語運動」的影響。近四十年來社會型態的改變，以及政治、教育的關係，使一向自豪於保有強勢中原音的客家話，在一元化的語言文化政策下，僅短短數十年間，造成客家話嚴重的病變，使文化無法傳承發展。解決之道，就是客家人本身要覺醒，努力讓客家話恢復健康無缺的狀態，才

能繼續它的文化承傳活動。[18]涂敏恆有感於客家文化與語言的快速流失，於是開始將客家傳統唸謠譜上適合小孩演唱的曲調，讓客家傳統童謠有了新生命而繼續傳承下去，除舊詞配上新曲外，有以傳統唸謠為主再加以改編之創作童謠，也有詞曲皆為全新創作的客家創作童謠。茲概述涂敏恆的生平事略、歌詞內容如下：

（一）作者生平事略

涂敏恆先生（1943 年 2 月 12 日－2000 年 3 月 14 日），臺灣客家籍作曲家，出生於苗栗縣大湖鄉，畢業於大湖國小、大湖農工初級部、建臺高中以及政治作戰學校音樂系畢業。涂敏恆先生創作出近三百首的歌謠，尤其是〈客家本色〉已經成為客家人耳熟能詳，族群聚會必唱的歌曲，也創作了一首著名國語流行歌曲〈送你一把泥土〉，享有「客家流行音樂之父」的美名。在四十歲那年，受到童年玩伴車禍死亡的刺激，立志要將下半生奉獻給客家歌謠。其創作童謠代表作品有：〈火螢蟲〉、〈蠲蠲蟲〉、〈月光光〉、〈伯公伯婆〉、〈月光亮亮〉、〈月光華華〉、〈噴雞頦〉、〈好愁唔愁〉、〈大憨牯汽車〉、〈阿公二百歲〉、〈吉各乖，吉各乖〉、〈蜈蚣蟲，鑽入洞（窿）〉等等。2000 年 3 月 14 日臺灣客家音樂才子涂敏恆先生不幸車禍身亡，六年後，他在大湖的故宅被整建成為紀念館，紀念著這位永恆的音樂之父。[19]他於 1989 年所創作的〈客家本色〉，已成為代表客家精神的經典歌曲，至今仍被大家傳誦著。

---

18 羅肇錦：〈客家的語言〉，徐正光主編：《徘徊於族群和現實之間》（臺北：正中書局，1991 年 11 月初版），頁 17。

19 維基百科：涂敏恆。
https://zh.wikipedia.org/wiki/%E6%B6%82%E6%95%8F%E6%81%86

（二）涂敏恆客家創作歌謠表述

涂敏恆自 1981 年開始投入客家歌謠創作，十九年間（1981 年－2000 年）共創作 518 首作品，依據蘇宜馨碩士論文將其涂敏恆客家創作歌謠分成通俗歌曲、童謠、藝術歌曲、進行曲四類作品。[20]他的客家童謠創作時間可分八個階段（1988 年－1997 年），以 1988 年為創作起始點，有 3 首作品，1990 年達到高峰，是他童謠創作量最大的一年，達到 28 首。[21]大體而言，涂敏恆客家創作歌謠，通俗歌曲之歌詞題材豐富，音樂風格以抒情曲風格為主；童謠之歌詞富童趣、幻想，跳脫一般曲式，多以「聚集式樂句」表現出曲調之活躍性；藝術歌曲呼應古代詩詞意境，展現優雅、舒緩之曲風；進行曲則以「勵志」類歌詞為主，以規律的節奏音形表現激勵人心之音樂風格。由於涂敏恆客家創作歌謠以客語演唱，語調與曲調互相搭配、映襯，歌詞內容富客家色彩，易勾起客家族群之感染力，兩者因素的結合，讓涂敏恆富涵客家風味之創作，在客家藝文界佔了一席之地。[22]茲依據蘇宜馨：《涂敏恆客家創作歌謠研究（1981－2000）》將涂敏恆所創作的客家童謠整理表列如下：[23]

序號	曲名	作詞者	作曲者	創作時間	資料來源	歌詞類型
1	萬年青	涂敏恆	涂敏恆	1988 年	全成出版	勵志

---

20 蘇宜馨：《涂敏恆客家創作歌謠研究（1981－2000）》（臺北市：國立臺北教育大學音樂學系碩士論文，2007 年 10 月），頁 40。
21 蘇宜馨：《涂敏恆客家創作歌謠研究（1981－2000）》，頁 57－59。
22 蘇宜馨：《涂敏恆客家創作歌謠研究（1981－2000）》，頁 295。
23 蘇宜馨：《涂敏恆客家創作歌謠研究（1981－2000）》整理，頁 57－59。

2	火螢蟲,蜮蜮蟲	古詞	涂敏恆	1988年	全成出版	趣味
3	伯公下,十八家	古詞	涂敏恆	1988年	全成出版	敘事
4	人之初	古詞	涂敏恆	1989年	永漢出版	教育
5	大箍牯	古詞	涂敏恆	1989年	永漢出版	趣味
6	月光光	涂敏恆	涂敏恆	1989年	永漢出版	趣味
7	伯公伯婆	古詞	涂敏恆	1989年	永漢出版	敘事
8	海底火山	涂敏恆	涂敏恆	1989年	全成出版	趣味
9	釣檳彎彎	古詞	涂敏恆	1989年	永漢出版	趣味
10	鄉下人家	涂敏恆	涂敏恆	1989年	永漢出版	敘事
11	點指濃紐	古詞	涂敏恆	1989年	永漢出版	趣味
12	天黃黃地黃黃	古詞	涂敏恆	1989年	永漢出版	敘事
13	禾畢仔,	古詞	涂敏恆	1989年	永漢	敘事

	叫野野				出版	
14	阿丑琢，賣膏藥	古詞	涂敏恆	1989年	永漢出版	趣味
15	阿貓牯，打老鼠	古詞	涂敏恆	1989年	永漢出版	趣味
16	逃學狗，滿山走	古詞	涂敏恆	1989年	永漢出版	趣味
17	掌牛哥仔面黃黃	古詞	涂敏恆	1989年	永漢出版	諷刺
18	牙刷	古詞	涂敏恆	1990年	吉聲簽約	趣味
19	風車	古詞	涂敏恆	1990年	吉聲簽約	趣味
20	秤仔	古詞	涂敏恆	1990年	吉聲簽約	趣味
21	茶罐	古詞	涂敏恆	1990年	吉聲簽約	敘事
22	筷仔	古詞	涂敏恆	1990年	吉聲簽約	趣味
23	墨盤	古詞	涂敏恆	1990年	吉聲簽約	敘事
24	光陰好	古詞	涂敏恆	1990年	吉聲簽約	教育

25	一算到十	涂敏恆	涂敏恆	1990年	吉聲簽約	趣味
26	大家來聊	涂敏恆	外國	1990年	吉聲簽約	教育
27	月光亮亮	古詞	涂敏恆	1990年	吉聲簽約	趣味
28	月光華華	古詞	涂敏恆	1990年	吉聲簽約	趣味
29	鴨嫲嘎嘎	涂敏恆	涂敏恆	1990年	吉聲簽約	趣味
30	讀書萬歲	涂敏恆	涂敏恆	1990年	吉聲簽約	教育
31	大憨牯汽車	吳盛智	涂敏恆	1990年	吉聲簽約	諷刺
32	火車像脉介	涂敏恆	涂敏恆	1990年	吉聲簽約	趣味
33	快樂个農村	涂敏恆	涂敏恆	1990年	吉聲簽約	趣味
34	阿公剮老貓	古詞	涂敏恆	1990年	吉聲簽約	趣味
35	扇仔撥啊撥	古詞	涂敏恆	1990年	吉聲簽約	趣味
36	七星姑七姊	古詞	涂敏恆	1990年	吉聲	趣味

	妹				簽約	
37	吉各乖，吉各乖	涂敏恆	涂敏恆	1990年	吉聲簽約	諷刺
38	阿啾箭，尾鉈鉈	古詞	涂敏恆	1990年	吉聲簽約	趣味
39	講鈴仔畀你團	古詞	涂敏恆	1990年	吉聲簽約	敘事
40	雞谷仔，半夜啼	古詞	涂敏恆	1990年	吉聲簽約	趣味
41	上家叔婆做生日	涂敏恆	涂敏恆	1990年	吉聲簽約	敘事
42	文連親家一坵田	涂敏恆	涂敏恆	1990年	吉聲簽約	敘事
43	蜈蚣蟲，鑽入洞（窿）	涂敏恆	涂敏恆	1990年	吉聲簽約	諷刺
44	樹頂鳥仔叫連連	涂敏恆	涂敏恆	1990年	吉聲簽約	趣味
45	雞公相打胸對胸	古詞	涂敏恆	1990年	吉聲簽約	勸世
46	火	古詞	涂敏恆	1991年	吉聲簽約	趣味
47	做戲	古詞	涂敏恆	1991年	吉聲簽約	敘事

48	發夢	涂敏恆	涂敏恆	1991年	吉聲簽約	趣味
49	噴雞頦	涂敏恆	涂敏恆	1991年	吉聲簽約	趣味
50	好愁唔愁	涂敏恆	涂敏恆	1991年	吉聲簽約	諷刺
51	樹尾搖搖	涂敏恆	涂敏恆	1991年	吉聲簽約	趣味
52	阿公二百歲	涂敏恆	涂敏恆	1991年	吉聲簽約	趣味
53	莫忘祖宗言	古詞	涂敏恆	1991年	吉聲簽約	敘事
54	三十暗晡出月光	古詞	涂敏恆	1991年	吉聲簽約	敘事
55	大頭磕，打人真不著	古詞	涂敏恆	1991年	吉聲簽約	趣味
56	兩隻老虎	涂敏恆	外國	1992年	吉聲簽約	趣味
57	阿姆狐狸	涂敏恆	東洋	1992年	吉聲出版	趣味
58	月光光秀才娘	古詞	涂敏恆	1992年	吉聲出版	敘事
59	風	涂敏恆	涂敏恆	1996年	龍閣	趣味

					出版	
60	八字	涂敏恆	涂敏恆	1996年	龍閣出版	趣味
61	時間	涂敏恆	涂敏恆	1996年	龍閣出版	趣味
62	大憨狗	涂敏恆	涂敏恆	1996年	龍閣出版	敘事
63	耕種人	涂敏恆	涂敏恆	1996年	龍閣出版	勵志
64	茶箍波	涂敏恆	涂敏恆	1996年	龍閣出版	趣味
65	腳踏車	涂敏恆	涂敏恆	1996年	龍閣出版	趣味
66	分佢自由	涂敏恆	涂敏恆	1996年	龍閣出版	教育
67	天頂个雲	涂敏恆	涂敏恆	1996年	龍閣出版	趣味
68	恁好个阿姆	涂敏恆	涂敏恆	1996年	龍閣出版	愛情
69	偓偓行過書店	涂敏恆	涂敏恆	1996年	龍閣出版	敘事
70	撮把戲个風	涂敏恆	涂敏恆	1996年	龍閣出版	趣味

71	春天係仰仔來个	涂敏恆	涂敏恆	1996年	龍閣出版	敘事
72	正來聊	涂敏恆	東洋	1997.09.10	手稿	敘事
73	廟	涂敏恆	涂敏恆	不詳	手稿	趣味
74	樹媽媽	涂敏恆	涂敏恆	不詳	手稿	趣味
75	Ａ米阿姨從米國來	涂敏恆	涂敏恆	不詳	手稿	敘事

從上列圖表所述，可知涂敏恆先生創作的客家童謠共75首，內容包羅萬象，歌詞類型可分為下列幾點：1.趣味類43首、2.敘事類18首3.教育類5首、4.勵志類2首、5.諷刺類5首、6.愛情類1首、7.勸世類1首。依性質分：古詞新曲35首，新詞古曲4首，他人作詞1首，新詞新曲35首。[24]可見涂敏恆先生創作的客家童謠題材新穎，內容豐富，曲調活潑，擷取古詩詞中的的詞語，重新加以詮釋；並採用客家人日常生活的用語，加上輕快的曲調，可以引起客家人的共鳴，從孩童的口中唱出，特別悅耳動聽。對客家童謠的貢獻卓著，有深遠的影響力，非一般人能望其項背的。

盱衡今日客家歌唱童謠已甚為普及，全國各小學都在傳唱著悅耳動聽的客家童謠。感謝感念客家先賢，在二十多年前就默默耕耘，秉持著傳承客家文化的使命，從事有聲資料、創作、收集，無怨無悔義無反顧的精神，在這塊園地努力的播種耕耘，為客家歌唱童謠的發展奠定深厚的基礎，至2000年陸續綻放出色彩繽紛燦爛耀眼的花朵。2000年行

---

24 蘇宜馨：《涂敏恆客家創作歌謠研究（1981－2000）》，國立臺北教育大學音樂學系碩士論文，2007年10月，頁60。

政院客家事務委員會的成立,開啟客家傳統文化發展的願景,更是推動客家童謠持續發展的原動力。由此可見,客家童謠的開創歷程是艱辛的,後人享受成果,更應該飲水思源,並且加以發揚光大。

五、涂敏恆創作童謠的文化意涵

傳統的客家童謠年代久遠,用平實的語言文字,表達生動有趣的內容,琅琅上口,容易學習,是大家兒時共同的記憶。1980 年代以後,多位有心人士,例如:涂敏恆、孫金清、馮輝岳、鄧榮坤等人,感受到客語流失的嚴重,有些人把傳統的童謠重新編曲,增加輕快的節奏感,讓現代的小朋友喜歡歌唱。光復後客家童謠的發展,可以 1988 年「還我母語」運動為分界,之前客家童謠幾乎是附屬於山歌後的附錄,大部份只有詞而無譜;之後,在母語意識覺醒後,有心人士始重視童謠的文化價值,而展開一系列童謠研究與推展工作,[25]茲述涂敏恆客家創作童謠的文化意涵如下:

(一)生活用語的彰顯

童謠與歌謠,內涵雖然不同。然而,它們都是「口傳文學」,自人類有語言,即流傳迄今。人類是有感情的動物,一旦心有所感,便抒發於外。亦即《禮記・樂記》所言:「凡音之起,由人心生也,感之於物,故形於聲。」無可諱言,童謠伴隨著孩童長大,它應是人們對歌謠認識的肇端。茲舉涂敏恆〈噴雞頦〉為例:

　　一頭大樹𠊎拔「過」,兩隻老虎𠊎捉「過」,三國演義𠊎寫「過」,

---

25 曾瑞媛撰:《臺灣客家童謠之發展研究(1991－2016)》,第二節客家童謠發展概述(－1991),頁 32。

四萬兵馬𠊎犀利「過」。五路財神𠊎接「過」,六個餔娘𠊎討「過」,七粒星仔𠊎拈「過」,八千里路𠊎行「過」。九面金牌𠊎得「過」,十句假話𠊎講「過」。

1.歌詞大意

這首歌詞內容,就如曲名「噴雞頦」般,以排比法句法從一數到十,以誇張的筆法,海闊天空的吹噓自己有通天的本領。一頭大樹我拔過,兩隻老虎我捉過,《三國演義》我寫過,四萬兵馬我殺過,五路財神我接過,六個老婆我討過,七顆星星我摘過,八千里路我走過,九面金牌我得過,十句假話我說過。[26]這首童謠是運用第一人稱寫法,從一至十依序作吹牛的鋪陳,內容逗趣,屬於「趣味」類童謠。[27]

2.歌詞註解[28]

（1）噴雞頦:「雞頦」指的是「氣球」,「噴雞頦」即「吹氣球」,引申為「吹牛」之意。另有「捧大仙」、「畫符令」等說法;而在臺語關於吹牛的講法另外還有,「臭彈」、「膨風」、「講大聲話」等等。楊青矗教授的《國臺雙語辭典》記錄「歕雞脃」為吹牛、說大話,又說明「歕」有吹氣之意,另外對於「雞脃」則解釋為雞脖子、食道;而在吳守禮教授的《國臺對照活用辭典》下冊亦解釋為吹牛,但寫作「嗑雞脃」,而董仲司教授的《臺灣閩南語辭典》則特別解釋「雞脃」為雞的嗉囊,「歕雞脃」為吹牛,而「雞脃仔」則為氣球。

---

26 蘇宜馨:《涂敏恆客家創作歌謠研究（1981－2000）》,頁 188。
27 陳運棟編:《客家人》,（臺北:聯亞出版社,1978 年）,頁 229。
28 蘇宜馨:《涂敏恆客家創作歌謠研究（1981－2000）》,頁 188

（2）「偓」即「我」之意。

（3）「㓾」即「殺」之意。

（4）「餔娘」即「老婆」之意。

（5）「星仔」即指天空上的「星星」；「拈」即「摘」之意。

3.文化意涵

〈噴雞胿〉歌詞內容逗趣生動，用誇張的筆法，天馬行空的鋪排，誇示自己拔過大樹、捉過老鼠、寫過歷史章回小說《三國演義》、殺敵無數，行過千里路等等，堪稱是文武雙全。彰顯孩童天真的想法，具有天不怕地不怕的英雄氣概，吹噓自己的才幹，超越時空的藩籬，給予兒童無限的想像空間。「噴雞胿」（pûn-ke-kui）又作「歕雞胿」意思是吹牛說大話說話浮誇不實，另有「捧大仙」、「畫符令」等說法。這首童謠，將在過去的年代，家家戶戶都養雞，逢年過節就宰雞做為三牲之一，用來敬神、拜祖先。宰殺雞隻後，肝、砂囊、大小腸都留下來吃，「嗉囊」則丟棄。但嗉囊可做為小孩子的玩具。嗉囊是袋狀，質料軟，具有彈性。從食管這一端用嘴巴把空氣吹進去，嗉囊就會像橡皮做的氣球一樣膨大，囊壁變成很薄，成為半透明狀態。[29]這首童謠，運用客家生活用語，鋪寫兒童天真無邪的夢想，充滿無限的想像力，自然順口，饒富興味。

（二）勵志教化的功效

客家先賢往往以常見之事物，編成童歌教唱，使兒童在不知不覺中學習押韻，以奠定賦詩填詞的基礎。傳統的客家童謠，多半每句三到五字，避免過長不易記憶和傳誦。上下句常有語音或意義上的關聯，每句

---

29 劉建仁著：〈臺灣話的語源與理據〉，2012/9/8。https://taiwanlanguage.wordpress.com/

字數也未必全然相同,內容非常豐富,文學性高,是兒童教育的極佳啟蒙教材。原本「客家童謠」普遍流傳於客家民間,但是因為社會環境的變遷,已經逐漸被忽視與遺忘,加上年代久遠,如今內容出入很大。[30] 茲舉涂敏恆〈萬年青〉為例:

> 滿人唔識萬年「青」,青青葉、青青莖,冇病冇痛盡長「命」。出門看到萬年「青」,有泥也「生」、冇泥也「生」,淨食露水佢唔「驚」。做人愛做萬年「青」,強強出頭強強「生」,寒冬大日愛忍耐,時機到來正會「靚」。做人愛做萬年「青」,強強出頭強強「生」,貧窮落難愛忍耐,時來運轉冇人敢看「輕」。

1.歌詞大意

此首歌曲強調無人不知無人不曉萬年青的植物,萬年青有強韌的生命力,萬年青在沒有泥土的地方仍可生存,僅靠露水也可生長,引伸出做人要像萬年青一樣,無論在如何艱難的環境,一定要忍耐,等待時機到來就可以出頭天。此曲為第三人稱寫法,描寫萬年青生命力之強韌,引申做人要向萬年青看齊,再艱難的環境,也要忍耐生存。等到時機到來,人生才會出人頭地。此曲為第三人稱寫法,歌詞類型屬於「勵志」類童謠。[31]

2.歌詞註解 [32]

(1)「滿」即「什麼」之意。

---

30 麥如橋:〈臺灣客家歌謠差異性之研究〉,通識教育中心,頁 342。
31 蘇宜馨:《涂敏恆客家創作歌謠研究(1981-2000)》,頁 190。
32 蘇宜馨:《涂敏恆客家創作歌謠研究(1981-2000)》,頁 190。

（2）「冇」即「無」之意；「盡」即「很」、「極」之意。
（3）「淨」即「僅」、「只」之意；「佢」即「他」之意。
（4）「強強」即「硬要」之意。
（5）「正」即「才」之意；「靚」即「漂亮」之意。

3.文化意涵

萬年青是多年生常綠草本植物，又名千年蒀、開喉劍、九節蓮、冬不凋、冬不凋草、鐵扁擔等，原產於中國南方和日本，是很受歡迎的優良觀賞植物，在中國有悠久的栽培歷史。[33]這首童謠讚美萬年青，無論在任何環境都可以茁壯成長，勉勵孩童要學習萬年青不畏艱難險阻，努力向上生長。猶如〈客家本色〉歌謠中「唐山過臺灣」的艱辛過程，不但塑造了臺灣客家人的內聚力，也開啟了臺灣客家的新視野，臺灣客家先民因地制宜之生存智慧，漸漸發展出來臺先祖未曾想像的客家新風貌。客家祖先來臺時是身上沒有半毛錢，白手起家，努力打拼開山種田，而且一代傳一代，節儉辛苦也不會埋怨，也希望這種吃苦耐勞的精神會一直傳承下去。在客家家族裡，也強調了不要忘了祖先的辛苦、不要忘了祖先的教誨、更不要忘了做個堂堂正正守本分的客家人。同樣萬年情童謠，也鼓勵孩童立志向上，不畏生命旅程的各項考驗，以開創自己光明遠大的前程。

（三）孩童歡樂的展現

1988年發起「還我母語運動」它促使客家童謠由傳統念誦的方式，

---

33 維基百科萬年青。https://zh.wikipedia.org/zh-tw/%E4%B8%87%E5%B9%B4%E9%9D%92

改變為大量創作歌唱童謠。保存方言,最要緊的是推行母語教學,從兒童開始實施。一般兒時學習過的事物,一輩子都忘不了。再者兒童是國家未來的主人翁,要挽救岌岌可危的客家文化,當務之急就是讓母語往下紮根。兒童天性活潑好動,在學習事物時,必須誘其好奇心和趣味心,方能收事半功倍之效。[34]童謠是孩子們的詩,從孩子們的心性、生活、童話世界意象,遊戲情趣,以及兒童語言的感受出發。[35]茲舉涂敏恆〈大憨牯汽車〉為例:

> 先生講,路像一條河壩(路就像一條河壩),𠊎想車仔就係(就係)水中个蝦公蝦蟆(蝦公蝦蟆),一輛一輛一陣一陣個汽車泅來泅去(泅去),走上又走下。大憨牯汽車大憨牯汽車,橫打直過毋看路,看到老阿伯仔,喊弟弟!弟弟!看到細阿哥仔,顛倒喊(顛倒喊)爸爸!爸爸!爸爸!

1.歌詞大意

　　這是一首敘述汽車在馬路上行駛的童謠,汽車行駛在馬路上,猶如在水中游來游去的蝦子,並以擬人化的筆法將車子形容成大胖子汽車,「大憨牯」有胖胖憨憨的意思,在馬路上橫衝直撞的大胖子汽車,看不清還胡亂喊叫,將老阿伯叫成弟弟,將年輕小夥子叫成爸爸。形容馬路就像河川,汽車就像河裡的蝦子蟾蜍,敘述大憨牯汽車在馬路上橫行霸道的情形。歌詞類型屬於「諷刺」類童謠。[36]

---

[34] 曾瑞媛撰:《臺灣客家童謠之發展研究(1991–2016)》,〈第二節客家童謠發展概述(1991)〉,頁34。
[35] 陳運棟編:《客家人》,(臺北:聯亞出版社,1978年),頁229。
[36] 蘇宜馨:《涂敏恆客家創作歌謠研究(1981–2000)》,頁195。

2.歌詞註解[37]

（1）「先生」指「有學問、專長之人」，通常指「老師」、「醫生」等。

（2）「𠊎」即「我」之意；「係」即「是」之意；「个」這裡指「的」；「蝦公」即「蝦子」之意；「蝦蟆」即「蟾蜍」之意。

（3）泅來泅去：「泅」即「游」之意。整句意指「游來游去」。

（4）大憨牯汽車：「大憨牯」指「不明事理的男性」。此處將車子擬人化作暗喻。

（5）橫打直過唔看路：「橫打直過」即「橫行霸道」之意。

（6）細阿哥仔：「細阿哥仔」即「年輕小夥子」之意。

3.文化意涵

孩童的思路與成人世界裡的想法是不一樣的，因此童謠的創作，也以孩子們的趣味，或生活上的感受來遣詞造句、順口吟唱為主軸，所以長短與句式不定，結構也不同。童謠與童詩繪本的魅力，能增進孩子的記憶並幫助了解文字的類型。容易朗朗上口的韻文是幼兒最喜愛的語言形式，包括兒歌、童謠、童詩都具有豐富的語音、無限的想像，以及精巧的押韻形式，都能夠引發孩子的感官回應。[38]孩子們的生活用語是尋常簡單的，一片天真的赤子之心，對人世間的事事物物都充滿興趣，以〈大憨牯汽車〉為例，藉由哼哼唱唱客家童謠，想像汽車在大街上橫

---

37 蘇宜馨：《涂敏恆客家創作歌謠研究（1981－2000）》，頁 195。
38 葉嘉青：《繪本小學堂：與 0～6 歲孩子一起悅讀》。（臺北：幼獅文化，2018 年），頁 114－115。

衝直撞,猶如蝦子在水中悠游自在的游來游去,體會輕鬆自在無憂無慮的趣味與美感。進而讓孩子了解如何在客家生活的用語中,掌握童謠世界美好的本質,將童謠的歌詞內容與自己的生活經驗連結時,更是孩童歡樂的展現。

(四)農村生活的快樂

客家童謠中描寫一年四季的田園風光,童年趣事最多的是放風箏、跳繩、釣魚、捉蝴蝶等場景,這些熟悉的場景讓人們倍感親切,也表現出千百年來永遠不變的純樸童心。能快樂親近自然,感受農村豐富的生命力,讓孩子們感受回到過去那自然純樸,卻充滿歡樂童年的年代。茲舉涂敏恆〈快樂个農村〉為例:

> 摘一皮樹葉分風「吹」,風真歡喜,摘一蕾靚花分流「水」,水也真歡喜。滿天个星仔算唔清,越鹽越「米」,田肚□□仔蝍蝍蝍,就像打斗「敘」。唱一條山歌分鳥聽,鳥仔和聲吱吱「吱」,月鴿仔飛上天頂陪白雲,大家就講恁生「趣」。鄉下个風景實在靚,你唔來聊去奈「位」?火螢蟲會擎等一葩火,快快樂樂水邊「飛」。

1.歌詞大意

這是一首描寫農村景色之童謠,美麗景象與動物鳴叫聲,勾勒出萬物和諧畫面。此曲為第三人稱寫法,將動物、自然景色擬人化,以想像的方式來敘述農村萬物和諧美麗之景象。屬於「趣味」類童謠。其實農村的生活很有趣,雖然沒有手機電玩,但是還有很多好玩的地方,像是很多動物、植物、昆蟲等等。讀古人這些童謠,淺白易懂,妙趣橫生,

讓我們似乎又回到了無憂無慮、輕鬆愜意的童年時光。[39]

2.歌詞註解[40]

「皮」即「片」,葉子的單位詞;「分」在此為「給」之意。

「蕾」即「朵」,花朵的單位詞;「靚」為「漂亮」之意。

「越」即「也像」之意。整句意指「滿天的星星又像鹽又像米」。

「肚」為「裡面、在其中」之意;「□仔」即「青蛙」;「蟈蟈蟈」狀聲詞,形容青蛙的叫聲。

「打斗敘」為「聊天、閒聊」之意,意指「聚友會餐」。

「恁」即「很」之意;「生趣」即「趣味」之意。

「月鴿仔」即「鴿子」。

「聊」即「玩」之意;「奈位」即「那裡」之意。整句意為「你不來這裡玩,你要到哪裡去?」

螢火蟲會擎等一葩火:「擎」即「舉」、「拿」之意。整句意指「螢火蟲像是舉著一把火」。

3.文化意涵

宋代理學家程顥的詩句:「萬物靜觀皆自得,四時佳興與人同。」說明要感受大千世界的妙趣,就要靜心去觀察,仔細的去品味。的確,在童年無憂無慮的生活中,可以享受農村生活的樂趣。在〈快樂个農村〉的童謠中,描寫農村周遭種種各具特色的景觀,鴿子在藍天白雲中飛舞,青蛙此起彼落的鳴叫聲,猶如美妙的大自然交響樂,夜晚有

---

39 蘇宜馨:《涂敏恆客家創作歌謠研究(1981−2000)》,頁199。
40 蘇宜馨:《涂敏恆客家創作歌謠研究(1981−2000)》,頁199−200。

火螢蟲飛舞,為夜空點染光彩奪目的火花。讓我們發現大自然的美。其實農村的生活很有趣,放眼望去一片綠意盎然,清風吹拂著樹葉,野花漂浮在流水中,令人賞心悅目。走進農村,讓孩子們感受到自然純樸,卻充滿蓬朝氣的時光,感受那種「豐收、自在」的情趣。孩子們能從接觸農村生活中發現驚喜與快樂,最重要的是,所接觸的情境與大自然的物象,都是充滿活力的。在淺白易懂,妙趣橫生的客家童謠中,我們可以認識到更多的客家詞彙,例如「□仔」即「青蛙」、「月鴿仔」即「鴿子」。吟唱客家淺白易懂,妙趣橫生的童謠,讓我們似乎又回到了無憂無慮、輕鬆愜意的童年時光。

六、結論

　　史迪芬・平克(Steven Pinker)在《語言本能》(The Language Instinct)一書中,語重心長的說:「語言透過孩子而不朽,當語言學家看到一個語言只有大人在用時,他知道這個語言已經去日無多了。」[41]的確,語言是文化的載體,文化是族群團體自我認同的核心所在,透過語言,可以了解族群的文化,發現族群的生活智慧、態度、哲學……,因此要保存文化,語言的遺失,將是最大的障礙。客家話,客家人稱為「祖公話」或「家鄉話」,每當祭祀祖先及宗親相聚時,禁止使用客家話以外的語言。客家人所謂「寧賣祖宗田,不忘祖宗言;寧賣祖宗坑,不忘祖宗聲。」的俗諺,也反映了客家人尊祖敬宗,長期保存傳統文化的心理。

　　涂敏恆的客家歌唱童謠創作洋洋灑灑的 75 首,除了數量豐富,也悅耳動聽聽。他把客家傳統念誦童謠歌唱化,不僅達到傳承目的,還可

---

[41] 史迪芬・平克(Steven Pinker),洪蘭譯:《語言本能》(The Language Instinct),(臺北:商周出版,1998),頁 305。

以流傳更廣更遠。斯人雖於 2000 年離去,但他創作的童謠,至今仍被大家傳唱著!一種發自內心保存客家話、搶救母語的責任,讓他毅然決然投身客家創作童謠,同時帶動後人投身客家創作童謠的風潮。他對客家童謠貢獻良多,不愧為客家創作童謠開山始祖之一。童謠就是適合孩童念誦的歌謠,具有「潛移默化」和「寓教於樂」的功能。具律動美感的節奏,具高低變化的聲調,還有趣味豐富的故事內容,文學性高,因此推展母語時,應用「童謠」教唱,是最佳途徑。[42]

《禮記・樂記》說:「樂者,天地之和也。」[43]說明音樂是人心自然和諧的表現,也是落實人文關懷的基石。德國大哲學家康德(Immanuel Kant,1724－1804)強調:「好教育即是世界上一切善的泉源」正說明教育是推動社會進步的原動力。有鑑於客家童謠在歷史上或文化教育及兒童娛樂方面,都有很高的價值,所以必須好好的蒐集保存使其流傳下去。童謠的推展情形,還我母語運動後,學校教育加入鄉土語言課程,成為推展客家童謠的助力。因此,為人師表者不應該忽略任何一個學生的學習權利,要將客家母語教育往下扎根,並藉著童謠的教唱,使優美的歌聲,一直傳承下去。面對個別差異的學生,應該因材施教循循善誘,以培育學生良好的學習態度,這是教師任重道遠的使命。

---

[42] 曾瑞媛撰:《臺灣客家童謠之發展研究(1991－2016)》,第二節客家童謠發展概述(一1991),頁 34。
[43] 漢・鄭玄注、唐・孔穎達正義:《禮記正義・樂記》卷 37,頁 669。

徵引文獻

一、古籍部分（依《四庫全書》分類法）

1. 漢・鄭玄注、唐・孔穎達正義：《禮記正義》，臺北：藝文印書館，1998 年。
2. 漢・毛亨傳、鄭玄箋、唐・孔穎達正義：《毛詩正義》，臺北：藝文印書館，1998 年。
3. 晉・郭璞注、宋・邢昺疏：《爾雅注疏》，臺北：藝文印書館，1998 年。
4. 吳小林校注：《三國演義校注》，臺北：里仁書局，1994 年。

二、現代論著（依作者姓氏筆畫排序）

1. 朱介凡：《中國兒歌》，臺北市：純文學出版社，1988 年 12 月，初版，第 6 刷
2. 李獻璋：《臺灣民間文學集》，臺北：龍文出版社，1989 年。
3. 陳運棟編：《客家人》，臺北：聯亞出版社，1978 年。
4. 馮輝岳：《臺灣童謠大家唸》，臺北：武陵出版社，1996 年。
5. 葉嘉青：《繪本小學堂：與 0～6 歲孩子一起悅讀》，（臺北：幼獅文化，2018 年。
6. 史迪芬・平克（Steven Pinker），洪蘭譯，《語言本能》（The Language Instinct），臺北：商周出版社，1998 年。

三、期刊論文（依作者姓氏筆畫排序）

1. 朱介凡：〈為客家研究催生〉，原載於《臺灣新生報副刊》，1970 年 1 月 12 日；後收入氏著《文史論叢》（臺北：黎明文化事業公司，1981 年），頁 295－297。
2. 李哲洋：〈臺灣童謠〉來自《雄獅美術月刊》，臺北：雄獅圖書股份有限公司，1978 年 10 月，第 92 期），頁 139。

3. 林銘燒：〈從帶有雞、猴的客家俗諺探觸客家人生活思想內涵〉，全球客家經貿平臺，2007年8月12日。
4. 曾瑞媛：《臺灣客家童謠之發展研究（1991－2016）》，本論文獲得客家委員會106年度獎助。
5. 麥如橋：〈臺灣客家歌謠差異性之研究〉，通識教育中心，教專研097P－033，頁342。
6. 彭瑞金：〈臺灣客家文學素描〉：「臺灣客家民間通俗文學的歌謠類：山歌詞、民謠、童謠、兒歌、勸世歌。」，（《文學臺灣》第76期。2010年10月），頁37－39。
7. 羅肇錦：〈民間文學的選項與客家〉，（《客家文化月第一屆臺灣客家文學研討會論文集》，苗栗：苗栗縣文化局，2001年12月），頁28。

四、學位論文（依年代排序）

1. 曾瑞媛：《桃竹苗客家童謠之研究》，臺北：國立臺灣師範大學音樂學系碩士論文，1993年。
2. 蘇宜馨：《涂敏恆客家創作歌謠研究（1981－2000）》，臺北：國立臺北教育大學音樂學系碩士論文，2007年。
3. 黃彥菁：《臺灣客家童謠以〈月光光〉起興作品研究》，桃園：國立中央大學，客家語文研究所碩士論文，2009年。

五、網路資源

1. 維基百科萬年青。https://zh.wikipedia.org/zh-tw/%E4%B8%87%E5%B9%B4%E9%9D%92
2. 劉建仁著：〈臺灣話的語源與理據〉，2012/9/8。https://taiwanlanguage.wordpress.com/

第十二章　臺灣客家三行詩初探[1]

一、前言

　　中華民族五千年的悠久歷史，源遠而流長，載浮著古聖先賢的智慧結晶，孕育了亮麗璀璨的詩篇，優美動人的韻律更憑添中華文化綠意盎然的色彩。傳統詩歌的多情纏綿，溫柔敦厚，正足以表現中華文化的雅緻婉約。中唐大詩人白居易〈與元九書〉：「感人心者莫先乎情，莫始乎言，莫切乎聲，莫深乎義。詩者，根情、苗言、華聲、實義。」[2]說明了詩乃是言情、達義而具音樂性、感染性的韻文。我國歷代的詩集作品，有如琳琅珠玉，美不勝收。其所以能傳唱千古，必有其動人的內容和深遠的意境，耐人尋味。正如劉勰《文心雕龍・物色篇》所說：「是以詩人感物，聯類不窮。流連萬象之際，沈吟視聽之區；寫氣圖貌，既隨物以宛轉，屬采附聲，亦與心而徘徊。」[3]說明了偉大的詩人能觀物入微，體物入妙，用生花的妙筆，融情入景，把宇宙的美麗和神祕，驅遣於筆下。的確，沈潛在詩詞的領域中，那綺麗的千古絕唱導入心田，可以怡情養性，啟迪人生。所以孔子勉勵弟子學詩之言說：「詩可以興，可以觀，可以群，可以怨；邇之事父，遠之事君，多識于鳥獸，草木之名」

---

1 本文初稿發表於《世界客家雜誌》雙月刊第49期（臺北：世界客家雜誌有限公司，2025年1月），頁51。

2 唐・白居易著、朱金城箋校：《白居易集箋校》，（上海：上海古籍出版社，1988年12月），白居易〈與元九書〉卷45，頁2790。

3 南朝梁・劉勰著：黃叔琳校本《文心雕龍注》〈物色篇〉卷10，（臺北：臺灣開明書店，1974年），頁1。

(《論語‧陽貨》)可見,我們研究詩詞,神遊詩人作品中,定能享受到「讀書之樂樂無窮,瑤琴一曲來薰風」的忘我境界。

任何民族的文學,與時代的變遷,現實社會及風土民情有密切不可分的關係。當代客家詩人的詩,除了取材多元,並呈現多樣的寫作主題,詩篇整體意象中,也蘊含了豐富的客家族群的記憶與文化內涵。李漢偉在《臺灣新詩的三種關懷》中所言,認為臺灣新詩對「土地」的愛是一樣的,具有三個現實關懷的特色:其一是展現儉樸勤奮的耕作精神,其二是展現眷戀土地的深深之情,其三是展現認同的紮根意識。[4]的確,欣賞當代客家詩人的作品,令人油然而生思古的幽情。可見,藝術作品不僅可以使欣賞者知道過去曾經出現過怎樣的社會、怎樣的階層、怎樣的人物、怎樣的人與人之間的關係;而且這種社會的狀況、階級的面貌、人物的性格,還會深深刻印在欣賞者心裡,使他們不能忘懷,引起欣賞者對社會、對人生作更進一步的思考。[5]本論文以臺灣客家文學中的「三行詩」為觀照對象,「三行詩」是客家特有的文學形式,初期為推廣客家文學之用,結構上第一行五個字,第二、三行是七個字,總計三行,合計十九個字,再簡短的字數裡要完整表達詩句的意涵與意象,實屬不易,也凸顯出創作「三行詩」的難度和特別。在具體而微的詩句中,透顯耐人尋味的情趣,也開創了臺灣客語現代詩歌的新局面。

二、臺灣現代客語詩概述

開啟臺灣客家文學的堂奧,由日治時期的日文寫作到華文寫作,歷經民間鄉土文學、古典文學、現代文學三個階段,其中所呈現的時代風

---

4 李漢偉:《臺灣新詩的三種關懷》,(新北市:駱駝出版社,1997 年),頁 102。
5 戚廷貴:《藝術美與欣賞》,(臺北:丹青圖書有限公司,1998 年),頁 245。

格、族群意識與生活情境的描寫,是客家人在長期的人生經驗與歷練過程中,逐漸累積、創造而成,是耐人探索與玩味的。客家文學在臺灣的發展,源遠而流長。2001 年 6 月 14 日,行政院成立了中央級部會的「客家委員會」,成立的宗旨為:延續客家文化命脈,這是臺灣戰後第一個由中央政府成立的客家機構,具有劃時代的意義,且對於客家話的推展,有更詳實縝密的規劃。為了傳達或表現客家族群的文化,包含客家歷史、生活態度、價值觀等比較重要的文化內涵,來當作文學的內容,從這個角度來看,比較適合使用「客家文學」這個名詞。如果純粹以客家話當表達工具的作品,就應稱為「客語文學」。[6]茲略述臺灣現代客語詩的定義與發展,如下:

(一)臺灣現代客語詩的定義

「臺灣客家文學」是生活在臺灣的客家人所創造的文學定義而言,書寫的範圍,可以略分為:「臺灣客家民間文學」及「臺灣客家創作文學」二大類。根據羅肇錦教授的研究:

> 現代客家創作文學包括:口語客家詩、山歌、散文、小說、戲劇、說唱藝術等。客家人參與臺灣新文學運動的情形,包括客籍作家在臺灣新文學運動扮演的角色,作品呈現的客家特質等。[7]

范文芳教授說:

為了傳達或表現客家族群的文化,包含客家歷史、生活態度、價

---

[6] 范文芳:發表於「客家文學的可能性與限制」座談會,原文刊登在《客家雜誌》1990,2 月第二期,後收錄在黃子堯主編:《客家臺灣文學論》,(新北市:愛華出版社,1993 年),頁 44-45。

[7] 羅肇錦:〈民間文學的選項與客家〉,2001 年《客家文化月第一屆臺灣客家文學研討會論文集》,(苗栗:苗栗縣文化局,2001 年 12 月),頁 28。

値觀等比較重要的文化內涵,來當作文學的內容,從這個角度來看,比較適合使用「客家文學」這個名詞。如果純粹以客家話當表達工具的作品,就應稱為「客語文學」。[8]

林櫻蕙則主張取「現代客語詩」,其理由為:
因為用客家的母語——「客家話」——作為詩創作的語言,所以取較達義、涵蓋面較廣的「客語」,而不取用「客話」或「客家」。廣義的來說,詩有分古詩、近體詩、新體詩等類,因為其文體為現代的新體詩,所以取以「現代詩」一詞。[9]

綜合上述,可知客家文學透過各類作品展現客家族群的生活經驗與所感所思,書寫內容反映了時代變遷、風土人情與族群心聲,從中可以看到客家族群的精神文化與生命價值,同時也建構了客家族群視野與集體認同。[10]臺灣客家創作文學,承繼了傳統的漢文化,又融合現代的新文化,與新的詞彙用語,使得臺灣客家創作文學的內容,展現新的風貌與獨特的客家特質。

(二)臺灣現代客語詩的發展

根據彭瑞金(1947-)〈從族群特性看客家文學的發展〉一文指出,「客家文學」一詞出現在臺灣文學界,就得追溯到西元 1982 年張良澤受紐約「臺灣客家聯誼會」邀請,演講〈臺灣客家作家印象記〉時,提

---

8 范文芳:發表於「客家文學的可能性與限制」座談會,原文刊登在《客家雜誌》,1990 年 2 月第二期。
9 林櫻蕙:《現代客語詩之表現形式研究》,(國立臺北師範學院臺灣文學研究所碩士論文,2005 年)。
10 邱湘雲:〈臺灣當代客家文學音檔建置與風格研究——客語詩篇成果報告(完整版)〉,2017 年 11 月 30 日,頁 4。

到「客家文學」一詞,他口中「客家文學」,所指「客籍作家作品」,列舉龍瑛宗(1911－1999)、呂赫若(1914－1951)、吳濁流(1900－1976)、鍾理和(1915－1960)等四十位客籍作家參與或活躍於日治時代的臺灣文壇。[11]因此,自日治時代以降,龍瑛宗的短篇、吳濁流的《亞細亞的孤兒》鍾理和的《笠山農場》、鍾肇政(1925－2020)的《臺灣人三部曲》、李喬(1934－)的《寒夜三部曲》、杜潘芳格(1927－2016)的詩作,不僅是臺灣客家文學的入門書,也是「經典」。[12]這些客籍作家的文學作品,蘊涵豐厚的客家意識,更是推動臺灣客家文學發展的源頭活水。

八０年代末以來,許多客籍作家紛紛投入客語現代詩的創作。「在臺灣客語現代詩的代表作品方面,1990年黃恆秋完成了臺灣第一本純客語詩集《擔竿人生》,杜潘芳格同年出版的《朝晴》也收錄了十首客語詩;1993年杜潘芳格出版以客語詩為主體的《青鳳蘭波》;1995年龔萬灶、黃恆秋編選的《客家臺語詩選》和李喬客語史詩《臺灣,我的母親》先後問世,前者共收錄十二位客籍詩人的詩作,是臺灣的第一本客語詩選集;1998年黃恆秋的《見笑花》、葉日松的《酒濃花春客家情》、馮輝岳的客語兒童詩集《第一打鼓》相繼出版;1999年邱一帆的《有影》;2000年馮輝岳的《客家童謠大家唸》、曾貴海的《原鄉‧夜合》、邱一帆的《田螺》;2001年葉日松的《客語現代詩歌選》、黃子堯編的《收冬戲:客家詩與歌交會的慶典》;2002年葉日松的《鑊仔肚介飯比麼介都卡香》、黃恆秋《客家詩篇》;2003年馮輝岳與徐兆泉獲得客委

---

11 王幼華:〈闡釋、發展與推廣——臺灣的客家文學〉,(發表於2006年11月國立聯合大學舉辦、苗栗縣文化局委辦,文化創意產業行銷國際學術研討會論文)。
12 彭瑞金:〈臺灣客家文學素描〉,《文學臺灣》,2010年10月,頁37－39。

會支持,共同編撰的兒童詩繪本《細毛蟹》、《細兔仔》、《細燕仔》、《潾蛣》、《膨尾鼠》;2004年李喬主編的《臺灣客家文學選集1》、邱一帆的《油桐花下个思念》、葉日松的《臺灣故鄉情》、張芳慈的《天光日》、龔萬灶《阿啾箭个故鄉》等也陸續推出。」[13]另外,為了鼓勵創作,教育部於2008年舉辦第一屆「用恩兜个母語寫恩兜个文學」母語創作獎,徵選詩、散文與小說等三種文類,這也是教育部首次舉辦此項比賽,展現出了推廣母語文學的企圖。從以上的發展歷程來看,詩歌園圃自八0年代末之後,變得花團錦簇,也開創了臺灣客語現代詩歌的新局面。

綜合上述,可知臺灣客語現代詩,在鄉土化的文學氛圍孕育而生,書寫田園便成為回歸鄉土的策略之一與途徑。客家詩人或許不是有意針對田園主題而寫,但其中以詩所抒發的對象、情感,卻隱含了田園的符碼,反映了社會生活,或對生命的自省,或對人間的愛,甚或對土地的關懷,拓展了詩的視角,壯大了詩的領地。[14]客家詩人用具有「生命的氣息與泥土的韻味」的母語創作詩篇,似一枚浮水印,重疊在作品本身,印壓出對鄉土的愛戀。[15]

三、臺灣客家三行詩溯源與發展

南宋嚴羽《滄浪詩話・詩辯》:「夫詩有別材,非關書也;詩有別趣,非關理也。」[16]詩人創造形象,借物抒懷,五音相喧,七彩紛呈,創造

---

[13] 林櫻蕙:《現代客語詩之表現形式研究》,(國立臺北師範學院臺灣文學研究所碩士論文,2005年)。
[14] 吳育仲:《臺灣客語現代詩田園主題作品研究》,(國立屏東教育大學客家文化研究所碩士論文,2110年),頁36。
[15] 吳育仲:《臺灣客語現代詩田園主題作品研究》:頁3。
[16] 南宋・嚴羽:《滄浪詩話校釋》,(臺北:里仁書局,1987年4月),頁26。

出各種奇妙的境界。臺灣客家三行詩的興起，吹皺了臺灣客家詩歌的一池春水，帶給臺灣客家詩歌新的風貌。「三行詩」是客家特有的文學形式，用五字一行，七字兩行，共三行十九字，把日常生活的感受或令人感動的情景，以客語書寫，並以客語誦讀。歷經近十年的大力推廣、大量創作，這種新的文學形式已逐漸為客家人認識並接受。我們一直堅信，客家語言文化是族群的生命與動力，唯有透過傳統與現代的結合，讓客家母語發聲發光，客家文化的綿延才有永恆的希望。茲述臺灣客家三行詩的源起，如下：

（一）臺灣客家三行詩的推手

1.生平事蹟述略

羅慶士（1933－2020），1933 年生於日治時期新竹州新竹郡關西庄（今新竹縣關西鎮），2020 年 7 月 3 日逝世，享壽 87 歲。昭和十二年（1937 年），羅氏家族及關西地區羅氏宗親與地方人士共同出資成立「臺灣紅茶公司」，以製造或收購各種茶葉，經精製、拼堆、包裝等程序直接大量銷往海外市場。當時，除在關西設有大型精製茶廠外，也在臺北設有貿易事務所和簡易精製包裝廠。羅慶世便是在如此環境耳濡目染下成長。羅慶士畢業於早期的淡水英專，該校改制為大學後，還努力回去補修學分，在爭取英語學士學位到手的同時，他又在日、英語外，修了第 3 外語——法文，使得他得以憑靠語言的優勢，在民國五、六０年代，他隻身帶著臺灣茶闖蕩英倫、法國巴黎、德國法蘭克福等地。[17]

---

17 〈經典茶人、詩人羅慶士辭世〉。
　https://www.artslifenews.com/news_in.aspx?siteid&ver&usid&mnuid=1115&modid=2

臺灣紅茶曾「紅」遍世界，但羅慶士當時已預見紅茶市場將下滑，於是改引進日本煎茶(綠茶)設備和技術，最後以外銷日本為重心上面，率先拓展日本煎茶的市場，引進日本煎茶技術，帶動後續臺灣蒸菁綠茶外銷日本，終而開啟了臺灣另一個製茶外銷的時代。羅慶士歷任臺灣紅茶公司總經理、董事長等職，創辦「臺紅茶業文化館」，對於茶葉產業文化的保存與推廣，以及客家文化的傳承不遺餘力。出生於新竹關西製茶家族，投身茶產業超過一甲子，在臺灣紅茶外銷萎縮時，率先領先全臺打通日本煎茶市場，見證了臺灣茶葉國際貿易發展的興衰起落，為臺灣茶葉界的國寶級人物，曾獲頒「總統褒揚令」與「一等客家事務專業獎章」等榮譽，辭世後獲頒總統府褒揚令、客家委員會褒揚狀，表彰其推廣客家語言、文學與茶葉文化的貢獻。[18]

2. 倡導客家三行詩

羅慶士自幼承詩學庭訓，父親羅享彩是一位詩人，曾參加關西詩社陶社，也是鐵血詩人吳濁流的好友，遺留下許多客家詩句，加上他對於傳承客家文化的強烈使命感，促使他為臺灣文學打造了一個新的文學形式──「客家俳句三行詩」。根據他的回憶，在 2010 年 3 月間，一群旅美的客家鄉親回臺祭祖，順道至臺紅茶業文化館開座談會，商議關於客家事務與客家母語的推動事宜，文學大老鍾肇政亦熱心出席參與討論。席間，羅慶士提議模仿日本「俳句」的三行詩寫作方式，以自由詩的體裁，用五字一行，七字兩行，共三行十九字，把日常生活的感受或

&mode&isgb&nid=1898&noframe
18 劉宜頻、黃映婕：〈「客家三行詩」風潮起已故詩人羅慶士重要推手〉。
https://www.hakkatv.org.tw/news-detail/1658723433541867

令人感動的情景,以客語書寫,並以客語誦讀。他以多年日本俳句創作累積的經驗,創立與制定了客家俳句三行詩的格式並大力推廣,被尊為「客家三行詩之父」。[19]

　　具有文人情懷的羅慶士也是臺灣推廣客家三行詩的先行者,他認為要保留客家母語,就是在日常生活中要多用客家話思考,出口成詩,是生活也是文學。眼看著母語日漸消逝,過去他就經常在文章中,發表強烈傳承客家文化的使命,12年前(2010年)曾在一場座談會上,和一群旅美客家鄉親,談到自己多年創作日本俳句的經驗,當下提議開始推行客家三行詩。羅慶士說(2019.04.24):「俳句我已經寫了一、二十年,我們不用完全學他們,我們就這樣,意思就是把你生活的感觸,用19個字表達出來。」有一次他和友人談到應如何推行學習客家語文的時候,羅慶士建議,模仿日本「俳句」或「川柳」的三行詩寫作方式,以自由詩體裁,用五字一行、七字兩行,共三行十九字,把自家日常生活的感受或令人感動的情景,用簡訊的方式,寫成三行詩,以便與親朋好友聯誼交流,從此為臺灣的客家三行詩留存了命脈。[20]

　　綜上所述,可知將客家俳句三行詩應用在客家母語教學,讓羅慶士留給臺灣文學重要的資產,像他所鍾愛的茶葉般,繼續散發甘美潤口的滋味。作家邱一帆說:「他透過寫三行詩寫作的過程裡,可以找回自己的客家話。」旅美客家鄉親張貴洋也說:「想到什麼就寫下來,客家話不能光講,要寫下來,寫下來給後代子孫看,客家三行詩的部落格對不

---

19 劉宜頻、黃映婕:〈「客家三行詩」風潮起已故詩人羅慶士重要推手〉。
　　https://www.hakkatv.org.tw/news-detail/1658723433541867
20 劉宜頻、黃映婕:〈「客家三行詩」風潮起已故詩人羅慶士重要推手〉。

對,你去看,真的保留下來了。」[21]羅慶士創立並制定客家俳句三行詩,為臺灣客家文學打造出新文學形式,哲人雖已逝,這股風潮擴及海內外,許多客家鄉親以三行詩互相交流,也從字裡行間抒發思鄉情懷,的確,令人感佩。

(二)臺灣客家三行詩溯源

羅慶士提議模仿日本「俳句」的三行詩寫作方式,「客家三行詩」原型為日本俳句,是由17音組成的日本定型短詩。有關日本俳句的敘述,臚列如下:

1. 日本最早的俳諧出現於《古今和歌集》(收有「俳諧歌」58首),至江戶時代(1600年–1867年)則有從「俳諧連歌」產生的俳句、連句、俳文等。正岡子規把俳諧的首句從俳諧中獨立出來,單獨成體,稱為俳句。[22]

2. 俳句源於和歌,和歌源於漢詩。俳句既為發句,則有類於漢詩所謂的「起興」功能。漢詩開始的「興句」,只為引發下文的「應句」主體,實屬附屬功能,但俳句則單純引以為可讀可誦的獨立詩體,未近入主體部份即已結束,有點像絕句,但比絕句更短,描寫「一地之景色、一時之情調」的文本空間比絕句更精簡。[23]

---

21 劉宜頻、黃映婕:〈「客家三行詩」風潮起已故詩人羅慶士重要推手〉。
22 俳句:維基百科。https://zh.wikipedia.org/zh-tw/%E4%BF%B3%E5%8F%A5
23 楊雅惠:〈瞬間文本:臺灣「俳句式新詩」文化解讀〉,國立中山大學中國文學系,頁33。

3 追溯日本俳句的起源,是由多人合詠的「連歌」而來。一首連歌有三十六句,長句(十七字音)與短句(十四字音)交替,開頭第一句稱為「發句」,加上「季語」(表現季節的辭語)[24]和「切字」(一定的斷句助詞或助動詞),使之成為獨立的十七字音的短詩,就稱為「俳句」或「俳諧」。[25]

4. 俳諧的結構,分初句(初五或上五)、二句(中七)、結句(座五或下五),也就是常說的「五、七、五」字音。而要在這極有限的空間要傳達一種詩意,(日)川本皓嗣說:從作者的角度來分析,他所能採用的基本手段有二:(1)以意象傳達,避免將感情意念直接表現。(2)力求語言之多義性、富表現力,具言外之意。[26]

5. 日本俳句的詩學,首先以具象性、即物性的意象傳達,避免將感情意念直接表現。其次,力求語言之多義性、具言外之意,詩意構成與本意、本情有很大的依存性,但其實又在此中建立其詩意空間。所以語言上雅俗參用,意義上突破典型性,尋求

---

[24] 維基百科:「俳句中必定要有一個季語。所謂季語是指用以表示春、夏、秋、冬及新年的季節用語。在季語中除『夏季的驟雨』、『雪』等表現氣候的用語外,還有像『櫻花』、『蟬』等動物、植物名稱。」
https://zh.wikipedia.org/zh-tw/%E4%BF%B3%E5%8F%A5 俳句

[25] 日・川本皓嗣 RymeorReason-ACaseforNegativeCapability:《國際比較文學東亞會議》,國立高雄第一科際大學外語學院應用日語系、輔仁大學比較研究所主辦,2004.11.26。又見其專著:《日本詩歌的傳統》中說:日本俳句的源流,最初既可追溯到和歌、連歌。專業歌人發展出「俳諧連歌」此一餘技,或作為外行的隨意遊戲,或作為和歌、連歌的入門階段。

[26] 日・川本皓嗣著:〈前揭書〉,頁 96。

誇張與矛盾的表現,這些都是常見手法。俳句簡約的美學,也就奠基於此。[27]

綜合上述,可知客家三行詩原型為日本俳句,日本俳句的形式是源自中國古代漢詩的絕句這種詩歌發展而來。例如、漢高祖劉邦吟誦的〈大風歌〉:「大風起兮雲飛揚。威加海內兮歸故鄉。安得猛士兮守四方!」客家三行詩分別為五、七、七音共 19 個音節組成,詩體纖巧輕妙,富詼諧趣味,因為可以結合地方俚語方言,常被使用於新詩,在 90 年代網路文學興起時在國內吹起了一陣旋風。從中國詩學的「起興」、日本詩學的「俳諧」,到後現代詩學的「狂歡」,臺灣俳句式新詩,我們看到了文化意涵多重解讀的無限可能。[28]客家三行詩的創立與制定,是參考日本俳句而來,不過兩者相比仍有許多差異,日本俳句是以 17 個「音」組成的定型短詩,客家三行詩則是以「字」做為單位。羅慶士認為,結合書寫與口說,是學習語言最有效的方法。歷經近十年的大力推廣、大量創作,這種新的文學形式已逐漸被大家認識並接受。

(三)臺灣客家三行詩的發展

近年來客家三行詩已成為客委會推行客家文學的新模式,客委會主委楊長鎮說:「希望藉由客家三行詩這種創作,讓年輕人他們共同來參與。」臺灣客家筆會祕書長黃子堯也說:「會帶動說,用客家話來寫作,當然它的寫作也不是只有寫而已,可能唸的時候因為比較短,要來

---

27 楊雅惠:〈瞬間文本:臺灣「俳句式新詩」文化解讀〉,頁 8。
28 楊雅惠:〈瞬間文本:臺灣「俳句式新詩」文化解讀〉,頁 34。

讀要來唸,比較短當然也比較好讀。」[29]可見客家三行詩,已成為客家文學流行的新詩體。客委會自 2010 年起舉辦桐花文學獎,鼓勵客語文學創作,多年來廣受世界各地文學創作者關注與迴響,徵件數量高達五千多件,是國內客語文學指標性的獎項。2019 年開始特別新增「客家三行詩」與「微小說」類別,期望藉由徵集更多蘊含客家文化或意象之文學作品,推廣客語漢字創作,讓社會大眾藉由文學,領略客家文化的獨特內涵。茲舉 2024 年桐花祭桐花三行詩徵選簡章為例,如下:

1.徵文宗旨

為營造桐花生活美學氛圍,本會特舉辦「桐花三行詩」徵選活動,期望大家能將心中屬於桐花祭的美好記憶和想像,用創意表現在客家三行詩的文學創作中,透過創作及吟唱三行詩,展現「桐花」與「人文」之美。

2.徵選主題

賞桐:欣賞桐花的各種樣貌之三行詩創作分享。
桐聚:和桐花相聚的重要時刻之三行詩創作分享。
遊程回憶:回憶過往的遊程經歷之三行詩創作分享。
生態書寫:透過作詩紀錄下生態觀察時的深刻感受。

3.徵選格式

客語漢字組:

---

[29] 劉宜頻、黃映婕:〈客家三行詩 17 字或 19 字格式參考日本俳句〉,客家新聞。https://www.hakkatv.org.tw/news-detail/1658723433548548

以客語漢字創作，首句 5 字，第二、三句 7 字。
繁體華語組：
以繁體華語創作，首句 5 字，第二、三句 7 字。
注意事項：每人每組至多投稿 2 件為限。

4.獲取獎項
客語組入選 15 名，華語組入選 5 名。
得獎者可獲得價值新臺幣 5,000 元之獎勵品及獎狀乙紙。

綜上所述，可知桐花三行詩徵選是客委會為了鼓勵客語創作，希望大家將心中屬於桐花祭的美好記憶和想像，用創意表現在客家三行詩的文學創作中，透過創作及吟唱三行詩，展現「桐花」與「人文」之美。臺灣客家俳句定型詩園地發起人洪仁銘說：「第一行就是你的目標主題，第二行就是轉折起承，第三就是跟第一行要對應。」作家邱一帆說：「雖然說是短短的幾個字而已，不過要把詩的韻味表現出來，也不是一種簡單的事情，所謂韻味就是說，讀者讀起來有一種猜測，或是聯想的一種作用，甚至於說透過這個詩，會產生一種感動。有越來越多的三行詩愛好者，在網路社群平臺上互相交流，或許對一般人來說，要寫出韻味、意境和情感兼具的三行詩，並不容易，不過透過每一次的書寫，點滴累積，和客家文學的距離也逐步接近」。[30]由此可見，客家三行詩文句雖

---

30 劉宜頻、黃映婕：〈客家三行詩 17 字或 19 字格式參考日本俳句〉，客家新聞。https://www.hakkatv.org.tw/news-detail/1658723433548548

短,卻是意象深遠,耐人尋味的詩作。

四、臺灣客家三行詩作賞析

　　竺家寧提到:「凡是用文學的方法從事研究,涉及作品內容、思想、情感、象徵、價值判斷、美的問題的,是「文藝風格學」;凡是用語言學的觀念和方法進行研究,涉及作品形式、音韻、詞彙、句法的,是「語言風格學」。」[31]的確,詩歌是作者內心的縮影,詩歌的內容往往是詩人刻骨銘心的剪影。從詩歌的風格,詩詞的主題選擇,以及辭彙的表現,象徵的手法等等,去剖析詩人的情感蘊藉、生命氣息、個性情操,乃是賞析詩歌的一條明確道路。茲舉羅慶士〈茶事四則〉為賞析的範例:

頭擺人做茶,屋背茶園摘嫩筍,採成幼條等佢香
等茶起色香,焙成一籠半頭青,試泡一壺滿屋香
阿公去賣茶,茶猴佇該等茶般,一看茶般開上價
阿公賣茶轉,一料豬肉兩尾魚,還買三包細人糖

（一）字詞釋義

1. 頭擺:四縣 teuˇbaiˋ,以前。
2. 屋背:四縣 vugˋboi,屋後。
3. 佢:四縣 giˇ,他、它。
4. 半頭青:banteuˇqiangˋ,半頭青烏龍茶。在客家庄中的茶農或多或少多有可不同而相異的成品結果。一部分因受小綠葉蟬吸食程

31　竺家寧:《語言風格與文學韻律》(臺北:五南圖書公司,2001 年 3 月),頁 27。

度不足，而製成發酵度比東方美人茶低一點的半頭青烏龍茶。例：膨風茶若係分蟲仔䖝毋䖱，做出來个茶米就無恁香，該種茶會安到「半頭青」。（東方美人茶如果給蟲咬得不夠多，製出來的茶葉就沒有那麼香，那種茶會稱作「半頭青」。）[32]

5. 茶猴：四縣 ca´feu´，平級輩暱稱呼，無指責的意思（男性），猴 feuˇ古佬：上輩笑罵下輩。
6. 一料：四縣 id`liau，料（量詞）一條。
7. 細人：四縣 se-ngìn，小孩。
8. 轉：四縣 zon`，歸回。

（二）文句解析

第一則：

以前人製做茶葉，在自家屋後的茶園採摘茶樹的嫩葉，將嫩葉揉成一條條小小的茶葉條等它產生香味。

第二則：

等茶的香味出來後，烘焙出一籠的半發酵的清茶，並嘗試泡了一壺香氣四溢，滿屋子都飄出茶的香味。

由上述，可知一、二則，以簡明扼要的十九個字，描述製茶的過程，進而道出茶湯的撲鼻香氣，品茗時清爽可口的氛圍。

第三則：

爺爺去市集賣茶，專門作茶商仲介的茶猴，等候在茶樣品旁邊打探

---

[32] 教育部：《臺灣客語辭典》。https://hakkadict.moe.edu.tw/search_result/?id=21990

價錢,發覺這是好茶,開了上等的價錢買下茶來。

第四則:

爺爺賣了茶回家,把賺來的錢到市場買了一條豬肉與兩尾魚,還買了三包小孩子愛吃的糖果,把禮物帶回家去逗孫子開心。

由上述,可知三、四則,一樣以用簡要的 19 個字,情真語切的三行詩句,道出阿公疼惜寶貝孫子之情懷與照顧家庭生計的苦心。情韻深長,耐人尋味。

(三)意象賞析

潘麗珠在《現代詩學》提到:「意象」中的「感官意象」包括視覺、聽覺、觸覺、嗅覺、觸覺等意象。[33]「意象」的探討一向是傳統中國文學理論中的重要課題。現代詩最重要的核心是意象,賞析詩作,首先要歸納作品的主題風格,包括:「族群書寫」、「鄉土書寫」、「地景書寫」及「事物書寫」等方面的表現方式,進而延伸到作品意象的探索。[34]茲敘述如下:

1.地景書寫

　　頭擺人做茶,屋背茶園摘嫩筍,揉成幼條等佢香

第一則是屬於地景書寫的筆法,描寫客家先民從大陸輾轉遷徙來臺,踏過歷史的軌跡,大半住在靠山的窮鄉僻壤,除了種田外,另一項

---

[33] 潘麗珠:《現代詩學》,(臺北:五南圖書公司,1998 年),頁 61。
[34] 邱湘雲:〈臺灣當代客家文學音檔建置與風格研究——客語詩篇成果報告(完整版)〉,頁 16。

謀生的方式，就是在蜿蜒起伏的山坡上，種植了一簇簇的茶樹。在無邊的綠色大地，一樹樹的茶園，伴隨著先民成長。在茶山裡發展出獨特的生活方式、製茶工藝與產業文化，一棵棵茶樹從枝枒吐出新芽，婦女們頭戴著斗笠，穿梭在茶樹間，彎著腰以專注的眼神，俐落靈活的雙手採摘著嫩綠的茶葉，丟入背著的竹簍內。採茶婦女與茶師製茶身影，成為客家庄的日常風景，客家人對炒製茶葉這一工序也有講究，也是最為辛苦的一件事。炒茶時，灶火要燒得夠旺。新採茶葉倒進鍋內，兩手持鏟快速翻炒，稍遲緩即焦。炒茶，對茶質的色、香、味是極為重要的一環。

2.鄉土書寫

等茶起色香，焙成一籠半頭青，試泡一壺滿屋香

第二則是屬於鄉土書寫的筆法，描寫早期客家先民在臺灣住在山區，日常飲食煮飯燒茶，必須要使用樹枝與竹葉等柴火，用烘爐、草結、壺罐與小孩子生火燒柴等情景，寫出農村生活點滴，寫出父母待客之情，令人回味起古早的客家農村生活場景。有客人來訪，客家人都會泡上一壺暖暖的香茶，先沖在小杯，再恭敬地端在客人面前，表示對客人的禮貌，而客人則雙手接杯，以表示對主人的感謝和回禮。以燒開水泡茶招待訪客為待客之道，道盡了客家人好客之事實，更寫出客家人飲茶崇禮重義的文化意涵。三五好友圍坐，在茶的香氣繚繞中，談天說地，一杯茶品味人生的酸甜苦辣。燒水、煮茶、喝茶，「看似尋常最奇崛，成如容易卻艱辛」（王安石《題張司業詩》），千百年來，客家人在一碗茶湯

中,感悟生命的真諦。

3.事物書寫

阿公去賣茶,茶猴伫該等茶般,一看茶般開上價

第三則是屬於事物書寫的筆法,描寫百年來,客家族群深入丘陵臺地,在貧瘠的土地裡孕育高產值的茶,茶為經濟作物,改變了客庄風景,更委婉道出客家人勤勞開墾山林,堅忍剛毅,共生共存的歷史軌跡。「逢山必有客,逢客必有茶」,有茶必有運輸之茶路。茶路紀錄著茶貿易的軌跡,在大眾難以企及的北部內山,由人工挑肩,走過羊腸小徑,翻山越嶺的經過古道、水路運往大稻埕,再運轉至全世界。從清治時期茶農肩挑步行的古道、水路運輸,日治時代的人力輕便鐵路,到戰後公路系統進入臺灣各鄉鎮,百年來,茶路從步行、河運、鐵路、到桃竹苗內山公路,一條橫跨百年的茶文化生活之路逐漸清晰。當茶葉豐收時,就賣給商人以改善家裡的經濟。遙想早年茶園交通不易,挑夫揹起茶走過重山、踏過茶路,山頭間設有奉茶亭供行人喝水,真的是客家人溫情的表徵。

4.族群書寫

阿公賣茶轉,一料豬肉兩尾魚,還買三包細人糖

第三則是屬於族群書寫的筆法,道出阿公疼惜寶貝孫子之情以及照顧家庭的責任感。客家先民,從唐山以赤手空拳飄洋過海到臺灣,進入窮鄉僻壤墾殖荒地,為穩定家族命脈而吃苦耐勞。由於遷移過程中經過千辛萬苦,內憂外患,輾轉漂泊歷經艱困,所到之處地瘠民貧,飽受

謀生的艱困,因而養成了「勤儉奮鬥、刻苦耐勞」之精神。客家人安身立命的憑藉是什麼?就是堅忍、勤儉、吃苦、耐勞的人生哲學。從節儉的向度來觀察,他們愛惜資源與物力,不糟蹋任何可以食用的東西,例如:酸菜、覆菜、蘿蔔乾、梅干菜……等,因為應景新鮮的青菜吃不完,就把它醃製起來,不但收藏較久,也可以節省物資,而不會暴殄天物。平日省吃儉用,除了逢年過節,才有雞、鴨、豬、魚肉可以享用,因此將辛苦賣茶的錢,買了一料豬肉和兩尾魚,給全家人享用。並買些零嘴給孫子吃,愛憐孫子的情懷表露無遺。

(四)語言風格

語言是音義結合的體系,對內可以讓人的大腦起思維作用,對外可以表達情意,與他人交際、溝通,展現人作為社會動物的特性。[35]語言風格的內涵包含三個方面:1.語音風格、2.詞彙風格、3.語法風格。[36]茲就客家語言風格來賞析羅慶士〈茶事四則〉,如下:

> 頭擺人做茶,屋背茶園摘嫩筍,揉成幼條等佢香
> 等茶起色香,焙成一籠半頭青,試泡一壺滿屋香
> 阿公去賣茶,茶猴佇該等茶販,一看茶販開上價
> 阿公賣茶轉,一料豬肉兩尾魚,還買三包細人糖

本首詩在詞彙上都運用了客家人的習慣用語,如:「頭擺人:從前

---

35 葉蜚聲、徐通鏘:《語言學綱要》(北京市:北京大學出版社,1997年三版),頁7。
36 參見莊師雅州:《會通養新樓學術研究論集》,卷二・語言文字學編(臺北市:萬卷樓圖書公司,2021年初版),頁500。

人」、「屋背：屋後」、「佢：他」、「轉：回家」等詞彙，讓人產生一份親切感，增進鄉親的情誼。「一籠半頭青」、「一壺滿屋香」、「一料豬肉」等用語，反映客家詞彙的特殊用語，不同的語氣形式、靈活的虛詞，都表現不同的風格特點。[37]語言是文化的載體，文化是族群團體自我認同的核心所在，透過語言，可以了解族群的文化，發現族群的生活智慧、態度、哲學……，因此要保存文化，語言的遺失，將是最大的障礙。德國哲學家萊布尼茲（Gottfried Wilhelm Leibniz, 1646－1716）說：「語言是人類文化活動的紀念碑」。漢語是世界上詞語最豐富、最有表現力和生命力的語言之一，詩歌的詞彙更是中國語言文字的精華。

　　綜合上述，可知羅慶士〈茶事四則〉詩，為生活在臺灣這塊土地上的客家人，做了最佳的歷史見證與變遷記錄。葉石濤（1925－2008）曾指出：「客家文學中呈現的時代風格、族群意識與生活探索，由日治時期的日文寫作到華文寫作，歷經鄉土文學淬練，一再標榜客家文學與時代互應的潮流。」[38]的確，客家文學與土地、時代、社會脈絡互動的風格特色，經由客家三行詩的描述，讓我們可以更深入的看到客家文學的實質內涵，與耐人尋味的意境；整理客家文學作品脈絡，將文學理論應用到客家文學深究上，必能彰顯客家文學作品的不朽價值。

五、結語

　　羅慶士倡導客家三行詩，以結合書寫與口說為主軸，以彰顯客家族群的精神特色。自明、清時代傳下來的客家山歌、諺語等民間文學開始，

---

37 黎運漢：《漢語風格探索》（北京市：商務印書館，1990年），頁58－61。
38 葉石濤：《臺灣文學史綱》（高雄：文學界出版，春暉出版社，1987年）。

客家文學中以道地客語寫成的「客語文學」便傳續至今。晚清詩人也是客家先賢的黃遵憲（1848－1905）在〈雜感詩〉中寫道：「我手寫我口，古豈能拘牽！即今流俗語，我若登簡編；五千年後人，驚為古爛斑」[39]，這是主張文學創作應「我手寫我口」之第一人，其後民國初年胡適提倡「白話文運動」，日治時期「臺灣新文學之父」賴和（1894－1943）也主張「筆尖」與「嘴尖」合一。此種「我手寫我口」的傳統表現在客家文學中，最為集中的表現就是「客語詩」。[40]張德明指出：「語言風格是指語言體系本身的特點和語言運用中各種特點的綜合表現，它既包括語言的民族風格、功能風格及語體風格，也包括語言的時代風格、流派風格、個人風格、語體風格和表現風格等。」[41]強調語言是文學的第一要素，語言特徵也是決定風格形成因素之一，以客語書寫客家的人、事、物，的確，能符合「我手寫我口」的文學語言走向，也是最具客家語言風格的書寫方式。

客家移民這個遷徙的族群，在客家詩歌中所展現的美學特質，令人驚豔。法國哲學家傅柯（Michel Foucault，1926－1984）指出：「美學的生活，就是把自己的身體、行為、感覺和激情，把自己不折不扣的存在，都變成一件藝術品。」[42]的確，臺灣客家三行詩展現了客家詩歌之美，勾勒出客家族群的傳統人文價值與簡樸的生活常態。追溯先民在臺灣開疆拓土的跫音，像輕叩窗櫺的細雨，不斷撥動著每個鄉親的心弦，他

---

39 陳錚編，黃遵憲著：《黃遵憲全集》上冊（北京：中華書局，2005 年），頁 75。
40 邱湘雲：〈臺灣當代客家文學音檔建置與風格研究──客語詩篇〉，頁 5。
41 張德明：《語言風格學》（高雄：麗文文化，1995 年），頁 30。
42 劉立敏：《視覺藝術教育觀點下的客家文化意涵》，（高雄：復文圖書公司，2009 年）。

們用全部的生命,來耕耘家鄉這塊土地。他們猶如「燃燒自己,照亮別人」的燭光,照亮臺灣的光明遠景,使我們可以在自由的天地馳騁;在文化的鄉土上,游息流連,安身立命。臺灣地理位置雖僻處一海角,在精神上、文化上卻冀望能瞬間崛起,引領世界風潮。在今全球化的文化潮流中,形式短小的俳句新詩,對臺灣而言,也具有這樣的身份象徵意義。[43]走過臺灣客家現代詩歌的蹊徑,我們尋根探源,不僅見到臺灣客家三行詩詩的堂奧,更了解到傳統文化與先民的生活經驗相輔相成,具有發皇歷史、綿延民族命脈的功能;而現代文化應與傳統文化融合,二者兼容並蓄,以創造更多元的精緻文化,讓客家三行詩綻放出更璀燦的光芒,並能夠永遠傳承下去。

---

43 楊雅惠:〈瞬間文本:臺灣「俳句式新詩」文化解讀〉,頁 18。

徵引文獻

一、古籍部分（依《四庫全書》分類法）

1. 南朝梁‧劉勰著：黃叔琳校本《文心雕龍注》，臺北：臺灣開明書店，1974 年。
2. 唐‧白居易著、朱金城箋校：《白居易集箋校》，上海：上海古籍出版社，1988 年 12 月。
3. 宋‧朱熹：《四書章句集注》，臺北：鵝湖出版社，1998 年。
4. 南宋‧嚴羽：《滄浪詩話校釋》，臺北：里仁書局，1987 年 4 月。

二、現代論著（依作者姓氏筆畫排序）

1. 竺家寧：《語言風格與文學韻律》，臺北：五南圖書，2001 年 3 月。
2. 李漢偉：《臺灣新詩的三種關懷》，新北市：駱駝出版社，1997 年。
3. 莊雅州：《會通養新樓學術研究論集》，卷二‧語言文字學編，臺北市：萬卷樓圖書公司，2021 年初版。
4. 張德明：《語言風格學》，高雄：麗文文化，1995 年。
5. 戚廷貴：《藝術美與欣賞》，臺北：丹青圖書有限公司，1998 年。
6. 葉石濤：《臺灣文學史綱》，高雄：文學界出版，春暉出版社，1987 年。
7. 黎運漢：《漢語風格探索》，北京市：商務印書館，1990 年。
8. 潘麗珠：《現代詩學》，臺北：五南圖書公司，1998 年。
9. 劉立敏：《視覺藝術教育觀點下的客家文化意涵》，高雄：復文圖書，2009 年。
10. 謝淑熙：《臺灣客家禮俗文化新探索》，臺北：萬卷樓圖書公司，2019 年。
11. 陳錚編、黃遵憲：《黃遵憲全集》上冊，北京：中華書局，2005 年。

12.葉蜚聲、徐通鏘:《語言學綱要》,北京市:北京大學出版社,1997年三版。

三、期刊論文（依作者姓氏筆畫排序）

1.王幼華:〈闡釋、發展與推廣——臺灣的客家文學〉,（發表於 2006 年 11 月國立聯合大學舉辦、苗栗縣文化局委辦,文化創意產業行銷國際學術研討會論文）。

2.邱湘雲:〈臺灣當代客家文學音檔建置與風格研究——客語詩篇成果報告（完整版）〉,頁 16。

3.范文芳:發表於「客家文學的可能性與限制」座談會,原文刊登在《客家雜誌》,1990 年 2 月第二期,後收錄在黃子堯主編:《客家臺灣文學論》,（新北市:愛華出版社,1993 年）,頁 44－45。

4.楊雅惠:〈瞬間文本:臺灣「俳句式新詩」文化解讀〉,國立中山大學中國文學系,頁 33。

5.彭瑞金:〈臺灣客家文學素描〉,《文學臺灣》,2010 年 10 月,頁 37－39。

6.羅肇錦:〈民間文學的選項與客家〉,2001 年《客家文化月第一屆臺灣客家文學研討會論文集》,（苗栗:苗栗縣文化局,2001 年 12 月）,頁 28。

7.日・川本皓嗣 Rymeor Reason-A Case for Negative Capability:《國際比較文學東亞會議》,國立高雄第一科際大學外語學院應用日語系、輔仁大學比較研究所主辦,2004.11.26。

四、學位論文（依年代排序）

1.林櫻蕙:《現代客語詩之表現形式研究》,國立臺北師範學院臺灣文學研究所碩士論文,2005 年。

2.吳育仲:《臺灣客語現代詩田園主題作品研究》,國立屏東教育大學客

家文化研究所碩士論文，2110年。

五、網路資源

1. 劉宜頻、黃映婕：〈「客家三行詩」風潮起已故詩人羅慶士重要推手〉。

   https://www.hakkatv.org.tw/news-detail/1658723433541867

2. 劉宜頻、黃映婕：〈客家三行詩17字或19字格式參考日本俳句〉。

   客家新聞：

   https://www.hakkatv.org.tw/news-detail/1658723433548548

3. 教育部：《臺灣客語辭典》。

   https://hakkadict.moe.edu.tw/search_result/?id=21990

4. 維基百科，俳句。維基百科：

   https://zh.wikipedia.org/zh-tw/%E4%BF%B3%E5%8F%A5

國家圖書館出版品預行編目資料

臺灣客家文化新視野 / 謝淑熙著. -- 初版. -- 臺北市：世界客家,2025.08
　　面；　公分. -- (客家研究; 4)
　　ISBN 978-986-99081-8-4(平裝)

1.CST: 客家 2.CST: 民族文化 3.CST: 文化研究 4.CST: 臺灣

536.211　　　　　　　　　　　　　　　　　113019493

客家研究 4

臺灣客家文化新視野

作　　者	謝淑熙
總 編 輯	盧俊方
主　　編	張美亞
美　　編	陳勁宏
校　　對	沈彥伶、古佳雯
封面設計	陳勁宏
出　　版	世界客家出版社
地　　址	台北市中正區重慶南路 1 段 121 號 8 樓之 14
電　　話	(02) 2331-1675 或 (02) 2331-1691
傳　　真	(02) 2382-6225
E - MAIL	books5w@gmail.com 或 books5w@yahoo.com.tw
網路書店	http://www.bookstv.com.tw/、https://www.pcstore.com.tw/yesbooks
	https://shopee.tw/books5w
	博客來網路書店、博客思網路書店
	三民書局、金石堂書店
經　　銷	聯合發行股份有限公司
電　　話	(02) 2917-8022　　　傳真：(02) 2915-7212
劃撥戶名	蘭臺出版社　　　帳號：18995335
香港代理	香港聯合零售有限公司
電　　話	(852) 2150-2100　　　傳真：(852) 2356-0735
出版日期	2025 年 08 月 初版
定　　價	新臺幣 450 元整（平裝）

ISBN 978-986-99081-8-4　　　　財團法人客家公共傳播基金會 贊助